国家社会科学基金"中国共产党党内政治生活历史演进时代创新"

（17A2D004）研究成果

加强和规范党内政治生活

十讲

杨 俊 ◎著

人民出版社

目　录

序

　　中国共产党是一个具有特殊政治本质的组织，党内的个体行为主体（党员）和行为群体（党的各级各类组织）在特定的政治要求和关系框架下，进行着各种形式的政治活动，并且产生着种种联系和互动，党内这种在一定政治原则和关系准则下所进行的具有政治意义的所有活动，称之为"党内政治生活"。

　　开展严肃认真的党内政治生活，是马克思主义政党的根本特征。中国共产党从成立之初，就初步确立了党内政治生活的基本原则，并且在长期的革命实践过程中，形成了具有中国特色的党内政治生活的基本规范，形成了开展党内政治生活的优良传统。党的历史证明，"严肃认真的党内政治生活是我们党坚持党的性质和宗旨、保持先进性和纯洁性的重要法宝，是解决党内矛盾和问题的'金钥匙'，是广大党员、干部锤炼党性的'大熔炉'，是纯洁党风的'净化器'"①。党的十八大开启了中国特色社会主义新时代，以习近平同志为核心的党中央沉着应对党面临的重大风险和考验，勇于直面党内存在的突出问题，不断总结我们党长期以来形成的历史经验和成功做法，把严肃和规范党内政治生活看作是

---

　　① 本书的注释体例：第一次出现的文献注明全部信息，包括作者，文献名称，出版发行方，出版或刊发时间，页码或日期等要素。再次出现时使用简注，仅为文献名和页码或日期。《习近平关于全面从严治党论述摘编》，中央文献出版社2016年版，第48页。

"党的建设中带有根本性、基础性的问题，关乎党的团结统一，关乎党的生死存亡"①。强调党要管党必须从党内政治生活管起，从严治党必须从党内政治生活严起。同时结合新的时代特点不断与时俱进，拿出新的办法和规定，把严肃党内政治生活的实践推进到新的发展阶段。实践是理论之源，在全面从严治党的伟大实践中，以习近平同志为核心的党中央不断进行理论思考、理论概括，就党内政治生活的本质特征、基本内涵、历史逻辑、制度体系、现实要求、创新路径等基本问题，提出了一系列极富创见的新观点新论断新要求，这些基本理论和实践要求，成为习近平新时代中国特色社会主义思想的重要组成部分。党的十九大把这些党内政治生活的创新成果写进了修改通过的新党章。

因此，深刻把握党内政治生活的历史演进和时代创新，是宣传界、理论界和学术界一个重大的、具有强烈实践指导意义的研究课题。本书以马克思主义经典作家的论述特别是习近平总书记系列重要讲话精神为根本遵循，系统分析严肃党内政治生活的实践，在充分占有材料的基础上，提炼出党内政治生活的本质特征、核心要义、根本准绳和实践要求，总结中国共产党严肃党内政治生活的历史演进中的内在规律和基本经验，研究新形势下严肃党内政治生活的深刻背景、问题意识、政治指向、基本内容和制度体系，进而提出加强和规范党内政治生活的理论思考和政策建议，为新时代党的建设伟大实践服务。

---

① 《习近平关于全面从严治党论述摘编》，中央文献出版社 2016 年版，第 37 页。

第一讲

党内政治生活"质的规定性"

"名者，实之宾。"这里的"实"指实际存在的事物，"名"是指物之字号、名称。中国古人认为，立名号的前提是要先有相对的实物（实事），先有此物（事），方可取名。这一观点是符合马克思主义的认识论的。马克思主义认为，存在决定意识，理论是人们把实践中获得的认识加以抽象概括，通过一系列特有的概念、范畴和逻辑论证所形成的观念体系。任何科学的理论"都是自己时代精神的精华"①。中国共产党"党内政治生活"的概念及其理论体系，是在中国共产党充分的实践的基础上而产生和提炼的，已经具有"质的规定性"，也就是说，具有事物本身就必须具有的应有之义，以及与其他事物根本区别的特征。但是，由于党内政治生活本身是一篇内容极为广泛的"大文章"，而且马克思主义经典作家和党内经典文献并没有对党内政治生活的基本概念进行专门的界定，党内政治生活的若干核心问题，诸如为什么称之为党内政治生活？党内政治生活主要包涵哪些方面？党内政治生活与党的组织生活的关系？党内政治生活和党的建设的关系？等等，当前的理论认识尚有不够"彻底"之处。在现实中，一些党员干部对究竟如何落实党内政治生活的要求也还存在着一定的思想困惑，因此，对党内政治生活进行概念

---

① 《马克思恩格斯全集》第 1 卷，人民出版社 1956 年版，第 121 页。

解析和逻辑思考，具有较强的理论与现实意义。

党内政治生活是一个由"党内""政治""生活"三个关键词组成的合成词，是修饰语和中心语组成的偏正词组，其中心语是"生活"，"党内"和"政治"二词是起修饰和限定作用的。"党内"一词是从范围和领属方面描写和限制中心语"生活"，"政治"一词是从性质和内容方面描写和限制中心语。为此，本书试图梳理基本文献，根据习近平总书记关于"党内政治生活"的系列重要论述，从"生活""党内"和"政治"这三个关键词入手，推理出中国共产党"党内政治生活"的基本内涵，进而分析它的内部诸要素的逻辑关系、指导思想和基本要求，尝试提出一个较为简明易懂、逻辑自洽的理论分析框架和概念体系，形成对党内政治生活质的规定性的理解。

一、"党内生活"的基本内涵及其根本要求

在《辞海》(2011 年第 6 版)对"生活"词条的释义中，第一条是指"人的各种活动。如政治生活；文化生活"。《现代汉语词典》(2016 年第 7 版)对于"生活"词条的解释，一是作为名词使用，"指人或生物的各种活动：文化生活、政治生活"。二是作为动词使用，指"进行各种活动"。由此，我们知道，"生活"一词本义主要是指生物有机体和社会有机体基于自身特定的机能，为了生存和发展而进行的各种活动。

(一)党的"生活"——政党这个社会组织进行的各种活动

政党是一定的阶级的中坚分子为了实现自己的阶级利益而组成的围绕政权而进行的政治组织。作为社会有机体，政党为了生存和发展，进行着各种活动，即各种生活。无产阶级政党是由具有共产主义觉悟的无

产阶级先进分子组织起来的为最终实现共产主义而奋斗的政治组织，为了保持自己的纯洁性和先进性，实现自己的宗旨和目标，提高自己的功能和活力，需要根据党的特点和要求开展各种党的活动，诸如党的会议、党的宣传、学习、教育活动、党内讨论、批评和自我批评、缴纳党费等。正如刘少奇指出的："共产党员，无论到什么地方，只要有三个以上党员在一起，就应该有自己的组织（除开特殊情形外），就应该使自己的行动统一，成为有组织的行动。"① 这里的"有组织的行动"就是党的生活，党离开了它必要的、正确的活动形式，也就失去了自身的活力。

马克思主义经典作家和中国共产党的文献里面经常提及的"党的生活""党内生活"和"党内政治生活"等包括有"生活"二字的术语，这里的"生活"就是指"活动"。现在所知道的最早使用"党内生活"概念的是革命导师列宁。1902 年 9 月列宁在《就我们的组织任务给一位同志的信》中提道："我们解决严重的冲突和意见分歧，实际上根本不是'按照章程'投票，而是用斗争和'退出'相威胁，这我们谁不知道呢？我们大多数委员会近三四年的党内生活，就充满了这样的内部斗争。"② 这里的"党内生活"指的是党内意见冲突和斗争等活动。在 1903 年 10 月，列宁又使用了"党的生活"的概念："据说，在实行联邦的情况下，党的各个部分是平等的，是直接参与共同事务的；而在实行自治的情况下，它们是无权的，因而不参与整个党的生活。"③ 这里"党的生活"，亦是指的参与党的事务等各种活动。此后，列宁在论述布尔什维克建党原则时，多次使用了"党内生活"和"党的生活"等概念，强调党内生活是调节党内关系的活动。1905 年，列宁领导的布尔什维克派

---

① 《刘少奇论党的建设》，中央文献出版社 1991 年版，第 303 页。
② 《列宁全集》第 7 卷，人民出版社 1986 年版，第 18 页。
③ 《列宁全集》第 8 卷，人民出版社 1986 年版，第 62 页。

创办了自己的机关报《前进报》，其中专门创设了"党的生活"栏目，把发展马克思主义和反对机会主义作为自己的首要任务，为统一党内思想而进行宣传、教育。显然，这些为统一思想而进行的教育、宣传等活动，就是"党的生活"。

就目前文献看，中国共产党作为按照列宁主义原则建立的党，使用"党内生活"一词，就是取义于列宁这些论述。中国共产党最早正式开始使用"党的生活"和"党内生活"概念的是蔡和森。1926年初，蔡和森在莫斯科所作题为《中国共产党史的发展（提纲）》的报告，系统回顾总结中国共产党一大到四大的历史及经验教训，文中多次提及"党的政治生活""党的生活""党的内部生活"和"党内的生活"等概念，以此说明党内的不同人的思想现状、政治主张和政策分歧等。① 党内文件第一次正式提到"党的生活"是载于1926年5月15日出版的《校刊》的中共中央文件——《支部的组织及其进行的计划》，该文件其中提道："支部是党的生活的中心，是每个党员生活的中心——每个党员的生活，应该是党的生活的一部分，而党的生活集中在党的支部，所以每个党员的生活，不能脱离党支部，脱离了支部就不能了解党的全部生活。每个党员脱离了支部生活，就等于脱离了党的生活，脱离了党的生活，就等于脱离了党。"② 这里既有对党的生活之于党的根本意义的强调，也有党的生活的中心内容的表述——"党的支部生活"。1928年11月11日，时任中共中央组织部部长的周恩来在为中央起草的《告全体同志书》中使用了"党的生活"概念。他指出："从前组织上有一种'家长制'的形式，党员群众对于党部，下级机关对于上级，只有机械的服从，而无活泼的党的生活。"③ 这里强调的是党的组织生活和党内民主。1929年1月1日，

---

① 《"一大"前后》（三），人民出版社1984年版，第76、77页。
② 《中共中央文件选集》第2册，中共中央党校出版社1989年版，第612页。
③ 《周恩来选集》上卷，人民出版社1980年版，第9页。

为了宣传党的理论，统一党的思想，中共中央效仿列宁 1905 年的做法，在上海编辑出版党内秘密刊物《党的生活》。该杂志创刊号载文说明：发展党内的讨论，实行自己批评，提高全党同志的政治认识，这就是党的布尔塞维克化主要动力之一，这就是《党的生活》的任务。这里面的"党的生活"讲的就是党内讨论、自我批评和提高思想认识等活动。毛泽东在 1929 年 12 月写的题为《关于纠正党内的错误思想》这篇文献中说："主要是教育党员使党员的思想和党内的生活都政治化，科学化。"① 也是从党的关系和党的活动的意义层面使用"党内生活"一词。此后，"党内生活"和"党的生活"便开始较普遍地出现在党内领导人著作和讲话以及党的文件中，并一直延续至今，成为加强党的建设的两个经常使用的重要范畴。

（二）"党内"——中国共产党的内部，含有"自我革命"的意蕴

这里首先要对"党的生活"和"党内生活"这两个术语进行区别。从逻辑上说，"党内"是指党的内部，而"党的"泛指一切与党有关联的各个方面。然而，马克思主义经典作家和党的经典文献在使用这两个术语的时候，并没有进行严格的区别，而是很大程度上表示相同的意思。究其原因，在于"党内"和"党的"在内容上具有较高的重合性。譬如，我们从当下理论界和学术界关于"党的生活"和"党内生活"较为权威两个定义，就可以看出二者并没有根本区别：中共中央组织部研究室、组织局编写的《党的组织工作问答》就提出："从广义上讲，党内各种活动，都是党的生活。例如，党的小组会、支委会、支部党员大会、党委会、党代表大会和代表会议、党内选举、党的民主生活会、上

---

① 《毛泽东选集》第一卷，人民出版社 1991 年版，第 91—92 页。

党课、阅读党刊和党内文件、听取党内报告以及党内的其他政治活动等，都是党的生活。"①卢先福主编的《党的作风建设读本》对"党内生活"做了如此定义："党内生活是指在党的组织和党员中开展的各种教育、管理、监督等活动的总和。"②

不过，认真考察这两个术语的概念发展史，就会发现，随着时间的发展，中国共产党越来越较多地采用"党内生活"一词。特别是改革开放之后，党的文件和领导人讲话多使用"党内生活"一词，而较少使用"党的生活"，只是在涉及民主集中制等组织生活时沿用了"党的生活"（譬如《中国共产党党章》提及民主集中制，就一直沿用"是党的根本组织原则，也是群众路线在党的生活中的运用"这一习惯性表述）。这一变化，与中国共产党越来越多地强调党的自身建设的语境有关。"党内"顾名思义，含有"自我"的意蕴，本身就是为了精确地描述党的生活的特定范围，就是中国共产党这个政党的内部。强调"党内生活"含有"自我革命"的意蕴，体现的是我们党在自身建设上的高度思想自觉和行动自觉，即党通过自我净化、自我完善、自我革新、自我提高，解决党自身存在的突出问题，迎接各种挑战，保持党的先进性和纯洁性，确保党的领导核心地位。

（三）"党内生活"本质特征

政党是有共同政治立场、共同政治目标方向的人的一种组织形式。政党的活动有其特定的规律和要求，即政党的活动不可能不具备鲜明的政治性、思想性、组织性、纪律性等特征。所谓政治性，就是政党是政治组织，它的活动有政治目标及其政治意义。政党的活动"归根到底都

---

① 《党的组织工作问答》，人民出版社 1983 年版，第 199 页。
② 卢先福：《党的作风建设读本》，党建读物出版社 2001 年版，第 213 页。

是围绕着经济解放进行的"① 斗争,"政治权力不过是用来实现经济利益的手段"②。所谓思想性,是指政党总是在一定的意识形态指引下,总是有特定的价值观而活动。政党的首要任务就是构筑共识,凝聚起"心往一处想"的行为基础,才能形成实现组织目标的力量。所谓组织性,是指政党为达到一定目标而共同行动的集合体,一个组织要实现自己的组织目标,需要建构起保证行动一致的组织体系,形成具有向心作用的凝聚力和具有引擎作用的战斗力,保证政党内部结构的有序和功能有效发挥。所谓纪律性,是指政党作为有政治目标的先锋队组织,内部组织和成员不能各行其是,政党一般都需要建构以外在强迫为特征的纪律约束和惩戒规定,从反向保证全体组织成员的行动一致。无产阶级政党为实现自己政治目标,要求其组织及其成员在严格遵循一定的政治要求和关系准则基础上,展开党的各种活动。由此,中国共产党这个无产阶级政党的党内生活具有如下三个本质特征。

首先,"党内生活"总是围绕一定的政治目的,作为马克思主义指导下的无产阶级政党,中国共产党的一切活动,或曰一切生活也总是围绕一定的政治目的,政治性就成为党的生活的核心和根本,决定着党内生活的根本方向。

其次,"党内生活"处于一定的政治原则下,中国共产党作为一个先进的马克思主义政党,其先进性通过党的理想信念、指导思想、根本宗旨、奋斗目标、基本路线、党的纲领、基本方略等多方面表现出来,党内生活必须在这些政治方向引领下进行。换言之,党内生活必须在党的指导思想和奋斗纲领引领下,遵循党的政治方向、基本理论,贯彻落实党的路线、方针、政策。

---

① 《马克思恩格斯选集》第 4 卷,人民出版社 1995 年版,第 251 页。

② 《马克思恩格斯选集》第 4 卷,人民出版社 1995 年版,第 246 页。

最后，党内生活既是在一定的组织原则和组织关系下进行，又在活动中反映和维护着这些关系。无产阶级政党"能够成为而且必然会成为不可战胜的力量，就是因为它根据马克思主义原则形成的思想一致是用组织的物质统一来巩固的"①。中国共产党是全体党员按照一定的组织形式和规则结合起来的统一体，这样的组织结构就产生了各种党内关系。中国共产党是按照民主集中制原则的"四个服从原则"形成组织关系，即"党员个人服从党的组织，少数服从多数，下级组织服从上级组织，全党各个组织和全体党员服从党的全国代表大会和中央委员会"。其中，最关键、最核心的是全党服从中央。也就是说，党内生活的原则是遵循"四个服从"的组织原则和铁的纪律，藉此保证党内部结构的有序和功能有效发挥。

1962年1月，刘少奇在"七千人大会"上代表中央所作的报告中，就是从这个角度论及"党内生活"，他说："在当前党内生活中最重要的一个问题，就是下级党委和上级党委的关系，特别是地方党委和党中央的关系。""在党内生活的问题上，其次要说的是，党委会内部的关系问题。"他要求凡是党内生活存在这些问题的党委，"都应该按照党的民主集中制的原则，调整内部的关系，使党委本身的工作健全起来"②。

（四）"党内生活"释义

综上所述，党内生活的基本内涵是：中国共产党基于实现自身的特定的目标，在特定的政治要求和关系原则下，党内的个体行为主体（党员）和行为群体（党的各级各类组织）进行着各种形式的活动，并且产

---

① 《列宁全集》第8卷，人民出版社1986年版，第415页。
② 《刘少奇选集》下卷，人民出版社1985年版，第406、408、409页。

生着种种联系和互动，党内这种在一定原则要求和关系准则下而进行的活动的总和，是为"党内生活"。简要地说，中国共产党党内生活（或党的生活），指的是中国共产党为了自身的生存和发展，基于自己内在要求和关系准则下，在党内开展的各种活动的总和。

二、"党内政治生活"：突出党内生活的政治性

"党内政治生活"是在"党内生活"之间加"政治"一词，故理解"党内政治生活"内涵，首先要理清中国共产党话语体系中的"政治"一词。

（一）如何理解党内政治生活中的"政治"一词

现代中文里的"政治"一词，来自近代日本人翻译西方著述里面的单词"Politics"时所使用的汉字"政治"。马克思主义经典作家也是认为政治是管理公共事务、国家事务，"就是参与国家事务，给国家定方向，确定国家活动的形式、任务和内容"[①]。即为实现阶级的利益，通过上层建筑来实现对国家的统治和管理的活动。在中国共产党话语体系中，除了马克思主义经典作家这个基本概念外，还形成了具有中国共产党特定的"政治"内涵：一是往往从与"军事""技术""文艺""经济""专业"等业务性或专门性工作相对立统一的角度，使用"政治"一词，强调这些业务性或专门性工作中，有着处于灵魂作用和统帅地位的政治要求，有着必须全面贯彻的政治要求和政治标准。此"政治观"的创立者是毛泽东。他在1929年12月所作的《关于纠正党内的错误思想》报告中，着重批评了"认为军事政治二者是对立的，不承认军事只是完成政

---

① 《列宁文稿》第2卷，人民出版社1978年版，第407页。

治任务的工具之一"这一"单纯军事观点"的错误。① 此后，毛泽东同志不断使用诸如"文艺是从属于政治的，但又反转来给予伟大的影响于政治"②，"共产党领导的革命的政治工作是革命军队的生命线"③，"政治工作是一切经济工作的生命线"④，"没有正确的政治观点，就等于没有灵魂"⑤，"思想和政治又是统帅，是灵魂"⑥ 等说法，表达这个意思。改革开放以来，党的几代领导人也是经常从这个意义上使用"政治"一词：邓小平同志的"到什么时候都得讲政治"⑦，江泽民同志的"领导干部一定要讲政治"⑧，胡锦涛同志的"必须始终把思想政治建设摆在各项建设首位"⑨，习近平总书记的"共产党不讲政治还叫共产党吗?"等等说法，都是强调业务工作有一个"什么性质""为谁服务""谁来领导""根据什么原则""往何处去"等大问题，也就是说业务性的工作中有着鲜明的政治，要从政治上考虑问题。二是中共领导人论及"政治"时，往往是指具有根本、全局和战略意义的大事情。由于政治的根源是利益，政治的核心是政权，政治关系到党的执政地位、国家安全稳定、人民的安居乐业和民族的前途未来，具有根本性质、全局影响和战略意义，党的领导人经常把关乎党和国家根本的大事情，称为"政治"。譬如习近平总书记针对一个时期以来，党内出现的思想迷失、组织涣散、作风不纯、纪律松弛等问题，指出，这些问题"严重侵蚀党的思想道德基础，

① 《毛泽东选集》第一卷，人民出版社 1991 年版，第 86—87 页。
② 《毛泽东选集》第三卷，人民出版社 1991 年版，第 865 页。
③ 《毛泽东年谱 1893—1949》中卷，中央文献出版社 2013 年版，第 507 页。
④ 《毛泽东文集》第六卷，中央文献出版社 1996 年版，第 449 页。
⑤ 《毛泽东文集》第七卷，中央文献出版社 1996 年版，第 226 页。
⑥ 《毛泽东文集》第七卷，中央文献出版社 1996 年版，第 351 页。
⑦ 《邓小平文选》第三卷，人民出版社 1993 年版，第 166 页。
⑧ 《十四大以来重要文献选编》中卷，人民出版社 1997 年版，第 1745—1746 页。
⑨ 《深入贯彻国防和军队建设主题主线以优异成绩迎接党的十八大胜利召开》，《人民日报》2012 年 3 月 13 日。

严重破坏党的团结和集中统一，严重损害党内政治生态和党的形象，严重影响党和人民事业发展"。他强调，"政治问题，任何时候都是根本性的大问题"，这些问题，"关系党和国家政治安全的大问题，难道还不是政治吗？"① 这里就是强调政治是最重要的事务，是对党和国家具有根本意义，攸关人民根本利益。

（二）中国共产党话语体系中，关于"党内政治生活"的两种基本内涵

在马克思主义经典作家和中共经典文献的话语体系中，一般是从两种涵义上表述"党内政治生活"一词。

1. 指党内生活之中，具有政治性的生活。也就是说，党内生活包括党内政治生活和一般性生活（"小的方面"）

中国共产党所开展的一切活动中与政治有关的方面的活动，如党领导人民为实现民族独立、人民解放、国家富强、人民富裕而进行革命、建设和改革等政治活动等，是党内政治生活。与此相对应的，则是党的一般性活动，如党内开个茶话会等。毛泽东同志 1929 年写的题为《关于纠正党内的错误思想》这篇文献中说："关于党内批评问题，还有一点要说及的，就是有些同志的批评不注意大的方面，只注意小的方面。他们不明白批评的主要任务，是指出政治上的错误和组织上的错误。至于个人缺点，如果不是与政治的和组织的错误有联系，则不必多所指摘，使同志们无所措手足。而且这种批评一发展，党内精神完全集注到小的缺点方面，人人变成了谨小慎微的君子，就会忘记党的政治任务，这是很大的危险。"随后他提出纠正的方法——"主要是教育党员使党

① 习近平：《在第十八届中央纪律检查委员会第六次全体会议上的讲话》，《人民日报》2016 年 5 月 3 日。

员的思想和党内的生活都政治化，科学化……党内批评要防止主观武断和把批评庸俗化，说话要有证据，批评要注意政治。"① 毛泽东同志在这里所强调的"主要是教育党员使党员的思想和党内的生活都政治化，科学化"，就是这一层"党内政治生活"的涵义，"都政治化"说明因为党内生活还有没有政治化的内容和方面，鉴于中国革命的特殊环境，特别是民主革命时期长期以农村为主要基地进行奋斗，中国共产党需要把党的生活"都政治化"，以此解决在中国具体的革命条件下，如何壮大党的组织和实现党的先进性和纯洁性的基本问题。刘少奇同志在党的七大《关于修改党章的报告》亦有这个意义上的相关表述："他们只是琐碎地从生活上去注意人家的小节，而不注意一件极端重要的工作，这就是必须从思想上、政治上去启发与提高党员群众的觉悟，从而巩固党的组织和纪律。"② 这里也是说，党内生活包括党内政治生活，也包括"琐碎"的"小节"等一般性生活。

2. 鉴于党内生活的不可避免地具有鲜明的政治本质、政治属性和政治意义，党内生活就是党内政治生活

在中国共产党话语体系中，政治既是具体的，又是抽象的，既包括参与国家事务，给国家定方向，确定国家活动的形式、任务和内容等具体方面，也包括贯穿于各种活动和事务中的政治要求和政治标准，还有关乎党和国家根本的大事情的意味。在"党内生活"加"政治"一词，就是取义于党内生活攸关党的全面领导，关乎党和国家根本，具有政治本质、政治内涵和政治意义。为什么说政治是党内生活的固有属性？理由如下：

其一，政党本质上是特定阶级政治力量中的领导力量和中坚分子，

---

① 《毛泽东选集》第一卷，人民出版社 1991 年版，第 91—92 页。
② 《刘少奇选集》上卷，第 329 页。

为了特定的阶级利益组成起来的，围绕影响、夺取、领导或巩固国家政权而进行活动的政治组织。政治的关键是政权，只有掌握了政权，才能利用政权为阶级谋利益。既然政党是基于社会中部分人的共同政治需要而结成的政治组织，因此所有政党的党内生活就本质而言，就属于政治生活。这对于由无产阶级先进分子组成，为实现无产阶级的彻底解放，同时要使整个社会彻底从阶级剥削和阶级压迫中解放出来的马克思主义政党来说，尤其如此。正如习近平总书记所强调的"共产党不讲政治还叫共产党吗?"① 民主革命时期中国共产党革命是为了夺取全国政权，实现阶级、民族和人民的解放。而新中国成立以后，党要为人民执政，"工、农、商、学、兵、政、党这七个方面，党是领导一切的。党要领导工业、农业、商业、文化教育、军队和政府"②。党的一切活动的中心内容，就是围绕夺取和巩固政权这一关键，从而在根本上实现人民利益而进行的活动。党是政治组织，这一鲜明的特性决定了党内生活的政治性。因为党内生活是体现党的性质、实现党的目标的根本举措。通过严肃党内生活才能够确保全党思想统一、步调一致，增强理想信念的坚定性，保持先进性和纯洁性，提高凝聚力和战斗力，为加强党的领导筑牢和夯实政治、思想、组织上的基础。一言以蔽之，中国共产党这个政治组织的党内活动，不可避免地具有政治意义。譬如党内政治生活所包括的党内思想教育、组织管理、党内斗争方面，都直接或间接与政治有关；没有革命的理论就不会有革命的运动，思想教育就是为了巩固党的信仰和坚定党的行动指南；组织管理是党的根本特征，能够使全党在统一意志下统一行动；党内斗争是达到提高思想认识、增强党性修养、增进团结统一的基本要求。

---

① 《习近平关于严明党的纪律和规矩论述摘编》，中国方正出版社、中央文献出版社 2016 年版，第 23 页。

② 《毛泽东文集》第八卷，人民出版社 1999 年版，第 305 页。

其二，由于中国共产党是一个带领人民进行民主革命和社会主义革命，进行社会主义现代化建设并最终实现共产主义的政治组织，特别是党的领导是中国特色社会主义最本质特征，一方面，办好中国的事情，关键在党，与此同时，"在中国来说，谁有资格犯大错误？就是中国共产党。犯了错误影响也最大"①。"中国要出问题，还是出在共产党内部。"② 也就是说，坚持中国共产党的领导地位，是维护安定团结的政治局面，实现"两个一百年"奋斗目标和中华民族伟大复兴的中国梦的根本保证。由此，习近平总书记强调说："坚持和完善党的领导，是党和国家的根本所在、命脉所在，是全国各族人民的利益所在、幸福所在。"③ 在当代中国，党的全面领导是政治，人心向背是政治，关系到党和国家安全的大事是政治，关系到国家奋斗目标实现的大事是政治，党的基本理论基本路线基本方略是政治，党的执政安全是政治！而坚持党的领导的前提是党的先进性和纯洁性，党内活动正是保证党的先进性和纯洁性，保持党的领导能力和执政水平的关键。通过党内生活，增强党的凝聚力、战斗力、创造力，加强党的力量。从这个角度上讲，党内生活也具有政治性。

（三）中国共产党正式使用"党内政治生活"基本概念

正因为政治是党内生活的固有属性，党内生活本质上都是党内政治生活，因此，中国共产党党内文献所提及的"党的生活""党内生活"和"党内政治生活"这三个概念，是不同语境下的不同表述，并没有什么实质上区别。譬如在刘少奇同志的著作中，"党内生活""党的生

---

① 《邓小平文选》第一卷，人民出版社 1994 年版，第 270 页。
② 《邓小平文选》第三卷，人民出版社 1993 年版，第 380 页
③ 习近平：《在庆祝中国共产党成立九十五周年大会上的讲话》，人民出版社 2016 年版，第 22 页。

活""党的内部生活""党内政治生活""党内民主生活""党的组织生活""支部生活"等概念都出现过。这些概念大致都是相似的——党在一定关系原则下进行的各种活动。

使用"党内政治生活",很大程度上是为了突出强调党的生活的政治性。梳理党的历史文件后就会发现,在我国革命、建设和改革的各个不同历史时期,中国共产党人对党内政治生活的认识程度和表述方式虽有所不同,但对党内生活的政治性的强调,伴随党的创立至今的历史。从严格的概念出发,在中国共产党早期,尽管没有出现"党内政治生活"这一名词,但是在党的早期文献中,已经在强调党内生活的政治性了,其可以看成党内政治生活思想的最早雏形。1928 年党的六大以后,时任中央组织部长的周恩来起草的党内文件就多次强调党内生活要注意到"政治性"。1929 年 12 月古田会议决议,毛泽东提出了"使党员的思想和党内的生活都政治化"。1945 年刘少奇同志在《关于修改党章的报告》中,首次使用了"党内政治生活""党的政治生活""党内的政治生活"等表述,同时要求党员积极参加党内政治生活,这是"因为一个党员,是必须在政治上来关心党的一切,在政治上对党负责的。"[1]1980 年十一届五中全会通过的《关于党内政治生活的若干准则》,这是中国共产党开始正式在党内文件把"党内政治生活"作为基本概念使用。为什么这个准则要在"党内生活"一词前郑重地加上"政治",就是强调了党内生活的政治内涵和政治意义。众所周知,《关于党内政治生活的若干准则》的制定,是党中央深刻地总结了几十年来处理党的经验,特别是吸取了"文革"的沉痛教训,针对当时存在的党风党纪问题而实施的整党重大步骤和新的举措。正如陈云同志

---

[1]　《中国共产党历次党章会汇编(1921—2012)》,中国方正出版社 2012 年版,第162 页。

在 1979 年 1 月中央纪委第一次全体会议上说："由于种种干扰、种种原因，我们党很多年没有实现毛泽东在《一九五七年夏季的形势》所提出的全党形成心情舒畅、生动活泼的政治局面。"写进党章的"实现这种心情舒畅、生动活泼的政治局面"要求，在"党的九大、十大"，但"完全没有实现"①。这时候使用"党内政治生活"的表述，就是为凸显政治性，凸显党内政治生活的严肃性和针对性，加强了广大党员对党内政治生活的重要性的认识。自此以后党和国家领导人一般使用"党内政治生活"概念，而较少使用"党内生活"了。需要强调的是，《关于党内政治生活的若干准则》通过后，中国共产党提及的"党内政治生活"，主要是指为了强调党内生活的政治性，即前文说的第二种内涵。

这样，我们可以把"党内政治生活"定义为：中国共产党是一个具有特殊政治本质的组织，基于特定的组织框架和职能区划下，党内的个体行为主体（党员）和行为群体（党的各级各类组织）在特定的政治目标和政治要求下，进行着各种形式的政治活动，并且产生着种种联系和互动，党内这种在一定政治要求和关系准则下而进行的具有政治属性的所有活动的总和，就是党内政治生活。

（四）"党内政治生活"在党的建设中的功能与作用

习近平总书记强调说："开展严肃认真的党内政治生活，是我们党作为马克思主义政党区别于其他政党的重要特征，是我们党的光荣传统。长期实践证明，严肃认真的党内政治生活是我们党坚持党的性质和宗旨、保持先进性和纯洁性的重要法宝，是解决党内矛盾和问题的'金钥匙'，是广大党员、干部锤炼党性的'大熔炉'，是纯洁党风的'净化

---

① 《陈云文选》第三卷，人民出版社 1995 年版，第 239—240 页。

器'。"① 这是对党内政治生活功能和作用的深刻总结。党内政治生活的功能具体如下。

1. 严肃认真的党内政治生活，"是我们党坚持党的性质与宗旨、保持先进性和纯洁性的重要法宝"

党内生活首要任务是保持自己的性质与宗旨。中国共产党是阶级和民族的先锋队，"只有当我们能够从思想上、政治上、组织上把自己和其他一切阶级区别开来的时候，我们才能成为无产阶级的先锋队"②。党内政治生活是实现党的"自我净化、自我完善、自我革新、自我提高能力"基本方式。只有通过党内政治生活，才能消除那些局部地、暂时地沾染到的"病毒"，清除党内一些与党的性质不相容"杂质"，清除"党内存在的思想不纯、政治不纯、组织不纯、作风不纯等"③，增强免疫力。譬如通过党内批评和思想斗争，相互之间查找缺点错误，进行自我剖析和党性分析，可以不断克服和清除党内各种错误思想和不良倾向，提高全党思想认识水平。其次，严肃认真的党内政治生活是各级党组织执行正确的政治路线、思想路线、群众路线和组织路线的必要条件和程序依托。最后，无论是党的思想建设、组织建设、作风建设，还是党的制度建设、反腐倡廉建设都需要通过党内政治生活来落实和体现。一言以蔽之，通过党内政治生活是党保持无产阶级政党的纯洁性和先进性重要基础。

2. 严肃认真的党内政治生活，"是解决党内矛盾和问题的'金钥匙'"

通过党的组织生活这个有效载体，可以认识缺点、纠正错误、促进团结。党的团结是有原则的团结，是在坚持党性原则基础上的团结。党内组织生活对党的组织具有凝聚作用，对领导班子具有民主决策功能和权威维系功能。通过组织民主生活会对重大问题和重大决策进行民主讨

---

① 《习近平关于全面从严治党论述摘编》，中央文献出版社 2016 年版，第 48 页。

② 《刘少奇论党的建设》，第 496 页。

③ 《习近平谈治国理政》第三卷，外文出版社 2020 年版，第 515 页。

论、民主协商，确保党的民主集中制贯彻执行，实现全党思想统一和团结一致。正如刘少奇同志说的："正确地实行党内民主生活，就可以加强党内团结，加强党的统一，加强党的力量，加强党的纪律。"① 通过民主生活会和组织生活会，在党内平等的基础上，从维护党的事业高度，通过对实质性问题的严肃讨论，可以及时发现问题，分析问题产生的原因，指明问题解决的办法；通过谈心谈话，党内同志之间能够消除分歧、化解矛盾，最终形成统一意志。批评和自我批评是我们党解决自身矛盾和问题的锐利武器。

3. 严肃认真的党内政治生活，"是广大干部锤炼党性的'大熔炉'"

党员理想信念的确立，党员的奋斗精神，党员的阶级立场、人民立场的确立，党员纪律意识、规矩意识，党员奉献意识，党员的民主意识，党员批评和自我批评意识，等等，都离不开党内的教育和在为党工作的实践中的思想改造。而党内的教育和在为党工作的实践中的思想改造，都必须借助一定的载体和途径才能进行，党的组织生活就是作为党组织教育管理党员和党员进行党性锻炼的主要平台。党的组织生活开展的过程，也是实施党员教育的过程，党员借此锤炼党性、砥砺品格，净化党员的思想，提升党员的素养。譬如，借助组织学习会进行学习、交流、谈心等活动，可以巩固和提高党员的党性修养，进一步培养党员党的意识；借助"三会一课"，党员可明白党性修养的要求、途径，提升党性修养的自觉；借助民主评议党员，党员对照党章规定的党员标准和入党誓词，联系个人实际进行党性分析，认清自己的弱点和不足，并设法弥补和改正，以强化党员意识、增强党的观念、提高党性修养。

4. 严肃认真的党内政治生活，"是纯洁党风的'净化器'"

通过党内政治生活，维护党的团结统一，把握正确的政治方向，贯

————————

① 《刘少奇论党的建设》，第391页。

彻、落实党的路线、方针、政策，动员党的各个组织和全体党员为实现党的各项政治任务而团结奋斗。通过党的政治生活可以监督领导干部的行为作风、清廉状况，增强党的拒腐防变和抵御风险能力，通过民主生活会、民主评议党员进行批评和自我批评，发现问题、解决问题，增强党的纠错纠偏能力，保证党的健康发展。党的纪律、党的领导、党员的监督、举报权利、党内民主监督、党内对领导干部监督规定，均有管理、监督党员的功能。

总之，通过严肃认真的党内政治生活，可以巩固理想信念和宗旨，坚定党的政治方向，维护党的统一与团结，维护党内民主和党员权利，保持党的政治本色和优良作风，增强党的凝聚力、战斗力，增强党组织权威，巩固和加强党的领导。换言之，党内政治生活的基本功能："说得形象一点就是在党员队伍中播撒崇高理想的种子，激发艰苦奋斗的精神，消除各种错误思想的影响，保持和弘扬良好的党风，提高党的创造力、凝聚力、战斗力。"①

（五）实践证明，党内政治生活的原则标准和行为规范需要固化为党内法规

上文提过，党内生活围绕一定的政治目的，遵循一定的党内政治原则，处于一定的党内关系规范下。无产阶级政党为实现自己政治目标，要求它的组织及其成员在生活中，必须忠诚履行一定的政治要求，严格遵循一定的组织原则，从而形成党内政治生活所必须遵循的标准原则和行为规范，即党内政治生活的"准则"。

开展严肃认真的党内政治生活，是中国共产党的优良传统。由于条件所限，长期以来，中国共产党很大程度上采取原则要求、命令、布

---

① 刘云山：《努力营造良好政治生态》，《学习时报》2015 年 5 月 18 日。

告、文件和会议等方式领导开展党内政治生活，也就是说，中国共产党的党内政治生活运行主要是按照党的总体要求（主要是《党章》的原则规定），以惯例的方式进行的。刘少奇同志在党的七大说过："党章，党的法规，不仅是要规定党的基本原则，而且要根据这些原则规定党的组织之实际行动的方法，规定党的组织形式与党的内部生活的规则。"①这里，刘少奇同志强调的就是要依据党章所规定的党的基本原则，是党的生活的基本规则。在 1962 年"七千人大会"上，刘少奇代表党中央所作的报告强调："党的第八次代表大会所通过的党章，是全党的法规，是党的生活的准则。"② 这里面强调的是党内政治生活，邓小平同志在这次大会的讲话也强调党内生活的"党规党法"："我们还有一个传统，就是有一套健全的党的生活制度。特别是遵义会议以后，在毛泽东同志领导下，我们党建立了一套健全的党的生活制度。比如民主集中制；团结——批评——团结的方法；言者无罪、闻者足戒，惩前毖后、治病救人；批判从严、处理从宽，不搞过火斗争、无情打击；艰苦朴素、谦虚谨慎，等等。这些都是毛泽东同志一贯提倡的，是我们的党规党法。"③邓小平强调的是这些原则是我们党必须遵循的，也就是"党规党法"。这里讲的"党规党法"主要还是从党的原则要求、工作惯例和优良传统等未成文的，但必须遵循的行为规范。

党的历史证明，随着时代的发展和党所面临环境的变化，仅仅是党章的原则要求还不够，需要把这些党内生活的原则、要求和实践经验固化为具体党内法规，以成文的方式表现出来，形成党的具体化、制度性规定，并且以党内法规形式发布，要求全党执行，形成刚性约束。改革开放初期，时任中共中央组织部部长的胡耀邦，在对党内生活问题进行

---

① 《刘少奇选集》上卷，第 316 页。
② 《刘少奇选集》下卷，第 413 页。
③ 《邓小平文选》第一卷，第 300 页。

思考的过程中，越来越深入地认识到不能只是提提要求，党内需要有一个全局性的、专门的重要文件来规范和指导党内生活。1978 年 8 月 23 日，胡耀邦同志在中央组织部主持召开的中央党校理论动态组、中央组织部调研室会议讲话上强调，必须把有关集体领导、民主讨论、组织服从与保留意见的关系、干部提拔等的党内政治生活的重要问题搞清楚，要列出几条，称之为"基本准则"。既然是"基本准则"，那就是很"硬"的东西，应当搞一个文件。① 他的意见被中共中央采纳，为了促进党内政治生活正常化，使党的建设有章可循，中共中央 1978 年决定，由中央纪委和中央组织部共同起草《关于党内政治生活的若干准则》。该《准则》就是把党内政治生活的原则要求固化为规章制度。

党的十八大以来，在"进行具有许多新的历史特点的伟大斗争"的新形势下，加强和规范党内政治生活，需要不断总结我们党长期以来形成的历史经验和成功做法，坚持过去行之有效的制度和规定，同时也要结合新的时代特点不断与时俱进，拿出新的办法和规定。党的十八届六中全会通过了《关于新形势下党内政治生活的若干准则》，该《准则》坚持继承与创新的统一，针对实际问题，把党内政治生活的优良传统时代化，"既指出了病症，也开出了药方，既有治标举措，也有治本方略"②。

三、严肃和规范党内政治生活的根本要求

中国共产党是具有崇高政治理想、高尚政治追求、纯洁政治品质、严明政治纪律的政治组织。为了实现自己政治目标，要求党的各种活动

---

① 沈宝祥：《亲历拨乱反正》，山东人民出版社 2014 年版，第 15 页。

② 《习近平关于全面从严治党论述摘编》，第 48 页。

必须严格遵循一定的政治要求和关系准则。在党的奋斗历程中，通过不断探索和总结，逐步深化对党内政治生活应有的要求和规范的理论认识，不断形成的具有中国特色、符合中国革命实际的关于党内政治生活的规矩、范式和要求。其发展逻辑如下：党内生活自建党就开始了，在 1928 年党的六大以后，我们党开始提出了党内生活要"围绕政治路线""提高党内政治指导""扩大无产阶级基础"等政治性要求。1929年毛泽东在《古田会议决议》中更是提出了"教育党员使党员的思想和党内的生活都政治化，科学化"的论断。然而，这个时期总体上还没有形成对党内政治生活原则要求的系统认识。在党的历史上，对党内政治生活基本要求的认识形成飞跃性理论认识成果的是中共在延安时期和改革开放新时期。延安时期形成了党内政治生活的六大基本规范。在改革开放新时期，形成了两部更为完整、系统的党内政治生活的准则。党的十八大以后，习近平总书记又进一步用"围绕坚持党的政治路线、思想路线、组织路线、群众路线，坚持和完善民主集中制、严格党的组织生活等重点内容，集中解决好突出问题"①，来表述严肃党内政治生活是一篇大文章的基本要求。

（一）党内政治生活的本质特征

具体说来，中国共产党党内政治生活具有如下三个根本特征：

首先，党内政治生活是围绕党的政治目的而进行并为之服务的

政党是有共同政治立场、共同政治目标方向的人的一种组织形式。党是政治组织，决定了政治性就成为党的生活的核心和根本。换言之，党内政治生活是为党的中心任务和政治路线服务的，只有这样，党才能领导人民实现党的目标、使命。譬如党内政治生活所包括的党内思想教

---

① 《习近平关于全面从严治党论述摘编》，第 37 页。

育、组织管理、党内斗争方面，都直接或间接与政治有关：没有革命的理论就不会有革命的运动，思想教育就是为了巩固党的信仰和坚定党的行动指南；组织管理是党的根本特征，能够使全党"团结得像一个人一样去战斗"；党内斗争是达到提高思想认识、增强党性修养、增进团结统一的基本要求。

其次，党内政治生活是在特定的指导思想和政治价值观指引下而进行的

政党的首要任务就是构筑共识，凝聚起"心往一处想"的行为基础，才能形成实现组织目标的力量。中共作为一个先进的马克思主义政党，其先进性通过党的理想信念、指导思想、根本宗旨等政治方向表现出来。思想理论上的坚定清醒是政治上坚定的前提。要始终不渝地坚持党的这个先锋队性质，永葆先进性、高尚性和纯洁性，就必须铸牢理想信念宗旨这个政治灵魂。党内生活必须在党的指导思想和奋斗纲领引领下，遵循党的政治方向、基本理论，贯彻落实党的路线、方针、政策。

第三，党内政治生活是在特定的组织原则和组织关系下进行的

党是具有特殊使命的政治组织，为了实现自己的目标，必须进行有组织的行动。正如刘少奇指出的："共产党员，无论到什么地方，只要有三个以上党员在一起，就应该有自己的组织（除开特殊情形外），就应该使自己的行动统一，成为有组织的行动。"①"领导者和被领导者结合起来就成为一个统一的组织，有了这种统一的组织才有力量。这种统一的组织就是党，这就是党的基本组织结构。"② 也就是说，中国共产党是全体党员按照一定的组织形式结合起来进行有组织行动的统一体，而这种组成党的组织形式的规则是民主集中制。

---

① 《刘少奇论党的建设》，中央文献出版社 1991 年版，第 303 页。
② 《毛泽东文集》第三卷，第 252 页。

党是按照一定的组织结构结合起来的统一体，这样的党的组织内部就产生了各种关系。1962 年 1 月，刘少奇在"七千人大会"上代表中央所作的报告中，就是从这个角度论及"党内生活"，他说："在当前党内生活中最重要的一个问题，就是下级党委和上级党委的关系，特别是地方党委和党中央的关系"。"在党内生活的问题上，其次要说的是，党委会内部的关系问题"。很显然，处理这些党内关系的原则是党的民主集中制，"都应该按照党的民主集中制的原则，调整内部的关系，使党委本身的工作健全起来。"①

综上所述，党内政治生活总是围绕一定的政治目的，遵循一定的党内政治原则，在一定的党内关系规范基础上开展和进行的。

（二）党在革命实践中形成的党内政治生活的基本规范

党内政治生活具有自己的特定的价值标准，即党内政治生活的"规范"。所谓规是指"尺规"；范是指"模具"。规范是指按照、规范的要求。党内活动必须按照这些既定标准进行操作。1980 年版《准则》和 2016 版《准则》，以及习近平总书记的讲话中，都明确地强调：中国共产党在长期实践中（革命斗争中），"形成了以实事求是、理论联系实际、密切联系群众、批评和自我批评、民主集中制、严明党的纪律等为主要内容的党内政治生活基本规范。"②

第一，实事求是是马克思主义的精髓，是我们党的基本思想方法、工作方法和领导方法，实事求是就是要从实际情况出发，从中引出其固有的而不是臆造的规律性，即找出事物的内部联系，作为我们行动的

---

① 《刘少奇选集》下，人民出版社 1985 年版，第 406、408、409 页。

② 参见《关于党内政治生活的若干准则》，《三中全会以来重要文献选编》（上），人民出版社 1982 年版，第 415 页；《关于新形势下党内政治生活的若干准则》，《人民日报》2016 年 11 月 3 日。

指导，这就要求我们解放思想，尊重规律，不断研究新情况和解决新问题。

第二，理论是从实践中产生的，理论只有与实际紧密联系，才能发挥对实践的指导作用，必须依据马克思列宁主义的立场、观点和方法，正确解释和指导中国革命和建设所发生的实际问题。开展党内政治生活也必须把理论与实际相结合，那种以本本上有的不许改动，本本上没有的就不能说、不许做的思想，是一种反马克思主义的教条主义思想，是执行党的路线的巨大障碍，也是党内政治生活所必须坚决反对的对象。

第三，中国共产党是为人民谋解放的政党，中国共产党人的一切言论行动，必须以合乎最广大人民群众的最大利益，为最广大人民群众所拥护为最高标准。中国共产党代表广大人民群众根本利益，不以广大的群众为基础，中国共产党就没有存在的意义，失去人民拥护和支持，党就会失去根基，党必须保持党同人民群众的血肉联系。

第四，批评和自我批评是我们党"抵抗各种政治灰尘和政治微生物侵蚀我们同志的思想和我们党的肌体的唯一有效的方法"①。就好像我们"天天要洗脸，天天要扫地一样"，党内需要经常性地进行批评和自我批评。

第五，党是政治组织，"领导者和被领导者结合起来就成为一个统一的组织，有了这种统一的组织才有力量。这种统一的组织就是党，这就是党的基本组织结构。"②但是，"我们的党，不是许多党员简单的数目字的总和，而是由全体党员按照一定规律组织起来的统一的有机体，而是党的领导者被领导者的结合体，是党的首脑（中央）、党的各级组织和广大党员群众依照一定规律结合起来的统一体。这种规律，就是党内

---

① 《毛泽东选集》第三卷，第 1096—1097 页。
② 《毛泽东文集》第三卷，第 252 页。

的民主的集中制"①。民主集中制是民主基础上的集中和集中指导下的民主，是中国共产党的最大制度优势。

第六，中国共产党是有崇高历史使命的政治组织，为了实现党的纲领和目标，必须有极为严格的纪律要求。党员是受到严格组织约束的先进分子，入了党就要在政治上讲忠诚、组织上讲服从、行动上讲纪律。遵守党的纪律是党章对各级党组织和所有党员的基本要求。

党内政治生活的基本规范是中国共产党针对中国革命面临的特殊国情和具体环境，把马克思主义的党建原则与中国革命实际相结合而形成的。这些"光荣传统"，"经过实践检验，约定俗成、行之有效，反映了我们党对一些问题的深刻思考和科学总结，需要全党长期坚持并自觉遵循。"②

（三）改革开放新时期所概括的党内政治生活所必须遵循的准则

随着党的实践的发展，党对党内政治生活必然要依据或遵循的原则的认识进一步提高，形成了即党内政治生活准则。1980年版《准则》和2016年版《准则》分论部分就是党内政治生活准则，从内容、形式、载体、方法等方面对党内政治生活进行规定。1980年版《准则》规定的党内政治生活准则有十二条：坚持党的政治路线和思想路线；坚持集体领导，反对个人专断；维护党的集中统一，严格遵守党的纪律；坚持党性，根绝派性；要讲真话，言行一致；发扬党内民主，正确对待不同意见；保障党员的权利不受侵犯；选举要充分体现选举人的意志；同错误倾向和坏人坏事作斗争；正确对待犯错误的同志；接受党和群众的监

---

① 《刘少奇选集》上卷，第358页。

② 《习近平关于严明党的纪律和规矩论述摘编》，第7—8页。

督，不准搞特权；努力学习，做到又红又专。2016 年版《准则》立足新的实际，提出了十二个方面的具体要求：坚定理想信念、坚持党的基本路线、坚决维护党中央权威、严明党的政治纪律、保持党同人民群众的血肉联系、坚持民主集中制原则、发扬党内民主和保障党员权利、坚持正确选人用人导向、严格党的组织生活制度、开展批评和自我批评、加强对权力运行的制约和监督、保持清正廉洁的政治本色等。

前后两个《准则》内容尽管不尽相同，究其基本方面，可以分为三大部分：

其一，确保党内政治生活是服从于和服务于党的性质、宗旨、路线、纲领。主要包括坚定理想信念，坚持基本路线，坚持实事求是，坚持全心全意为人民服务的根本宗旨等方面的规定。

其二，通过党内政治生活调节党内关系、解决党内矛盾和问题。主要包括健全党的组织生活、严格党的组织原则、遵循党的纪律、实行党内民主、开展批评与自我批评等方面的规定。

其三，通过党内政治生活提高党员干部的党性修养，形成正确的党内活动的行为规范和运行方式。主要包括对党员特别是领导干部的要求，诸如清正廉洁、讲党性反对派性、讲真话，反对腐败、建立廉洁政治等。为了实现这些要求，《准则》还规定了外在保障举措：坚持正确选人用人导向和加强对权力运行的监督等。

（四）"围绕坚持党的政治路线、思想路线、组织路线、群众路线"

2016 年 6 月 28 日，习近平总书记指出："严肃党内政治生活是一篇大文章，其中最重要的是围绕坚持党的政治路线、思想路线、组织路线、群众路线，坚持和完善民主集中制、严格党的组织生活等重点内容，集中解决好突出问题。"

1. 党的"四条路线"的基本内容

党的思想路线也叫党的认识路线，是党制定政治路线的理论基础。思想路线正确与否，直接决定了党的路线、方针、政策的正确与否。我们党经过长期的革命实践，在延安时期形成了党的正确思想路线："一切从实际出发，理论联系实际，实事求是，在实践中检验真理和发展真理。"这条思想路线大体包括三层意思：一是要从实际出发，尊重客观事实，通过深入周密的调查研究，认识和掌握事物运动的客观规律；二是要遵循马克思主义理论的指导，但不能把理论当作教条，理论与实践要紧密结合起来；三是要确定我们对于客观规律的认识是否是真理，还要回到实践当中去。通过实践检验真理和发展真理。

党的政治路线，是党根据各个不同历史发展阶段的社会、政治、经济情况和所要解决的主要矛盾，提出的一个时期的总任务、总方针、总政策。是党在一定历史时期的行动准则。无产阶级政党是无产阶级政治高度集中的组织，党领导人民，首要任务是制定出一定历史阶段的政治路线，以及与这一路线相适应的方针、政策，并以此统一全党思想和行动，步调一致地为实现党的纲领而奋斗。

党的组织路线是党在一定历史时期内根据政治路线的需要而制定的关于组织工作总的原则和方针。它的主要内容包括党的组织原则、组织制度、组织纪律、干部政策、干部制度、干部路线、干部标准、基层组织建设的要求和党员标准等。

正确的组织路线是：坚持民主集中制原则，在高度民主的基础上实现高度集中，加强组织纪律性，健全党的生活，保持党在思想上政治上的高度一致以及组织上的巩固和统一，提高党组织的战斗力，等等。

我们党是在与人民群众密切联系、共同战斗中诞生、发展、壮大、成熟起来的，全心全意为人民服务，密切联系群众，是我们党区别于其他任何政党的一个显著标志。"群众路线"是中国共产党长期革命和建设经验的总结,党的群众路线包含两个层面的意义:一是从价值观层面,强调人民群众是自己解放自己,党对于人民群众的领导作用就是正确地给人民群众指出方向,让人民群众自己动手,去实现解放和幸福。二是指领导方式、决策方式层面,即一切为了群众,一切依靠群众,从群众中来,到群众中去,把党的正确主张变为群众的自觉行动。

2. 党的"四条路线"在《准则》中的具体体现

1980 年版《准则》和 2016 年版《准则》都是围绕这四个路线而具体展开的。1980 年版《准则》提出:"坚持党的政治路线和思想路线,是党内政治生活准则中最根本的一条。"并且强调,政治路线是"建设现代化的社会主义强国",并就"民主集中制是党的根本组织原则","根绝派性","充分走群众路线"进行了原则规定。①2016 年版《准则》的序言部分就明确要求:新形势下加强和规范党内政治生活,必须坚持党的政治路线、思想路线、组织路线和群众路线。总论部分第二条规定的"坚持党的基本路线"(即新时期党的政治路线),并且要求"全党必须把坚持党的思想路线贯穿于执行党的基本路线全过程"。总论部分第三条"坚决维护党中央权威"、第四条"严明党的政治纪律"、第六条"坚持民主集中制原则"、第九条"严格党的组织生活制度"等是关于党的组织路线方面的。总论部分第五条"保持党同人民群众的血肉联系"的内容要求则是党的群众路线的具体化。在分则部分,专门规定了诸如"充分走群众路线""与群众同甘共苦""加强群众对党的领导干部和党员的监督""重视群众的意见和评论"等体现党的群众路线的内容。

---

① 《十一届三中全会以来重要文献选编》上,第 416 页。

第二讲

基本原则的确立和早期实践探索

"开展严肃认真的党内政治生活，是我们党作为马克思主义政党区别于其他政党的重要特征。"① 马克思主义创立者马克思恩格斯虽然没有明确使用"党内政治生活"这一提法，但却提出了严肃党内政治生活的基本的原则主张，并且以此指导国际共产主义运动的实践。列宁党建思想包括极为丰富的关于党内政治生活的基本原则和实践要求。为建立一个集中统一的工人阶级政党，列宁反复论述布尔什维克建党原则、组织原则和党内生活的要求，批驳了党内孟什维克等派的各种错误思想。在革命实践中，列宁按照这些理论要求建立起新型的无产阶级政党——布尔什维克党，并且在实践中发展和丰富了党建理论。

"我们党从成立之日起，就高度重视党内政治生活。"② 中国共产党从一开始就初步形成了严肃党内政治生活的这个马克思主义政党的"特质"和"根本"。它表明，党内政治生活基本规范是中国共产党与生俱来的"红色基因"，是中国共产党区别于其他政党的重要特征。然而，在近代中国这样一个以农民为主体的、落后的半殖民地半封建的东方大国领导进行革命，在近代中国这样一个以农民为主体的、落后的半殖民

---

① 《习近平关于全面从严治党论述摘编》，第 48 页。

② 《习近平关于全面从严治党论述摘编》，第 37 页。

地半封建的东方大国进行革命，这一特殊的国情，使得中国革命面临着"无论在哪一部共产主义书本里都找不到的""困难而特殊的任务"①。与此同时，错综复杂的党情和革命形势把许多缺乏现成答案的关于党内政治生活的问题摆在中国共产党人面前，对中国共产党党内生活提出了极为严峻的挑战。

在建党时期和北伐时期，这个时期是毛泽东同志说的"党的作风比较生动活泼"②，党的政治建设也取得一系列重要成果，党的教育活动大力开展，党的民主集中制的原则在这个时期得到较为完整的理论表述。但到了大革命时期，特别是土地革命时期，党内政治生活也有过曲折和挫折。特别是土地革命时期，党内盛行把马克思主义教条化、把共产国际决议和苏联经验神圣化的错误倾向，党内政治生活中出现了教条主义、宗派主义、惩办主义、"残酷斗争、无情打击"等严重问题，党内政治生活严重偏离了正确方向，给党的事业带来极大的危害。以毛泽东同志为主要代表的中国共产党人，在开辟中国革命新道路的同时，探索适合中国共产党特点的党内政治生活之路，提出来把支部建在基层，思想建党，把党内生活都政治化和反对本本主义等党内政治生活的正确原则，从而开启了中国化的党内政治生活理论和道路。

一、理论之源：经典作家关于党内政治生活的基本理论

马克思恩格斯提出无产阶级政党的领导是无产阶级获得彻底解放的基本条件，他们着重解决了无产阶级要获得解放要不要建立自己独立的

---

① 《列宁全集》第 37 卷，人民出版社 1986 年版，第 323、324 页。
② 《毛泽东文集》第七卷，人民出版社 1999 年版，第 367 页。

政党、建设一个什么样的党，以及如何建党的问题。他们确立了无产阶级政党的性质、指导思想、纲领、组织制度和策略思想等，奠定了无产阶级政党建设的理论基础。他们高度重视党的建设，确立党内平等与民主原则，强调服从权威与加强集中，维护代表大会和党章权威等。① 上述这些马克思主义经典作家的理论原则及其他们在领导革命实践中形成的经验总结，成为无产阶级政党党内政治生活的深刻内涵和理论渊源，并且以此指导国际共产主义运动的实践，为马克思主义政党如何开展党内政治生活指明了方向。

（一）马克思恩格斯论无产阶级政党党内活动的基本原则

社会存在决定社会意识；人在本质上是社会关系的总和；人们的思想意识，决定于他在社会生产中所处的地位，这是唯物史观关于人的思想的基本观点，马克思主义经典作家就是遵循这一基本观点来分析工人阶级及其政党的基本特征和要求。在他们看来，无产阶级的先进性，无产阶级的阶级觉悟和无产阶级的组织性纪律性，从根本上说是受物质条件所制约的，是在资本主义机器大生产条件下产生和发展的，是无产阶级阶级性的集中表现。而无产阶级先锋队——共产党作为无产阶级最有觉悟先进分子组成的战斗部队，先进性、纯洁性、战斗性、组织性和纪律性。

1. 无产阶级的阶级属性及其特征

按照唯物史观创立者马克思恩格斯的论述，在封建社会末期，随着资本的原始积累不断发展，直接生产者与生产资料相分离也在不断发

---

① 马克思恩格斯关于党内政治生活的代表性的文献有：《共产党宣言》《共产主义者同盟中央委员会告同盟书》《国际工人协会成立宣言》《论权威》《哥达纲领的批判》《给奥·倍倍尔、威·李卜克内西、威·白拉克等人的通信》《法国工人党纲领导言》《恩格斯致爱·佰恩施同》《恩格斯致奥·倍倍尔》等。

展，逐渐出现了丧失生产资料、靠出卖劳动力为生的雇佣劳动者，即早期的无产者。① 科学和技术的革命推动了生产力的迅速发展，资本主义生产经营方式也使正在崩溃的封建社会内部的革命因素迅速发展。到了18 世纪中期至 19 世纪中期，蒸汽和机器引起了工业生产的革命，社会化劳动和城市为主体的工业取得根本性的优势，资本主义是以彻底战胜封建主义。这样，"整个社会日益分裂为两大敌对的阵营，分裂为两大相互直接对立的阶级：资产阶级和无产阶级"②。到这个阶段，在所有文明国家"资产阶级和无产阶级都成了社会上两个起决定作用的阶级，它们之间的斗争成了我们这一时代的主要斗争"③。

马克思恩格斯认为，正是因为无产阶级的阶级地位决定了他们的阶级属性和历史使命。具体地说：

第一，无产阶级的形成与大工业相联系，是社会化大生产的产物，他们是先进生产力的代表，是最先进、最有前途的阶级。只有他们才能够承担起推翻资本主义旧世界、建设共产主义新社会的历史使命。其余的阶级都随着大工业的发展而日趋没落和灭亡，无产阶级却是大工业本身的产物。

第二，无产阶级最富有革命的彻底性和坚定性，他们是"革命社会主义的天然代表"④。无产阶级除了自己的劳动力外，一无所有，处在社会的最下层，必须摧毁至今保护和保障私有财产的一切，才能获得解放。"无产者只有废除自己的现存的占有方式，从而废除全部现存的占

---

①　马克思恩格斯一般使用英语中 proletariat 这一术语，来定义那些受压迫受剥削的"雇佣劳动者"。而在强调他们是社会财富的创造者和未来新社会的建立者时，他们则更多地使用"工人阶级（working class）"一词。

②　《马克思恩格斯选集》第 1 卷，第 273 页。

③　《马克思恩格斯选集》第 1 卷，第 241 页。

④　《马克思恩格斯全集》第 35 卷，人民出版社 1971 年版，第 229 页。

有方式，才能取得社会生产力。"① 他们在革命斗争中，比任何别的阶级都要坚决和彻底。无产阶级的解放并不是为了争取新的阶级特权，而是要争取平等的权利，并消灭任何阶级统治；"被剥削被压迫的阶级（无产阶级），如果不同时使整个社会永远摆脱剥削、压迫和阶级斗争，就不再能使自己从剥削它压迫它的那个阶级（资产阶级）下解放出来。"② 这就决定无产阶级能够代表全体被压迫人民的根本利益，是唯一能带领其他劳动人民前进的阶级。

第三，无产阶级最有组织性、纪律性。马克思恩格斯认为"大生产和机器是无产阶级的物质和精神基础"③，在机器大生产条件下，人和机器日益完美地结合在一个整体系统之中，工人阶级的劳动是有最严格纪律的社会劳动，"挤在工厂里的工人群众就像士兵一样被组织起来"④。这不仅加大了对工人阶级的剥削与压迫的力度，而且也客观地更加严格地锻炼了工人的组织性和纪律意识。与此同时，社会化大生产使无产阶级日益成为有机的整体，"由于推广机器和分工，无产者的劳动已经失去了任何独立的性质"，这种在社会化大生产格局中形成的互相依存的关系，每日每时锻炼着工人阶级的社会整体观念和组织性，也加强了工人之间的联系，使得无产阶级日益成为有机的整体。

2. 无产阶级政党的产生及其根本特性

马克思恩格斯认为，无产阶级的形成和发展同机器大生产相联系，机器大生产促进了无产阶级有组织的斗争，"日益壮大的、由资本主义生产过程本身的机制所训练、联合和组织起来的工人阶级的反抗也不断

---

① 《马克思恩格斯选集》第 1 卷，第 283 页。
② 《马克思恩格斯选集》第 1 卷，第 252 页。
③ 《列宁全集》第 41 卷，人民出版社 1986 年版，第 291 页。
④ 《马克思恩格斯选集》第 1 卷，第 407 页。

增长"①。随着工人斗争的群体性与群体斗争的组织性渐渐增强，通过结社而达到革命联合替代了他们由于竞争而造成的分散状态，无产阶级的联合日益扩大而作为一个阶级来行动，其斗争也走上政治舞台。马克思指出："无产阶级在反对有产阶级联合力量的斗争中，只有把自身组织成为与有产阶级建立的一切旧政党不同的、相对立的政党，才能作为一个阶级来行动。为保证社会革命获得胜利和实现革命的最高目标——消灭阶级，无产阶级这样组织成为政党是必要的。"② 在无产阶级政党领导下，"一支社会主义者的国际大军，它不可阻挡地前进，它的人数、组织、纪律、觉悟程度和胜利信心都与日俱增"③。马克思恩格斯关于无产阶级政党的基本观点十分明确，最主要的有：

（1）无产阶级政党最鲜明的特征是先进性

无产阶级政党是由无产阶级中最觉悟、最先进的先进分子组成，是无产阶级的先锋队，具有先进性。马克思恩格斯强调："在实践方面，共产党人是各国工人政党中最坚决的、始终起推动作用的部分；在理论方面，他们胜过其余无产阶级群众的地方在于他们了解无产阶级运动的条件、进程和一般结果。"④

（2）无产阶级政党的基本性质和根本宗旨

马克思恩格斯公开申明他们所建立的党是无产阶级政党，始终代表无产阶级的整体利益，不谋求任何同整个无产阶级利益不同的其他利益。与此同时，中国共产党是无产阶级的先锋队，但党不是狭小的秘密组织，而是代表广大人民群众根本利益并且与人民群众保持密切联系的群众性的党。党是阶级的先锋队又是代表广大人民群众利益，这两者是

---

① 《马克思恩格斯文集》第 5 卷，第 874 页。
② 《马克思恩格斯选集》第 2 卷，第 611 页。
③ 《马克思恩格斯选集》第 4 卷，第 385 页。
④ 《马克思恩格斯选集》第 1 卷，第 413 页。

统一性，但这种统一不是简单的并列，任何政党都是阶级的代表，党的工人阶级先锋队性质，是党的本质和生命，它关系到党的指导思想、宗旨的确立和贯彻，关系到党的纲领、路线的制定和坚持，也关系到做一个共产党员的基本条件。因此，在党的性质问题上，共产党始终坚持自己的阶级性，强调工人阶级的领导地位不能被削弱。

必须注意的是阶级性并不等于阶级出身，同时，每一个人的阶级立场和世界观也不是固定不变的。马克思恩格斯认为，党内可以有来自任何社会阶级的个人，但他们绝不能代表原阶级的利益，也不要带进原阶级的偏见，而应无条件地掌握无产阶级世界观。马克思恩格斯强调："第一，要对无产阶级运动有益处，这些人必须带来真正的教育者"；"第二，……要求他们不要把资产阶级、小资产阶级等等的偏见的任何残余带进来，而要无条件地掌握无产阶级世界观。"①

（3）无产阶级的政党的奋斗目标

马克思恩格斯深刻指出，无产阶级的阶级特性决定它能够成为资本主义的掘墓人和共产主义的建设者，他们强调，无产阶级政党就是把推翻资本主义制度、实现无产阶级专政作为斗争的最近目的，把消灭阶级、在全人类实现共产主义作为自己的最终目标。无产阶级要实现自己的历史使命，首先必须在自己政党的领导下，通过革命斗争，推翻资产阶级的统治，然后在实行无产阶级专政基础上创造各种条件，最终实现共产主义。

3.无产阶级政党的党内活动的原则要求

（1）共产主义思想只有通过在革命实践的锻炼和改造中才能形成

社会存在决定思想意识，人的思想作为精神现象，来源于社会生活，是对社会生活的思想反映和心理感知。人在本质上是社会关系的

① 《马克思恩格斯选集》第3卷，第684、685页。

总和，"人们的观念、观点和概念，一句话，人们的意识，随着人们的生活条件、人们的社会关系、人们的社会存在的改变而改变"①。共产主义思想是建立在彻底批判资本主义基础上的，"共产主义革命就是同传统的所有制关系实行最彻底的决裂；毫不奇怪，它在自己的发展进程中要同传统的观念实行最彻底的决裂"②。共产主义思想这种彻底的革命性决定了它不可能从剥削社会内部产生，只有在共产主义革命实践的锻炼和改造中才能形成。马克思恩格斯说："无论为了使这种共产主义意识普遍地产生还是为了达到目的本身，都必须使人们普遍地发生变化，这种变化只有在实际运动中，在革命中才有可能实现；因此革命之所以必需，不仅是因为没有任何其他的办法能推翻统治阶级，而且还因为推翻统治阶级的那个阶级，只有在革命中才能抛掉自己身上的一切陈旧的肮脏东西，才能成为社会的新基础。"③ 这就是说，无产阶级先进分子必须自觉地去经受长期的社会革命实践，并且在这种革命斗争中改造社会和改造自己。

（2）民主是党内生活重要原则，必须反对个人崇拜

民主是无产阶级政党的重要组织原则。早在 1845 年，恩格斯就说过："当各民族的无产阶级政党彼此联合起来的时候，他们完全有权把'民主'一词写在自己的旗帜上。"④ 马克思恩格斯在他们关于党的建设的著作中，一再强调各级组织和领导成员均须"选举产生"，组织内部的重要决定，也遵循民主原则通过会议讨论做出。他们这一思想贯穿在他们为共产主义同盟制定的章程中。共产主义者同盟是一个建立在科学社会主义基础上的国际无产阶级的秘密革命组织，亦即无产阶级革命政

---

① 《马克思恩格斯选集》第 1 集，第 291 页。
② 《马克思恩格斯选集》第 1 卷，第 293 页。
③ 《马克思恩格斯选集》第 1 卷，第 72 页。
④ 《马克思恩格斯全集》第 2 卷，人民出版社 1957 年版，第 664 页。

党的雏形。1847 年，在马克思恩格斯为共产主义者同盟拟定的章程中，把同盟内平等作为根本原则写进章程。《章程》第三条明确规定"我们的章程只承认有一种在权利和义务上都平等的国际会员"；"所有盟员都一律平等"①。第七条规定同盟内部要由选举产生正副主席，他们分别负责不同的工作；第二十一条规定中央委员会是全盟的权力执行机关，向代表大会报告工作；第二十六条中规定每年九月份进行选举等工作，这些条例都隐隐蕴含着民主原则。后来 1885 年，恩格斯在《关于共产主义者同盟的历史》一文中对比回顾说："组织本身是完全民主的，它的各委员会由选举产生并随时可以罢免。"② 恩格斯将这种平等界定为盟内成员之间权利与义务的平等。平等和民主原则一直贯穿于共产主义者同盟和此后的第一国际、第二国际，成为无产阶级政党党内政治生活的重要内容。

马克思恩格斯反对个人崇拜。马克思在 1877 年 11 月 10 日给威·布洛斯的信中明确表示要反对个人崇拜。他针对国际上对他的歌功颂德，或不予回复或加以斥责。他指出："恩格斯和我最初参加共产主义者秘密团体时的必要条件是：摒弃章程中一切助长迷信权威的东西。"③然而，反对个人崇拜并不意味着否认革命导师的作用。马克思说："每一个社会时代都需要有自己的大人物，如果没有这样的人物，它就要把他们创造出来。"④

（3）党需要必要的集中和权威

马克思恩格斯认为，任何社会组织的存在和公共事务的管理都需要一定的权威。人类社会在原始社会中就已经存在自治和权威，在工业化

---

① 《马克思恩格斯全集》第 4 卷，人民出版社 1958 年版，第 572 页。
② 《马克思恩格斯选集》第 4 卷，第 200 页。
③ 《马克思恩格斯选集》第 4 卷，第 628 页。
④ 《马克思恩格斯选集》第 1 卷，第 432 页。

大生产时代，分工复杂化和联合活动导致组织起来成为必须，而组织起来的前提是需要一个强有力的权威。马克思恩格斯强调组织需要有服从，但这种服从是服从原则，所有人都必须在原则下思想和行动。在领导第一国际的革命实践中，马克思恩格斯强调在不否认支部自治权的基础上，应将一部分权力委托给上级组织及至中央组织，否则党的整体性无法体现。譬如马克思在 1870 年 4 月 19 日致保·拉法格的信中，就针对巴枯宁的歪曲进行了回击，阐述了总委员会权威和自治相统一的组织原则。他指出："总委员会不是教皇，我们容许每个支部对实际运动抱有自己的理论观点，但是有一个前提，即不得提出任何与我们的章程直接抵触的论点。"① 1872 年 1 月，恩格斯在回应国际上反权威的呼声时指出："谁也不会否认支部有自治权，但是，如果联合会不把某些全权给予联合会委员会，并且最终给予总委员会，那么联合会的存在是不可能的。"② 马克思恩格斯之所以强调权威和集中，是因为它是保持党的凝聚力和战斗力的重要因素。特别是他们通过总结巴黎公社失败经验教训，深刻论述无产阶级政党集中统一的极端重要性，明确指出"巴黎公社遭到灭亡，就是由于缺乏集中和权威"③。1871 年底，恩格斯在致保·拉法格的信中指出："没有权威，就不可能有任何的一致行动……没有这种统一的和指导性的意志，要进行任何合作都是不可能的。"④1872 年至 1873 年，恩格斯针对巴枯宁反对国家、反对权威的无政府主义思潮，专门写了《论权威》一文，明确指出要辩证地看待权威和自治的关系，"把权威原则说成是绝对坏的东西，而把自治原则说成是绝对好的东西，这是荒谬的。权威与自治是相对的东西，它们的应用

---

① 《马克思恩格斯选集》第 4 卷，第 596 页。
② 《马克思恩格斯选集》第 4 卷，第 606 页。
③ 《马克思恩格斯选集》第 4 卷，第 606 页。
④ 《马克思恩格斯文集》第 10 卷，人民出版社 2009 年版，第 372 页。

范围是随着社会发展阶段的不同而改变的"①。

（4）党要有的高度的纪律性

按照马克思恩格斯的逻辑，无产阶级最具有高度的组织性和纪律意识，既然共产党是无产阶级的先锋队，那么共产党必须有更加严格的组织性和纪律性。正是在这个意义上，马克思恩格斯强调纪律对于无产阶级政党和党所领导的事业的极端重要性，把保持党的纪律作为无产阶级政党的一条建党原则。1859年5月18日，马克思在致恩格斯的信中明确指出："我们现在必须绝对保持党的纪律，否则将一事无成。"②恩格斯认为，在无产阶级革命斗争中，"胜利的首要条件是严格遵守法律，而一切革命的高调和喧嚷都不可避免地会导致失败。这种纪律是一个有成效的和坚强的组织的首要条件，是资产阶级最害怕的"③。"为了进行斗争，我们必须把我们的一切力量拧成一股绳，并使这些力量集中在同一个攻击点上。"④

（5）党内需要团结，但团结不是无原则的，批评是工人运动的生命要素

马克思恩格斯将团结视为党内生活的基本原则，他们认为，无产阶级政党时刻需要在内部达成共识，保持党内团结，是由政党的普遍规律和无产阶级政党的特殊规律共同决定的，只要我们巩固团结这个富有生气的原则，就一定会达到我们所向往的伟大目标，这不仅是由党的远大理想和艰巨任务决定的，还是对过去无产阶级运动正反两方面经验的总结。与此同时，马克思恩格斯党内团结应是抛弃掩饰调和政策的团结，必须是"有原则"的团结。这里的原则主要有两个：一个是以民主促团

---

① 《马克思恩格斯选集》第3卷，第226页。

② 《马克思恩格斯全集》第29卷，人民出版社1972年版，第413页。

③ 《马克思恩格斯全集》第36卷，人民出版社1974年版，第540页。

④ 《马克思恩格斯选集》第4卷，第606页。

结，"必须在民主的范围内团结一致"；另一个是以斗争和批评促团结，因为"无产阶级的发展，无论在什么地方总是在内部斗争中实现的"，"没有批评就不能互相了解，因而也就谈不到团结"①。只有实现了这个意义和基础上的团结，才是真正正确的团结。

为了保证党内团结，正确开展党内斗争是不可避免的。这是因为马克思主义政党是在同各种政治派别和工人运动内部错误思潮的斗争中成长起来的无产阶级政党。马克思主义政党从本质上要求经常开展严肃的党内思想斗争，以便在同各种政治派别的斗争中消除工人运动内部各种错误思潮，保持无产阶级政党的纯洁性和先进性。1882 年 10 月 20 日，恩格斯在致伯恩斯坦的信中，指出："看来任何大国的工人政党，只有在内部斗争中才能发展起来，这是符合一般辩证发展规律的。"② 同日，他在给倍倍尔的一封信中说："在可能团结一致的时候，团结一致是很好的，但还有高于团结一致的东西。谁要是像马克思和我那样，一生中对冒牌社会主义者所作的斗争比对其他任何人所作的斗争都多（因为我们把资产阶级只当作一个阶级来看待，几乎从来没有去和资产者个人交锋），那他对爆发不可避免的斗争也就不会感到十分烦恼了。"③ 1873 年 7 月 20 日，恩格斯在致倍倍尔的信中明确指出，党内团结不能建立在一味妥协丧失原则的基础上，否则，"气泡"总有一天会破灭。"在这种情况下，国际确实就会灭亡，会因'团结'而灭亡！"④

无产阶级政党内部为什么会产生矛盾和斗争呢？马克思恩格斯认为：首先，由于无产阶级运动必然要经过各种发展阶段；在每一个发展阶段都有一部分人停下了，不再前进。其次，由于资产阶级实行了收买

---

① 《马克思恩格斯全集》第 4 卷，人民出版社 1958 年版，第 423 页。
② 《马克思恩格斯选集》第 4 卷，第 617 页。
③ 《马克思恩格斯选集》第 4 卷，第 653 页。
④ 《马克思恩格斯选集》第 4 卷，第 651 页。

政策，而无产阶级内部出现了"工人贵族"，这是引起党内斗争的社会阶级根源。此外，还有小资产阶级的渗透和影响。在资本主义社会，小资产阶级不可避免地要遭受破产，都降落到无产阶级的队伍里来，有些人要加入到无产阶级政党中来。这样，在日益壮大的工人政党内，小资产阶级的增多是不可避免的。这些人加入党内，很容易把小资产阶级的各种恶习带进党内来，侵蚀党的肌体。只有坚持原则性的党内斗争，才能巩固党的组织，纯洁党的队伍。恩格斯强调："批评是工人运动生命的要素，工人运动本身怎么能避免批评，想要禁止争论呢？"[①]

（二）列宁关于党内生活的理论阐释

在领导俄国建立工人政党的过程中，列宁不断丰富和发展马克思主义建党学说，主要包括：党是以马克思主义武装的无产阶级先锋队；党是无产阶级有组织的部队；党是由人数不多的职业革命家和广大党员群众组成；党是无产阶级组织的最高形式；党必须坚持进行两条战线的斗争；党性是阶级性最高而集中的表现；组织性纪律性需要用"组织的物质统一来巩固"，因此，要有一个以"民主集中制"为根本原则的党章等。

1. 应该建设一个什么样的无产阶级政党？

鉴于第二国际各党不仅在理论上、政治上陷于右倾机会主义的泥坑，而且在组织上也完全堕落到机会主义的泥潭，列宁认为，为了适应无产阶级革命时代的客观要求，必须建立一个同第二国际各党不同的新型的党，必须是革命的党、战斗的党。为此，当务之急是创立新型无产阶级政党学说。列宁关于无产阶级新型政党建设的理论体系，集中体现在他在那一时期的一系列重要著作中。[②] 列宁的建党理论主要如下。

---

① 《马克思恩格斯选集》第 4 卷，第 687 页。

② 主要包括《什么是"人民之友"》《怎么办？》《进一步，退两步》《社会民主党在民主革命中的两种策略》《唯物主义和经验批判主义》《共产主义运动中的"左派"幼稚病》。

（1）无产阶级政党是工人阶级先进部队，领导人民前进的先锋队

列宁特别强调党的鲜明的无产阶级性质而不是所谓"被剥削的劳动群众"的性质。在 1903 年的《俄国社会民主工党第二次代表大会文献》中，列宁指出："党应当只是工人阶级广大群众的先进部队和领导者……工人阶级并非全体、也不应当全体都参加党。"[①] 在 1904 年《进一步，退两步》中，他强调，"党应当是组织的总和"，"把作为工人阶级先进部队的党同整个阶级混淆起来，显然是绝对不行的"[②]。在 1920 年 7 月召开的共产国际第二次代表大会上，列宁强调："工人政党最大的特点就在于它只能包括本阶级的少数。政党所能吸收的只是本阶级的少数，正如在任何资本主义社会里，真正觉悟的工人也只占全体工人的少数一样。所以我们必须承认，只有这觉悟的少数才能领导广大工人群众，引导他们前进。"[③]

党是本阶级的一部分，和本阶级有最为根深蒂固的联系，可是，如果把党关在小圈子而和非党群众脱离，那么，党就不成为党了，更不能领导工人阶级了。在《怎么办？》中，列宁就指出，"社会民主党领导工人阶级进行斗争不仅是要争取出卖劳动力的有利条件，而且是要消灭那种迫使穷人卖身给富人的社会制度。社会民主党代表工人阶级，不是就工人阶级同仅仅某一部分企业主的关系而言，而是就工人阶级同现代社会的各个阶级，同国家这个有组织的政治力量的关系而言。"[④]1920 年 7 月 30 日，他说："确定一个党是不是真正工人的政党，不仅要看它是不是由工人组成的，而且要看它是由什么人领导以及它的行动和政治策略的内容如何。只有根据后者，才能确定这个党是不是真正无产阶级的

---

① 《列宁全集》第 7 卷，第 270—271 页。
② 《列宁选集》第 1 卷，人民出版社 1995 年版，第 473 页。
③ 《列宁全集》第 39 卷，第 224 页。
④ 《列宁全集》第 6 卷，第 54 页。

政党。"①

(2) 无产阶级政党是工人运动和社会主义相结合的产物，是以科学社会主义为理论指南的有思想觉悟的先进组织

列宁系统而深刻地论证了工人阶级政党是"工人运动和社会主义的结合"这个命题。他认为工人阶级只有在先进理论的指导下，才能认清自身的地位和历史责任，意识到本身解放的条件，才能从自在的阶级变为自为的阶级。党的先进性首先就在于党比工人阶级看的远些，引导他们前进。

马克思主义政党产生于工人运动与社会主义的结合，这是马克思主义的根本原理。在马克思主义诞生之前，也有工人罢工，但在没有科学理论指导和武装的前提下，工人无法认识到自己处境的根源，所以不会把本阶级的利益和社会政治体制看作是相互联系的整体，工人阶级难以真正组织起来。科学社会主义是反映无产阶级历史地位和使命的科学，是指导工人阶级、无产阶级获得自由解放的科学，但科学社会主义不是自发产生的，只有在吸收人类优秀文化成果的前提下，同时结合工人阶级的实践，加之艰苦的科学研究才能产生。②"现代社会主义也就是从这一阶层的个别的头脑中产生的，他们把这个学说传授给才智出众的无产者，后者又在条件许可的地方把它灌输到无产阶级的阶级斗争中去。可见，社会主义意识是一种从外面灌输到无产阶级的阶级斗争中去的东西，而不是一种从这个斗争中自发地产生出来的东西。"③列宁说："没有革命的理论，就不会有革命的运动命的运动。……只有以先进理论为指导的党，才能实现先进战士的作用。"④有了马克思主义科学理论指导之

---

① 《列宁全集》第 39 卷，第 246 页。

② 《列宁选集》第 1 卷，第 247 页。

③ 《列宁全集》第 6 卷，第 37 页。

④ 《列宁选集》第 1 卷，人民出版社 1995 年版，第 311 页。

后，工人阶级才进一步觉醒，认清了本阶级的历史使命，迫切需要用政党的组织形式进一步实现阶级联合，凝聚阶级力量。由此，列宁强调，党的基本任务是把"认清无产阶级的地位及其任务的这种意识灌输到无产阶级中去"，用革命的理论把他们武装起来。列宁指出，工人阶级自发地倾向于社会主义，只要党善于启迪工人的心灵，工人最容易领悟社会主义，走上社会主义道路。

（3）无产阶级政党是无产阶级的最高组织形式，是一元化的、战斗性的、组织严密的党

列宁高度重视革命政党的作用，他说过："给我们一个革命家组织，我们就能把俄国翻转过来。"① 列宁在他的著作中从不同角度论述了建立新型无产阶级政党的原则，列宁认为，群众是划分为阶级的，阶级是由政党领导的。在资本主义发展初期，建立工会使工人从散漫无助的状态过渡到初步的阶级联合。无产阶级政党是无产者阶级联合的最高形式，是以无产阶级的、自觉的、铁的纪律结合起来的统一的战斗组织。在列宁看来，鉴于俄国的专制特点，要想取得革命的胜利，俄国无产阶级革命政党只能是一个思想统一、组织严密、纪律严明、秘密的职业革命家"集团"，必须将俄国社会民主工党建设成为一元化的、战斗性的、组织严密的党。列宁突出强调了党组织应该有两部分组成：一部分是作为党组织核心的牢固的、集中的、战斗的革命家组织；另一部分则是广泛的地方党组织网。同时列宁指出要在秘密党组织的外围，建立起各种形式的公开、半公开的群众性组织。列宁强调必须正确处理群众、阶级、政党、领袖的关系。列宁指出："群众是划分为阶级的……至少在现代的文明国家内，阶级是由政党来领导的；政党通常是由最有威信、最有影响、最有经验、被选出担任最重要职务而称为领袖的人们所组成的比较

---

① 《列宁选集》第 1 卷，人民出版社 1995 年版，第 317 页。

稳定的集团来主持的。"①

2.无产阶级政党的组织原则及其实现途径

（1）党的组织原则是"民主集中制"，党内有着统一意志、统一行动

在建立俄共的过程中，列宁十分强调经常开展严肃的党内政治生活的重要性，并提出民主集中制原则，以保证党内政治生活的严肃性。首先，他强调党内民主的重要性，指出，"党内的一切事务由全体党员直接或通过代表，在一律平等和毫无例外的条件下来处理"，并"保证全体党员甚至最落后的党员都积极地参加党的生活，参加讨论党所面临的一切问题和解决这些问题"②。同时，他也强调"党组织应当是统一的，但是在这些统一的组织里，应当对党内的问题广泛地展开自由的讨论，对党内生活中各种现象展开自由的同志式的批评和评论"。而"为发挥党员的主动精神，除其他措施外，还绝对必须更经常、更广泛地召开党员大会"③。

列宁把民主集中制作为党的组织原则，在强调党内民主的同时，着重强调了集中。一方面，党要正确地发挥作用和有计划地领导群众，必须按集中制组织起来。必须少数服从多数，各个组织服从中央，下级组织服从上级组织。另一方面，列宁强调集中制原则的重要性，是建立严密统一党的需要，是由当时阶级斗争形势所决定的。当党在沙皇专制制度条件下处于秘密存在的地位时，党组织不可能建立在自下而上的选举基础上；只有在推翻沙皇统治后，党就成为公开合法的党，在条件允许情况下，要充分实现民主，党的组织就会建立在选举的原则上，建立在民主集中制的原则上。1920年9月，在俄共（布）第九次全国代表会

---

① 《列宁选集》第4卷，人民出版社1995年版，第197页。

② 《苏联共产党决议汇编》第2分册，人民出版社1964年版，第53、54页。

③ 《列宁全集》第39卷，第288页。

议所提的《关于党的建设的当前任务》中，他还强调要尽可能地经常召开全体党员大会，并创设在党内进行一般批评和经常批评20条具体措施。党员在党内是权利和义务的统一，"没有无义务的权利，也没有无权利的义务"。

(2) 为了保证党的统一，必须要有"极严格的纪律"

列宁系统地论述了马克思主义关于机器大生产锻造了无产阶级的组织性和纪律意识的观点。强调纪律的产生是受物质条件所制约的。无产阶级及其政党的纪律，是在物质生产过程中形成的，是无产阶级及其政党具有的特殊品质和高尚的情操。在1904年出版的《进一步，退两步》里，列宁指出："工厂在某些人看来不过是一个可怕的怪物，其实工厂是资本主义协作的最高形式，它把无产阶级联合了起来，使它纪律化，教它学会组织，使它成为其余一切被剥削劳动群众的首脑。……正因为无产阶级在这种工厂'学校'里受过训练，所以它特别容易接受资产阶级知识分子难以接受的纪律和组织。"①1919年6月在《伟大的创举》中，列宁在谈及"劳动群众本身自由的自觉的纪律"的时候说："这种新的纪律不是从天上掉下来的，也不是由善良的愿望产生的，它是从资本主义大生产的物质条件中生长起来的，而且只能是从这种条件中生长起来。没有这种物质条件就不可能有这种纪律。代表或体现这种物质条件的是大资本主义所创造、组织、团结、训练、启发和锻炼出来的一定历史阶级。这个阶级就是无产阶级。"②

列宁明确提出了党的"铁一般的纪律""极严格的纪律"和"无产阶级党的铁的纪律"等重要论断。列宁强调，党只有当它所有的党员都组织成一个由统一意志、统一行动、统一纪律团结起来的统一部队时，

---

① 《列宁全集》第8卷，第391页。
② 《列宁全集》第37卷，人民出版社1986年版，第12页。

才能实际地领导工人阶级的斗争，把它引向一个目标。列宁要求无产阶级政党应该建立一套围绕少数"职业革命家"为核心、党员对核心高度服从的集权化的组织模式，并认为党员应严密组织化，人数应受到限制，党内有着统一意志、统一行动和统一纪律。① 党必须按照"秘密性和集中制"组织起来，实行少数服从多数的原则、部分服从整体的原则，不容许违反党纲、破坏党纪以及在党内组织派别集团。1901 年 9 月 20 日，列宁针对当时俄国社会革命运动中存在的分散主义思想和无政府主义倾向，指出："没有思想上的统一，组织上的统一是没有意义的。""没有共同的思想基础，根本谈不上统一的问题。"② 在 1904 年《进一步，退两步》中，列宁指出："无产阶级在争取政权的斗争中，除了组织，没有别的武器。""所以能够成为而且必然会成为不可战胜的力量，就是因为它根据马克思主义原则形成的思想一致是用组织的物质统一来巩固的，这个组织把千百万劳动者团结成一支工人阶级的大军。"③ 十月革命胜利后，在论述布尔什维克取得成功的基本条件时，列宁指出："如果我们党没有极严格的真正铁的纪律，如果我们党没有得到整个工人阶级全心全意的拥护，……那么布尔什维克别说把政权保持两年半，就是两个半月也保持不住。""无产阶级实现无条件的集中和极严格的纪律，是战胜资产阶级的基本条件之一。"④ 由此，列宁强调党的纪律对于无产阶级专政的极端重要性，指出："谁哪怕是把无产阶级政党的铁的纪律稍微削弱一点（特别是在无产阶级专政时期），那他事实上就是在帮助资产阶级来反对无产阶级。"⑤

---

① 《列宁专题文集：论无产阶级政党》，第 78 页。
② 《列宁全集》第 5 卷，第 247、248 页。
③ 《列宁全集》第 8 卷，第 415 页。
④ 《列宁选集》第 4 卷，人民出版社 1995 年版，第 135 页。
⑤ 《列宁选集》第 4 卷，人民出版社 1995 年版，第 154 页。

（3）组织首先要制定章程，把"集中制思想"作为"唯一的原则性思想"

列宁认为，一个真正的无产阶级政党，不仅需要一个马克思主义的纲领，而且还有一个具体的组织章程，通过党章党纲把它固定下来。首先，列宁论述了什么是无产阶级政党的党章问题。列宁在同马尔托夫在党章第一条的争论过程中，提出了什么是党章，制定党章的意义等重要问题。列宁给党章下了一个定义："章程是组织的形式表现。"① 其次，列宁强调制定一个建立在马克思主义科学基础上的统一的章程，对党有重要意义。它是保证组织统一、思想统一、党的集中化的根本组织措施。没有这些，党还不能说是正式的有组织的整体，充其量只能说是各个集团的总和，因为它还仅仅停留在思想影响上而不受组织章程的约束。为此，列宁强调说要建立组织，首先要制定章程，他说："为了保证党内团结，为了保证党的工作集中化，还需要有组织上的统一，而这种统一在一个已经多少超出了家庭式小组范围的党里面，如果没有正式规定的党章，没有少数服从多数，没有部分服从整体，那是不可想象的。"② "正式章程所以必要，正是为了用广泛的党的联系来代替狭隘的小组联系。"③ 最后，列宁认为党章是维护党的统一共同的组织基础，强调应该把"集中制思想"这一"建党基础的基本思想"，作为"唯一的原则性思想"，"贯穿在整个党章中"④。1903 年列宁通过召开俄国社会民主工党第二次会议，在这次会议上列宁领导制定了第一部党章，无产阶级革命和无产阶级专政的基本原则写入党纲，并根据俄国实际制定了党的最高纲领和最低纲领。这部党章中对党员入党条件进行了规定，党章

---

① 《列宁全集》第 8 卷，第 364 页。
② 《列宁选集》第 1 卷，人民出版社 1995 年版，第 499 页。
③ 《列宁全集》第 8 卷，第 393 页。
④ 《列宁全集》第 8 卷，第 236 页。

规定党员必须承认党纲，并且在物质上支持党并且加入党的一个组织，这项主张使党成为有组织、有纪律的队伍。这次会议上，以列宁为首的布尔什维克党掌握了该党的领导权，标志着俄国的新型无产阶级政党诞生，也标志着列宁主义的诞生。

3. 明确提出"党内生活"和"党内政治生活"等基本概念

在领导布尔什维克党进行革命实践过程中，列宁多次使用了"党内生活"和"党的生活"的概念，论述布尔什维克的建党原则和组织原则，以及党内活动的形式问题，批驳党内孟什维克等派的各种错误思想。1902年9月，列宁在《就我们的组织任务给一位同志的信》中谈到"建立党内报告制度"时，提出："我们解决严重的冲突和意见分歧，实际上根本不是'按照章程'投票，而是用斗争和'退出'相威胁，这我们谁不知道呢？我们大多数委员会近三四年的党内生活，就充满了这样的内部斗争。"这是马克思主义政党第一次提出"党内生活"这一概念，这里"党的生活"，指的是整个俄国社会民主工党党内各种活动，针对的是如何处理党内矛盾问题。在1903年10月，列宁在驳斥崩得分子错误言论的《崩得在党内的地位》一文中又使用了"党的生活"的概念。他说，"据说，在实行联邦的情况下，党的各个部分是平等的，是直接参与共同事务的；而在实行自治的情况下，它们是无权的，因而不参与整个党的生活。这种论调完全是睁着眼睛说瞎话，跟数学家所说的数学上的诡辩，比如证明（用乍一看来还是完全合乎逻辑的方法证明）二二得五，部分大于整体等等，没有什么两样"①。这里"党的生活"，指的是整个俄国社会民主工党党内各种活动。后来，列宁在谈到党内斗争的时候进而阐述了党内生活的形式问题。他说，"党的统一受到严重破坏，党内斗争已经超出任何党性范围……我们认为，危机是由于社会民

---

① 《列宁全集》第8卷，第62—63页。

主党的党内生活从小组形式过渡到党的形式而产生的，党内斗争的实质是小组习气和党性之间的冲突"①。1905 年由布尔什维克派创办的机关报《前进报》还专门创设了"党的生活"栏目。列宁 1915 年 5 月发表的《空泛的国际主义破产》，文中列宁批评有人"对俄国党内政治生活的组织方法问题，提出不同的意见"②，从马克思主义发展历史来看，这是最早的"党内政治生活"的提法，这里的"俄国党内政治生活的组织方法"，实际是指列宁提出并坚持的民主集中制原则。

二、党内政治生活基本原则的确立及其中国化的探索

中国共产党从成立之初就是以马克思主义为指导的新型无产阶级政党，开展严肃认真的党内政治生活成为党的必不可少的重要部分。中国共产党从成立之日，就坚决申明党把社会主义、共产主义确立为自己根本奋斗目标。党的二大根据中国具体国情，按照理论联系实际的原则，第一次制定了党的反帝反封建的民主革命纲领，大会按照列宁主义建党原则，通过的第一部《中国共产党章程》及其补充文件——《关于共产党的组织章程决议案》，这部党章和决议案最根本的特点，就是确立了党的民主集中制的组织原则、严密的组织体系和"似铁的纪律"，旗帜鲜明地反对党内"乌合的状态""安那其的状态"③。大会要求党的一切活动都必须深入到广大的群众里面去，领导和团结各界人民奋斗，这些思想主张和政策，是党内政治生活基本规范和党的政治路线、思想路线、组织路线和群众路线的最初形态，是党内政治生活基本准则的初

---

① 《列宁全集》第 9 卷，人民出版社 1986 年版，第 11 页。
② 《列宁全集》第 26 卷，人民出版社 1998 年版，第 211 页。
③ 《中共中央文件选集》第 1 册，第 91、96、97 页。

步体现。

（一）建党之纲：确立党的性质、信仰、宗旨和目标

按照经典作家的论述，共产党是无产阶级的先锋队，是由无产阶级中最觉悟、最先进的先进分子组成，"在实践方面，共产党人是各国工人政党中最坚决的、始终起推动作用的部分；在理论方面，他们胜过其余无产阶级群众的地方在于他们了解无产阶级运动的条件、进程和一般结果"①。

1. 党是阶级的先锋队

中国共产党是按照布尔什维克党的原则建立起来的工人阶级的政党，陈独秀、李大钊等中国最早具有共产主义觉悟的先进分子，在接受马克思主义后，就将工人阶级看作革命的主要力量，并且把关注的重点集中到工人运动上。党的一大确立了党的无产阶级先锋队性质。党的一大通过的第一个决议，明确提出要建立工会组织、工人学校以及研究工会的机构，进一步加强党的组织宣传工作，广泛发起工人运动。党的二大坚持了马克思主义关于党是无产阶级先锋队的建党原则，反复申明无产阶级是"劳苦群众中的最进步和最能战斗的部分"，而"我们共产党"，是为无产阶级奋斗和为无产阶级革命的党，"是无产阶级中最有革命精神的（广）大群众组织起来为无产阶级之利益而奋斗的政党，为无产阶级做革命运动的急先锋"②。党的二大通过的《关于"工会运动与共产党"的议决案》，重申了党的一大所确定"成立产业工会"，这一"本党的基本任务"，并且进一步明确了共产党与工会和全体工人的原则差异："共产党也可以是一个人的头脑，全体工人便是人的身体。所以共产党无论

---

① 《马克思恩格斯选集》第 1 卷，第 285 页。
② 《中共中央文件选集》第 1 册，第 90 页。

在那种劳动运动中，他都要是'先锋'和'头脑'"①。党的二大号召无产阶级"应该集合在无产阶级的政党——共产党旗帜下，独立做自己阶级的运动"②。"要记得他们是一个独立的阶级，训练自己的组织力和战斗力，预备与贫农联合组织苏维埃，达到完全解放的目的。"③

2. 党的理想信念的确立

党的理想、信念和宗旨，决定了党的政治纲领和政治主张，是共产党人的灵魂。按照唯物史观的根本观点，无产阶级政党是社会经济和阶级斗争发展到资本主义时代的产物。马克思恩格斯公开申明他们所建立的无产阶级政党，是把推翻资本主义制度、实现无产阶级专政作为斗争的最近目的，把彻底消灭阶级、在全人类实现共产主义作为自己的最终目标。五四运动以后，马克思主义在中国广为传播，李大钊、陈独秀、毛泽东、蔡和森、周恩来、李汉俊、陈望道、李达和俞秀松等早期共产党人，逐步形成实现社会主义和共产主义的信念。1920 年 11 月，中国共产党上海发起组起草具有临时党纲性质的《中国共产党宣言》时，正式提出要建立一个革命的无产阶级政党，领导无产阶级夺取政权，利用革命实现建设共产主义的目标。④1921 年 7 月中国共产党第一次全国代表大会召开，确立党的性质是无产阶级政党；党的奋斗目标是"推翻资产阶级，废除资本所有制，建立无产阶级专政，实现社会主义和共产主义"⑤。党的二大旗帜鲜明地坚持了一大纲领所规定的党的最终奋斗目标，即党的最高纲领："是要组织无产阶级，用阶级斗争的手段，建立劳农专政的政治，铲除私有财产制度，渐次达到一个共产主义

---

①　《中共中央文件选集》第 1 册，第 80 页。

②　《中共中央文件选集》第 1 册，第 65 页。

③　《中共中央文件选集》第 1 册，第 116 页。

④　《"一大"前后》（一），人民出版社 1980 年版，第 3 页。

⑤　《中共中央文件选集》第 1 册，第 75 页。

的社会。"①

不忘初心，方得始终！中国共产党确立实现社会主义、共产主义的奋斗目标，表明中国的先进分子经过长时期的艰苦探索，找到马克思主义这个正确的革命理论，认识到只有社会主义、共产主义才能救中国。正如参加过党的一大的代表董必武1956年参观一大会址时写下的"作始也简将毕也钜"的题词② 所揭示的道理一样，中国共产党成立时，在中国政治舞台上还只是一个很小的政党，但它拥有马克思主义这个最先进的思想武器，拥有共产主义远大理想，并且提出的不同历史阶段的纲领和奋斗目标，代表着中国社会发展的正确方向，因此，它从诞生时起，就充满着勃勃的生机和活力，预示着中国的光明和希望。

3. 党是代表人民利益，要组成一个"大的群众党"

中国共产党的鲜明性质是工人阶级的先锋队，而不是所谓"被剥削的劳动群众"的性质，然而，党又是代表广大人民群众利益的，党的全部活动都是为工人阶级和人民群众谋利益的，是为他们的解放事业服务的，没有广大的群众基础，中国共产党没有生存的可能；不以广大的群众为基础，中国共产党就没有存在的意义。近代中国是一个传统的农业社会，资产阶级和无产阶级数量都不多，而且受压迫和剥削最深的是农民阶级而非工人阶级。在这样的国情下，团结广大非本阶级的劳动人民进行斗争，更显得尤为重要了。到党的二大，中国共产党认识到"劳动阶级和劳苦群众从资产阶级掠夺中解放自己的奋斗，必须伴着劳苦群众中的最进步和最能战斗的部分（无产阶级）的奋斗中去"③。党的二大在强调"中国共产党是为代表中国无产阶级及贫困农人群众的利益而奋斗的先锋军"的同时，又申明"我们共产党，不是'知识者所组织的马克

---

① 《中共中央文件选集》第1册，第115页。
② 张志业：《作始也简将毕也钜》，《人民日报》1981年6月29日。
③ 《中共中央文件选集》第1册，第92页。

思学会'，也不是'少数共产主义者离开群众之空想的革命团体'"。所以，"我们便不必到大学校、到研究会、到图书馆去"。那么，它会到哪里去？当然是要到群众中去，"我们既然是为无产群众奋斗的政党，我们便要'到群众中去'要组成一个大的'群众党'"①。为此，《关于共产党的组织章程决议案》强调"党的一切运动都必须深入到广大的群众里面去"②。也就是说，作为"大的'群众党'"的中国共产党，其根本使命就是组织起广大的群众，为党提出的代表人民利益的目标而奋斗。在党的二大通过的 11 个决议案和《中国共产党第二次全国大会宣言》，大部分决议案都与中共开展群众工作有关，都对联系群众做出具体的规定。这些决议案和《宣言》通过社会各阶级的分析，认清了压迫中国人民的对象，即"加给中国人民（无论是资产阶级工人或农人）最大的痛苦的是资本帝国主义和军阀官僚的封建势力"③。这些文件指出革命过程中能够发动的力量是包括工人阶级、农民和小资产阶级在内的社会各阶级群众的力量：一是广大的中国农民、手工业者、小店主和小雇主由于日趋困苦，甚至破产失业，使得他们"痛恨那拿着痛苦给他们受的"外国帝国主义和本国封建主义，而加入到革命队伍里面来。特别是中国的广大农民有极大的革命积极性，是"革命运动中的最大要素"。二是"为免除经济上的压迫起见"，"中国幼稚资产阶级"，也起来与世界资本主义斗争。《宣言》指出工人阶级有伟大的势力，这种势力"将会变成推倒在中国的世界资本帝国主义的革命领袖军"④。

　　为了贯彻党的民主革命纲领，党的二大改变了党的一大文件中关于不同其他党派建立任何联系的规定。党的二大通过的《关于"民主的

———————————

① 《中共中央文件选集》第 1 册，第 92 页。

② 《中共中央文件选集》第 1 册，第 90—92 页。

③ 《中共中央文件选集》第 1 册，第 115 页。

④ 《中共中央文件选集》第 1 册，第 112—115 页。

联合战线"的议决案》，号召全国的工人、农民团结在共产党的旗帜下进行斗争；同时提出联合，包括资产阶级民主派在内的全国一切革命党派，组成民主的联合战线，并决定邀请国民党等革命团体举行联席会议，共商反帝反封建的具体办法。在对待其他党派的态度上，党的二大认识到由于反革命力量强大，无产阶级只有联合各个具有革命倾向的党派，推翻封建阶级的残余势力与帝国主义的压迫，只有这样，无产阶级才能获得自由和充分发展的机会。但无产阶级与各有革命倾向的党派之间联合，只是"我们一种政策"①。"我们加入民主革命的阵线，完全是以他为达到工人阶级夺得中国政权的一步过程"，这绝对"不是无产阶级降服资产阶级的意义，而是养成无产阶级真实力量的必要步骤"②。基于这种认识，党的二大提出："我们的战术是要在他们势力下的工会里面，渐渐积成势力，推翻国民党、无政府党或基督教的领袖地位，自己夺得领袖地位。"③

4. 为民族谋独立、为人民谋解放的民主革命奋斗纲领

作为唯物史观的创立者，马克思恩格斯反复强调物质生产方式是人类社会发展的决定力量，历史条件规定了和制约着人类任何要求改变现实的愿望和思想的力量。在他们看来，以机器大生产为根本特征的现代工业资本主义是社会历史发展进程中一个具有伟大进步意义的、不可或缺的历史阶段。同样道理，在使资产阶级生产方式必然消灭、从而也使资产阶级的政治统治必然颠覆的物质因素尚未成熟之前，社会主义革命是无法取得根本胜利的。列宁也反复强调不能实现从小生产到社会主义的直接过渡，他深刻地指出："除了经过民主主义，经过政治自由以外，

---

① 《中共中央文件选集》第 1 册，第 63 页。
② 《中共中央文件选集》第 1 册，第 114 页。
③ 《中共中央文件选集》第 1 册，第 81 页。

没有其他通向社会主义的道路。"① 中国共产党从它产生时起，就从十月革命胜利后的世界总体形势出发，得出中国革命必然是以无产阶级领导的社会主义革命的结论。在近代中国这样一个以农民为主体的、落后的半殖民地半封建的东方大国进行革命，它的革命性质、革命对象、革命阶段、革命的前途和转变，显然不同于马克思主义诞生的西欧和社会主义革命首先取得胜利的俄国。中国共产党成立前后，由于理论准备和经验的不足，早期的中国共产党人在一个短暂的时间里，还没有深刻地认识中国国情和中国革命的特殊性。他们没有充分认识到资本主义不仅是一种历史进步，而且是社会主义革命的基本前提，他们也还没有把反帝反封的民族民主革命同消灭私有制的社会主义革命区别开来。这些认识，反映出早期的中国共产党人还不能将马克思列宁主义的基本理论与中国实际进行有机结合，对中国国情和由此而来的对中国革命基本问题的认识问题还存在模糊性。

中国共产党成立后，立即投身于"引导革命的无产阶级向资本家争斗"的实践中去，但是，他们在现实的斗争中越来越深刻地认识到，阻碍中国进步、压迫中国人民最主要的势力是外国侵略者和割据混战的"封建武人"，不首先推翻他们的统治，根本谈不到实现社会主义、共产主义的理想。在探索、制定适合中国国情的革命纲领的过程中，中国共产党得到了列宁和共产国际的帮助和指导。1922 年 1 月 21 日至 2 月 2 日共产国际召开的远东各国共产党及民族革命团体第一次代表大会，系统地阐述了列宁的民族和殖民地问题的理论。列宁认为，殖民地、半殖民地等落后国家里，首先成熟起来的，还不是无产阶级的社会主义革命，而是资产阶级的民主革命，斗争的矛头应指向帝国主义和"中世纪的残余"——封建主义，民族资产阶级是无产阶级在这场斗争中的同盟

---

① 《列宁选集》第 1 卷，人民出版社 1995 年版，第 657 页。

军。这次大会对于帮助中国共产党人认清中国国情和制定中国民主革命的纲领，起到了很大的作用。① 这样，中国共产党把自身的革命实践的探索与列宁关于民族和殖民地问题的理论这两个方面结合起来，逐渐酝酿和形成了一个大体上符合中国国情的革命纲领。1922 年 6 月 15 日，中共中央发表《中国共产党对于时局的主张》，指出帝国主义的侵略和军阀政治是中国内忧外患的根源，也是人民遭受痛苦的根源。文件"依中国政治经济的现状，依历史进化的过程"，强调"在无产阶级未能获得［受］政权之前"最切要的工作，还应该是"联络民主派共同对封建式的军阀革命，已达到军阀覆灭能够建设民主政治为止"②。

党的二大对中国革命基本问题的认识得到进一步的发展。党的二大通过的《关于"国际帝国主义与中国和中国共产党"的决议案》《关于"民主的联合战线"的议决案》，以及《中国共产党第二次全国大会宣言》，深刻地分析帝国主义列强侵略中国的历史，指出决定中国社会性质的两个因素：一方面，帝国主义的列强在中国政治经济上具有支配的实力，他们操纵和控制着"中国一切重要的政治经济"，这就决定了中国半殖民地的社会性质；另一方面，从整体上看，中国"尚停留在半原始的家庭农业和手工业的经济基础上面"，还没有经过工业资本主义化的洗礼，封建性的经济基础和政治制度仍然占据着"把持"的地位，这就决定了中国社会的半封建性质。③ 在分析国际国内形势和中国社会已经演变为半殖民地半封建社会的基础上，党的二大明确了现阶段中国革命的对象："各种事实证明，加给中国人民（无论是资产阶级、工人或农人）

---

① 譬如陈独秀在中共三大的报告就谈到：在上届代表会议上，我们同意东方民族大会通过的关于共产党与民主革命党派合作问题的决议。见《建党以来重要文献选编（1921—1949）》第 1 册，中央文献出版社 2011 年版，第 243 页。

② 《中共中央文件选集》第 1 册，第 44—45 页。

③ 《中共中央文件选集》第 1 册，第 109 页。

最大的痛苦的是资本帝国主义和军阀官僚的封建势力。"① 也就是说，帝国主义以及依附于帝国主义的中国封建势力，才是中华民族处于总体性民族危机和中国人民处于苦难悲惨命运的总根子。为挽救民族于危亡，拯救人民于水火，党的二大强调，党的"最近要极力要求"是："消除内乱，打倒军阀，建设国内和平；推翻国际帝国主义的压迫，达到中华民族完全独立；统一中国为真正的民主共和国。"② 这实际上制定出了党在现阶段反帝反封建的民主革命纲领，即党的最低纲领。党的二大强调消灭一切剥削制度，彻底解放全人类这项伟大使命绝非民主革命所能包含，但是实现这项伟大使命的长期斗争中，反帝反封建的民主革命却是一个必经阶段。党的二大指出无产阶级加入民主革命的运动，"并不是投降于代表资产阶级的民主派来做他们的附属品，也不是妄想民主派胜利可以完全解放无产阶级；乃因为在事实上必须暂时联合民主派才能够打倒公共的敌人——本国的封建军阀及国际帝国主义——之压迫"③。

　　具体问题具体分析是马克思主义活的灵魂，马克思主义理论需要与实际紧密结合，不断研究和解决具体实践发展所提出的新情况、新问题。党的二大对中国革命基本性质和对象的确切论述，表明中国共产党这时已经初步认识到，只有打碎帝国主义的枷锁，才能取得民族的独立和解放；只有挣脱封建主义的桎梏，才能开拓社会发展的道路。"谁是我们的敌人，谁是我们的朋友，这个问题是革命的首要问题。"④ 在旧民主主义革命时期，中国人民进行的长期的、英勇顽强的斗争之所以最终都失败了，根本的原因就在于没有认清革命的动力和对象。即便是中国共产党成立前后，一般中国人也还不知道帝国主义为何物，甚至像胡适

① 《中共中央文件选集》第 1 册，第 114 页。
② 《中共中央文件选集》第 1 册，第 62、115 页。
③ 《中共中央文件选集》第 1 册，第 65 页。
④ 《毛泽东选集》第一卷，人民出版社 1991 年版，第 3 页。

这样的著名学者也还认为反对帝国主义,"很像乡下人谈海外奇谈"。中国共产党成立刚刚一年,就在全中国人民面前破天荒地明确提出了反帝反封建的革命任务,这是中国共产党人对中国国情和中国革命认识的一次重大飞跃,也是中国共产党将马克思主义中国化、具体化的发轫。

(二)党的组织关系、组织体系和党的纪律的确立

中国共产党是按照马克思列宁主义建党学说武装起来的政党,组织严密、纪律严明是党的红色基因。"组织首先是制定章程",党的二大制定的《党章》及其决议案,作为党的最高的行为规范,规定了党的组织体系的建构以及党员的权利和义务,为党内政治生活的开展提供了根本遵循。正如刘少奇同志所深刻总结的:"我们党从最初组织起就有自我批评和思想斗争,就确定了民主集中制,就有严格的组织纪律,就不允许派别存在。"[1]

1. 发展党员,要"多找真同志"

党内政治生活的行为主体是党员,党员质量好坏直关乎党内政治生活开展的好坏。中国共产党从建立之初就开始考虑什么样的人才可以参加共产党,都赞成宁缺毋滥的原则,要"多找真同志"[2]。他们认为参加共产党的人不仅要同情和信仰马克思主义,还要实实在在地为共产主义实际工作,参加者必须是纯洁的人物。党的一大对入党的条件正式作出了规定:"凡是承认本党党纲和政策,并愿意成为忠实的党员者,经党员一人介绍,不分性别、国籍,均可接受为党员,成为我们的同志。但在加入我们的队伍之前,必须与力图反对本党纲领的党派和集团断绝一切联系。"[3] 在党的二大的第一部党章里面,第一章"党员",除了要

---

① 《刘少奇论党的建设》,第235页。
② 金冲及主编:《毛泽东传(1893—1949)》(上),人民出版社1996年版,第75页。
③ 《中共中央文件选集》第1册,第8页。

求党员"承认本党宣言及章程"外，还强调了"服务"于党的观念。此外，对新党员的审查、批准的规定也较为严格。这部党章将"经费"单独列为一章，规定党的经费来源为党费、党内派捐和党外协助三种方式，党员按月缴纳党费，其意义不仅在于它是党员在物质上帮助党的重要手段，而且也是增强党员思想觉悟和组织观念的重要方式。由于党的思想主张得到许多优秀分子的认可，党的队伍发展较快，据陈独秀给共产国际的报告，到党的二大召开之际，各地"党员人数计上海五十人，长沙三十人，广东三十二人，湖北二十人，北京二十人，山东九人，郑州八人，四川三人。"此外在国外的党员共有二十三人，"总计一百九十五人"①。

2."建筑于德莫克乃西的中央集权的原则之上"

自五四运动以后，早期中国共产党人就已经开始思考党要的组织原则。蔡和森在与毛泽东通信时就曾对党的组织原则进行了探讨，信中指出："党的组织应该是极集权的组织……必如此才能养成少数极觉悟极有组织的分子，适应战争时代及担负偌大的改造事业"②。在建党前后，党还同无政府主义者进行了严肃的斗争。无政府主义者的基本主张是党内不要任何组织，开会不需要设立主席，发言也不需要记录等等荒谬的要求，这对于马克思主义政党而言是不可接受的。在与无政府主义者进行了思想斗争，并清除了党内无政府主义者的活动中，中国共产党人加深了对增强无产阶级政党组织性和纪律的认识。

党的一大召开的过程中，专门讨论中国共产党的纪律问题时，虽然在如何对待党员是否参加政府有两种不同的意见声音，但是大多数人都表示自由散漫习气，主张应以布尔什维克党为榜样，将共产党建立成一

---

① 《中共中央文件选集》第 1 册，第 47 页。
② 《新民学会文献汇编》，湖南人民出版社 1980 年版，第 114 页。

个高度集中统一的，有严格组织纪律的无产阶级政党。这些主张最终体现在党的一大通过的纲领和决议之中。《中国共产党第一个纲领》规定党的领导制度"苏维埃管理制度"。规定"地方执行委员会的财政、活动和政策，必须受到中央执行委员会的监督；纲领经三分之二全国代表大会代表的同意，始得修改；党的地方组织和每个党员服从中央的原则；党必须从下到上，即从基本支部直到中央成立委员会"①。党的一大指出地方委员会应受到中央执行委员会的监督和指导，这体现出民主集中制的思想。

党章是一个政党为保证全党在政治上，思想上的一致和组织上，行动上的统一所制定的章程。党的二大通过的《中国共产党章程》，是党成立后的第一个党章。这部党章最大的特点，就是确立了党的民主集中制的组织原则、严密的组织体系和"似铁的纪律"，力求避免无政府主义和自由涣散的"安那其"状态。这部党章对党员条件、党的各级组织和党的纪律做了具体规定。分党员、组织、会议、纪律、经费和附则等六章，共29条。在第二章"组织"一章，对党的各级组织做出"推举制""任期制""分权制"和"委员长制"等四种重要的制度规定。② 在第四章"纪律"部分规定：党的全国代表大会为党的最高机关，"大会闭会期间，中央执行委员会为最高机关"，对于全国代表大会及中央执行委员会的各项决议，"本党党员皆绝对服从之"。为了保证中央的集中统一领导，该部分还规定，"下级机关必须完全执行上级机关之命令，不执行时，上级机关得取消或改组之。""凡有关系全国的重大政治问题，中央执行委员会未发表意见时，区或地方执行委员会，均不得单独发表的意见。"③ 党章规定了遇有争议或不同意见时的处理程序，规定党的一

---

① 《中国共产党全国代表大会史》，万卷出版公司2012年版，第36页。
② 李蓉：《中共二大轶事》，人民出版社2015年版，第146页。
③ 《中共中央文件选集》第1册，第96—97页。

切会议，"均取多数，少数绝对服从多数"的原则。这些关于党的中央权威和少数对多数的服从原则等重要思想，是党的"四个服从原则"的雏形。

大会通过的《关于共产党的组织章程决议案》是服从、服务于党章并与之配套的一个重要文件。该决议案开宗明义地强调，"凡一个革命的党"，如果缺乏"严密的集权的有纪律的组织与训练，那么，它就只有革命的愿望而没有力量去做革命的运动"。由此，决议案提出了中共须依据的"诸原则"：（一）"自中央机关以至小团体的各级组织都必须要有严密的系统"，以避免"乌合的状态"；要有"集权精神与铁似的〈纪〉律"，以避免"安那其的状态"。……（六）党员的言论和活动，必须是党的言论和活动，"不可有离党的个人的或地方的意味"。……（七）"以共产革命在事实上所需要的观念"，"施行集权与训练。"①

3. 严密的党内组织体系

中国共产党成立之初就开始了党的组织体系的建设。党的一大通过的《中国共产党第一个纲领》，确立了党的领导机构的设置原则："委员会的党员人数超过五百，或同一地方设有五个委员会时，应由全国代表会议委派十人组成执行委员会。如上述要求不能实现，应成立中央执行委员会。"②党的一大的纲领主要强调集中，规定自上而下建立严密的组织。一大纲领对于人数以及建立的组织都进行了明确的规定，并且纲领还指出人数越多，职位设置应该更加完善，特别指出那些党员人数超过三十人的组织需要从现有的委员会的委员中选出一个执行委员会。③党的一大选举产生了第一届党中央领导集体，其中陈独秀为书记，李达、张国焘分管组织和宣传工作，三人组

---

① 《中共中央文件选集》第 1 册，第 90—91 页。
② 《中共中央文件选集》第 1 册，第 4 页。
③ 《中国共产党章程汇编》，中共中央党校出版社 2006 年版，第 5 页。

成中央局。① 当时之所以只是暂时成立中央局，主要原因是建党时人数较少，因此机构设置也较为简单。党的一大结束后，中央局也积极加强党内领导，陈独秀以中央名义发出关于各地党组织加快党组织建设的通告，要求党员人数达到三十人以上的地区尽快成立党组织，进而为党的二大的顺利召开奠定坚实的组织基础。② 正是由于这一规定，1922 年 7 月党的二大按照计划正式选举产生由五名执行委员和三名候补执行委员组成中央执行委员会。

党的地方领导机构是联系中央和基层组织的中间机构，在党内政治生活的开展过程中发挥着桥梁和纽带的作用。党的一大后，党的地方党组织和基层党组织不断健全和发展，党的队伍不断壮大。在党的二大通过的《中国共产党章程》，适应党员发展的新情况，进一步细化了对于党组织人数较多的地区的管理，同时新增了对基层党组织的规定。党的二大党章规定："各农村、各工厂、各铁路、各矿山、各兵营、各学校及其附近，凡有党员三人至五人均得成立一组，每组公推一人为组长，隶属地方支部。"③

4."似铁的纪律"

党的一大通过的《中国共产党第一个纲领》，条文共计 15 项，其中有多达十条与党的纪律相关：一是关于确定了对党员入党的要求，制定了党员入党的程序；二是党员在组织中的要求。党员被派到其他地方工作时，"受地方执行委员会的严格监督"；三是强调"在党处于秘密状态时，党的重要主张和党员身份应保守秘密"④。党的二大通过的《中国共产党章程》规定"必须开除之"的违反党纪的行为："有违背党的宣

---

① 《中国共产党的七十年》，中共党史出版社 1991 年版，第 28 页。
② 《中共中央文件选集》第 1 册，第 26 页。
③ 《中共中央文件选集》第 1 册，第 6 页。
④ 《中共中央文件选集》第 1 册，第 4 页。

言章程及党的议决案的言论行为""无故连续二次不参加党的会议""欠
缴党费三个月""无故连续四个星期不为党服务""留党察看期满而不改
悟，以及泄漏党的秘密等。"① 大会通过的《关于共产党的组织章程决议
案》是的第二条规定，每个党员都要在行动上受党内"军队式的训练"。
第三条规定，"每个党员不应只是在言论上，更应该在行动上表现出来
是共产主义者"。第四条要求"每个党员必要时，需要牺牲个人的感情、
意见及利益，"以"拥护党的一致"。第五条规定，"个个党员须记牢一
日不为共产党活动，在这一日便是破坏共产主义者"②。

　　中国共产党成立后，强调保密纪律，当时甚至有些夫妻都不知对方
是党员，邓颖超同志在纪念建党 61 周年的文章中这样回忆："当时我和
恩来同志虽然都已是党员，但那时我们谁也不知道谁是什么时候入党
的。我们在通信中，从来也没有提起过党的纪律不允许说的事情。以后
直到经过组织上的沟通，我们彼此才知道都是党员了。"③ 大浪淘沙，党
内仍然存在着一些思想不够坚定的共产党人，这些人有的不能正确认识
并践行党的奋斗目标，陈公博、周佛海就是没有形成对马克思主义的信
仰，终因个人的利益打算而被党开除。也有一些对建党做出重要贡献的
党员，由于各种原因不再按时参加党内组织生活，而被党的纪律所不允
许，最终离开了党。

　　5. 严格的组织生活要求

　　中国共产党严格的组织生活，在党的一大召开就有所体现，党的一
大召开的前两天，代表们一起拟定了议事日程，他们认真听取各地共产
主义小组在会上所作的报告，交流建立党、团组织以及宣传马克思主义
和初步开展工人运动的经验，这次会议的召开初步展现了幼小的中国共

---

① 《中共中央文件选集》第 1 册，第 96—97 页。

② 《中共中央文件选集》第 1 册，第 90—91 页。

③ 邓颖超：《不尽的思念》，《人民日报》1982 年 6 月 30 日。

产党组织会议初步召开的过程。党的一大结束以后，根据中央局的要求，党的地方党组织各自要积极开展工作，严格按照中央规定定期召开组织生活会并开展严肃的组织生活。查阅史料可以发现，当时大多数支部或小组，每两周召开一次党的会议，极少数是一两个月才开一次。①此外，这部党章还规定了党的会议制度和经费制度。党内有组织、有领导地举行会议，是党内交流情况、形成决策、指导工作的不可缺少的形式，是实行党的领导，贯彻民主集中制的基本手段之一。

不忘初心，继续前进！中国共产党早期制定了党的民主革命纲领、产生了第一部党章、制定了统一战线的政策，明确地阐释了党的民主集中制的原则，对党员条件、党的各级组织的建设和党的纪律作出具体规定，标志着中国共产党民主革命的政治路线、思想路线、组织路线和群众路线的初步确立。对于指导党员言行，健全党内生活，严密党的组织，巩固党的纪律，提高党的战斗力，起了积极的作用。时至今日，当我们读起那些文献那些似乎并不十分顺畅的文字，回顾近百年前中国共产党早期活动家们，能够对党内政治生活的基本规范和基本原则加以这样深刻地阐述、提出如此严格的要求，不能不令人感佩。

三、探索符合中国共产党实际的党内政治生活

在近代中国这样一个以农民为主体的、落后的半殖民地半封建的东方大国领导进行革命，对中国共产党党内生活提出了极为严峻的挑战。中国共产党早期，在取得一系列党内政治生活成果的同时，也有过曲折和挫折。大革命失败后，中国共产党的建设所面临的特殊的国情和复

---

① 《革命回忆录》(增刊)，人民出版社1983年版，第160页。

杂的环境：一是由公开或半公开状态转入地下的秘密状态；二是由国共合作中国共产党以政治斗争为主转入独立地领导武装斗争；三是工作重心从城市被迫转入农村。党组织如何适应这一变化，尤其是在农村开展武装斗争，党和军队中农民充分占大多数的情况下，党如何坚持无产阶级先锋队性质，任务十分艰巨繁重。特在土地革命早期，党内盛行把马克思主义教条化、把共产国际决议和苏联经验神圣化的错误倾向，党内正常的政治生活被干扰和歪曲，给党的事业带来极大的危害。当时，毛泽东同志领导的农村包围城市、武装夺取政权的道路，他在三湾改编提出的把支部建在连上的原则，他在古田会议提出的"党内生活政治化"的要求，他提出了著名的"没有调查，没有发言权""调查就是解决问题""反对本本主义""中国革命斗争的胜利要靠中国同志了解中国情况"等著名论断，就是为反对当时党内的教条主义思想而写的，从而开启了中国化的党内政治生活理论和道路。

（一）大革命时期和土地革命时期党内政治生活的发展状况

党的二大后，共产国际建议中共党员直接加入国民党，在国民党内开展政治活动，并且改造国民党。在共产国际看来，共产党在"尚未完全形成独立的社会力量"的条件下加入国民党进行国民革命，可以借以联系广大人民群众，找到了迅速发展的机会，这不仅"直接关系到工人阶级的利益"，而且可以借此形式找到迅速发展的机会，"为强大的群众性的共产党准备基础"[1]。"于是中共中央为尊重国际纪律遂不得不接受国际提议，承认加入国民党。"[2]

---

[1]　《共产国际有关中国革命的文献资料》第 1 辑，中国社会科学出版社 1981 年版，第 76—77 页。

[2]　《共产国际、联共（布）与中国革命文献资料选辑（1917—1925）》，北京图书馆出版社 1997 年版，第 341 页。

在国共合作的现实条件下，把改造国民党作为主要任务，这对中国共产党的自身建设产生了重大影响。1923 年党的三大、1925 年党的四大分别通过党章修正案，基本沿用了党的二大党章的规定。党的四大通过的《对于组织问题之议决案》强调"在现在的时候，组织问题为吾党生存和发展之一个最重要的问题"①，大会通过《中国共产党第二次修正章程》在吸收党员条件、扩大党员数量、在国民党中建立党团组织、加强基层组织建设、加强中央领导等方面提出规范。

到 1927 年 4 月党的五大时，党员人数从第四次全国代表大会的九百余人增至五万余人，党的组织不纯的现象也开始显现，针对这些问题，五届中央政治局通过第三次修正章程决议案，这个决议案在党的建设中取得许多"第一次"的突破，对党的建设和党内生活发挥着重要的、深远的影响，具体表现为：其一，第一次规定了比较完整的党员基本条件和标准，并为此后的历部党章所继承和坚持。其二，专门增加"党的建设"一章，第一次明确规定"党部的指导原则为民主集中制"，要求"按照民主集中制的原则在一定区域内建立这一区域内党的最高机关，管理这一区域内党的部分组织"。②民主集中制正式确定为党的根本组织原则。其三，第一次规定了中央政治局和中央常委会的设置、组成及职权，不仅健全了党的中央机关，而且使中共的集体领导原则在中央机构中得到具体化。其四，第一次规定在中央、省设立监察委员会，担负"巩固党的一致及权威"的职责，它表明，随着革命事业和党组织的发展，为了巩固党的团结和统一，维护党的纪律的权威，党自身必须有相应的机构来加以保证。这是党自身建设认识上的又一进步。其五，第一

---

① 《建党以来重要文献选编（1921—1949）》第 2 册，中央文献出版社 2011 年版，第 258 页。

② 《建党以来重要文献选编（1921—1949）》第 4 册，中央文献出版社 2011 年版，第 268 页。

次提出："严格党的纪律是全体党员及全体党部最初的最重要的义务"，这是对党的纪律认识的深化。其六，第一次在党的纪律方面细化了对党组织和党员的处罚，采取区别对待的方式，处分分两类：一是对党组织的处分，其中又分警告、改组和重新登记（解散组织）；二是对党员的处分，其中又分警告、党内公开警告、临时取消党内外工作、留党察看和开除党籍。这些规定改变了以前的党章简单开除的办法。特别值得注意的是，这个章程规定，对于违反党的纪律的行为，须经一定的程序，依合法手续审查之。这个规定有助于对人的处理采取慎重的态度，防止对纪律处分的滥用。最后，《中国共产党第三次修正章程决案》还对党支部作出了新的规定，更加强化了党支部的基础地位，这对于发挥党的基层组织的战斗堡垒作用具有重要意义。

（二）探索以农村为长期根据地情况下的党内政治生活的新路

在领导农民土地革命的过程中，毛泽东同志强调党的民主集中制度和党领导军队的原则。在毛泽东率领湘赣边界秋收起义的队伍向井冈山进军途中，由于种种原因，原本5000多人的队伍，这时只剩下不足千人。怎样把这支以农民为主体的革命武装，建设成为党所领导下的完全新型的人民军队，点燃中国革命的熊熊大火？毛泽东同志认为，关键在于加强军队中党的建设，特别是党的思想、组织和纪律的建设。1927年9月，毛泽东同志领导著名的三湾改编，改编中最重要的措施是改变支部建在团上的做法，把党的组织系统扎根基层在各级部队。为此，毛泽东同志领导分别建立党的组织：班、排建立党小组，连队建立党支部，营、团建立党的委员会；连以上各级设党代表，由同级党组织的书记担任；全军由党的前敌委员会统一领导。与此同时，实现"官兵平等"，部队的一切重大问题，都必须经党组织集体讨论决定。通过三湾改编，党的组织在部队形成了系统，党支部掌握了基层，党对军队领导的制度得以确立，部队面貌焕然一新，凝聚力、战斗力空前提高。

遵守党的纪律是党内政治生活的重要内容。1927 年 10 月，毛泽东同志在创建井冈山革命根据地的过程中，亲自主持了一场入党仪式，在他确定的 24 个字的入党誓词中，便有"服从纪律"这四个字。这份入党誓词后来虽几经调整和修改，但"服从纪律"这条意思仍保留至今，最新的誓词表述是"严守党的纪律"。与此同时，毛泽东同志还创设了人民军队的基本纪律，后来发展为"三大纪律、八项注意"。几经修订、补充，最后"三大纪律"是"行动听指挥；不拿群众一个红薯；打土豪要归公。"而"六项注意"则是包括"上门板；捆铺草；说话和气；买卖公平；借东西要还；损坏东西要赔"等。古田会议决议案的"党的组织问题"部分，针对"党员加入太随便，许多不够党员资格的也拉了进来"所导致的"党的质量就弄得很差了"的情况，规定以后入党必须具备五个条件："政治观念没有错误的（包括阶级觉悟）；忠实：有牺牲精神，能积极工作；没有发洋财的观念；不吃鸦片、不赌博等"五个方面。决议还强调，"如政治观念错误，吃食鸦片，发洋财及赌博等，屡戒不改的，不论干部及非干部，一律清洗出党"①。这些规定，不仅是当时中国共产党和红军建设的纲领性文献，而且对后来党和军队的建设发挥了历久弥新的长远指导作用。

到了井冈山革命根据地，由于特定的环境，党的队伍的阶级成分发生了变化，这为党的建设提出新的课题。毛泽东同志指出："我们感觉无产阶级思想领导的问题，是一个非常重要的问题。边界各县的党，几乎完全是农民成分的党，若不给以无产阶级的思想领导，其趋向是会要错误的。"② 毛泽东认为，中国特殊的社会阶级和党内成分构成所决定，

---

① 《毛泽东文集》第一卷，人民出版社 1993 年版，第 90 页。

② 《毛泽东选集》第一卷，人民出版社 1991 年版，第 77 页。

使得中国共产党内不可避免地受到各种非无产阶级的思想影响，正确的方针是在扩大党员数量、增强党的力量的同时，注重加强党员的思想教育和党性锻炼，不断克服党内和党员队伍中各种非无产阶级思想。1929年古田会议决议，毛泽东同志具体分析了党内存在的各种错误倾向的表现、危害及其产生的原因，强调必须通过大力加强党的思想教育和党内生活，使党员不但在组织上入党，而且在思想上入党，以此解决在中国特殊的革命条件下，如何壮大党的组织和实现党的先进性和纯洁性的基本问题。毛泽东同志在古田会议决议的第一部分，即题为《关于纠正党内的错误思想》这篇文献里，提出"主要是教育党员使党员的思想和党内的生活都政治化，科学化"① 这一重要论断。古田会议在强调加强党的思想建设的同时，还指出必须加强党的组织建设，必须坚持民主集中制，反对极端民主化、非组织观点等错误倾向。古田会议决议是毛泽东建党思想初步形成的标志，指明在中国具体条件下，建设无产阶级政党的根本道路。

在土地革命早期，党内盛行把马克思主义教条化、把共产国际决议和苏联经验神圣化的错误倾向。当时，毛泽东同志提出了著名的"没有调查，没有发言权""调查就是解决问题""反对本本主义""中国革命斗争的胜利要靠中国同志了解中国情况"等著名论断，就是为反对当时党内的教条主义思想而写的。毛泽东同志强调："马克思主义的'本本'是要学习的，但是必须同我国的实际情况相结合。我们需要'本本'，但是一定要纠正脱离实际情况的本本主义。""中国革命斗争的胜利要靠中国同志了解中国情况"，要有"共产党人从斗争中创造新局面的思想路线"②。这实际上是初步提出了党的实事求是的思想路线。

① 《毛泽东选集》第一卷，人民出版社1991年版，第92页。
② 《毛泽东选集》第一卷，人民出版社1991年版，第111—116页。

第三讲

具有中国特色的党内政治生活
走向规范、成熟

实事求是是马克思主义的精髓，马克思主义理论需要紧密结合实际，不断研究和解决具体实践发展所提出的新情况、新问题。这就要求中国共产党党的建设必须以中国革命的实际问题为中心，着眼于新的实践和新的发展，着眼于解决时代提出的突出问题，坚持继承与创新的统一。"我们回想一下，正是根据毛泽东同志的建党学说，才建立了这样一个好的党。"① 遵义会议召开后，党内正常的政治生活得以恢复，毛泽东等同志的正确意见得以认可与执行。抗日战争爆发后，我们党已经形成了以毛泽东同志为核心的中共中央的正确领导，延安时期，毛泽东建党思想成熟，并且领导进行"建设一个全国范围的、广大群众性的、思想上政治上组织上完全巩固的布尔什维克化的中国共产党"② 的伟大工程。经过延安整风这场普遍深刻的马克思主义自我教育、自我改造的运动和党的七大的系统总结，形成较为系统的、科学的、完整的党内政治生活的基本规范体系。中共中央驻地西柏坡，"是立规矩的地方。党的规矩、制度的建立和执行，有力推动了党的作风和纪律建设"③ 。

---

① 《邓小平文选》第二卷，第 45 页。
② 《毛泽东选集》第二卷，人民出版社 1991 年版，第 602 页。
③ 《党面临的"赶考"远未结束——习近平总书记再访西柏坡侧记》，《人民日报》2013 年 7 月 14 日。

习近平总书记指出："我们党在长期实践中形成的党内政治生活的光荣传统，光荣传统不能丢，丢了就丢了魂；红色基因不能变，变了就变了质。"① 这里强调"光荣传统"，主要是指由于中国革命面临的特殊国情和具体环境，中国共产党把马克思主义的党建原则与中国革命实际相结合，以中国革命的实际为中心，形成的具有中国特色、符合中国革命实际的关于党内政治生活的工作惯例、范式和要求。这些"光荣传统"，"经过实践检验，约定俗成、行之有效，反映了我们党对一些问题的深刻思考和科学总结，需要全党长期坚持并自觉遵循。"②

一、开启党的建设"伟大工程"

抗日战争爆发后，我们党已经形成了以毛泽东同志为核心的中共中央的正确领导，党已经能够独立自主地运用马克思列宁主义，从实际出发，分析中国共产党的建设理论和政策问题了。在延安时期，毛泽东同志提出"建设一个全国范围的、广大群众性的、思想上政治上组织上完全巩固的布尔什维克化的中国共产党"③ 的伟大工程，这是中国共产党解决自身建设问题的重大举措。

（一）党的建设面临的新问题新挑战

中国共产党生存在落后的、同时又是最复杂的社会经济条件下，到了延安后，党如何保持无产阶级先锋队性质问题更加尖锐第摆在全党的面前。

---

① 《习近平关于全面从严治党论述摘编》，第 49 页。
② 《习近平关于严明党的纪律和规矩论述摘编》，第 7—8 页。
③ 《毛泽东选集》第二卷，人民出版社 1991 年版，第 602 页。

首先，由于近代中国资本主义没有得到充分的发展，使得中国工人阶级不仅数量较少，而且多是从手工业工人、雇耕工人中脱胎出来的或从破产的小资产者中出身的。而在大革命失败后，党的主要力量从城市转入到农村，党要发展壮大，不能不吸收出身于农民和其他小资产阶级成分的优秀分子入党，这些党员在党内占比越来越重。根据中共中央的统计，1928 年 5 月，发展的党员"几乎百分之七十以上是农民同志"①。这时的党员队伍已"从知识分子占多数的党转到农民同志占百分之七十六——产业工人同志占党的极小数量"②。这样，党的建设最大的挑战是党的主要力量长期生活和战斗在农村的情况下，如何保持无产阶级先锋队性质的问题。

其次，也是最重要的方面，是大批非无产阶级出身的新党员，还缺乏经过严格的党性锻炼。党的事业需要大量党员为之奋斗，瓦窑堡会议后，在统一战线的要求下，吸收的大批党员。到了延安后，中共党员数量迅速增长，由抗战初期的 4 万人，发展到 1942 年的 80 万人，增加了 40 倍。"这八十万党员里面有七十五万是新加入的，而且是在抗日战争统一战线环境中加入共产党里面来的，成分相当复杂。新党员里面很多已经成为好的干部。但是，大批新党员今天很需要党更多的教育。"③大批中的 90% 是农民、小资产阶级出身的新党员，他们原来在经济上多半是独立的、个人的、分散的，容易产生自由散漫的无组织无纪律思想、极端个人主义倾向和习惯。"他们有很可爱的革命积极性，并愿接受马克思主义的训练；但是，他们是带了他们原来的不符合或不大符合于马克思主义的思想入党的。"④"党员队伍的迅速膨胀带来了很多问题，

---

① 《中共中央文件选集》第 4 册，中共中央党校出版社 1989 年版，第 206 页。
② 《中共中央文件选集》第 4 册，第 452 页。
③ 《中国共产党党性教育手册》第 3 卷，人民出版社 2016 年版，第 194 页。
④ 《毛泽东选集》第三卷，人民出版社 1991 年版，第 1108 页。

因为如此大规模的新党员大都是在统一战线环境下入党的，没有经受过革命战争和艰苦环境的严格考验，阶级成分、思想观念和入党动机复杂，党的观念不强，思想不统一，导致党的组织不巩固。"①

第三，抗战爆发后，无产阶级需要与包括资产阶级和地主阶级在内的各阶级合作，组织广泛的民族统一战线，这就容易使其他非无产阶级的意识侵蚀中国共产党内以及影响中共党员。中国社会中的各阶级、各阶层的复杂的各种不同的思想意识，党与无产阶级是经常处在其他各种非无产阶级的包围中，这些其他阶级不能不在思想意识上、在理论上、在行动上，影响我们的党和我们的党员。

党内没有经过改造的非无产阶级的思想，主要是小资产阶级思想，容易成为党内各种错误倾向滋生的温床，当时党内存在与无产阶级党性不相容的各种违反党性的错误倾向，主要表现为三个方面：一是在政治上自由行动；二是在组织上自成系统；三是在思想意识上，是发展小资产阶级的个人主义，来反对无产阶级的集体主义。"尽管这些倾向还不是普遍的不可终日的危险，但在某些个别部分中，确实存在着严重的危险"。② 与此同时，"大量的小生产者的思想意识，甚至资产阶级与封建阶级的思想，也时常经过党内的小资产阶级分子传达到党内来，这就是党内主观主义、宗派主义、党八股及政治上组织上的机会主义的社会来源"。甚至于可能"利用许多党员思想上的盲目性及党内小资产阶级的情绪，在马克思列宁主义的外衣下，来宣传实质上的机会主义。这就是党内小资产阶级思想在党的领导机关中获取了某些时期的暂时优势的原因"③。

---

① 《任弼时选集》，人民出版社 1987 年版，第 231 页。
② 《中共中央文件选集》第 13 册，中共中央党校出版社 1991 年版，第 145 页。
③ 《刘少奇选集》上卷，第 328 页。

（二）解决党的建设突出问题的科学理论已经成熟

正如马克思所深刻概括的："理论在一个国家实现的程度，总是决定于理论满足这个国家的需要的程度。"① 在近代中国这样一个以农民为主体的、落后的半殖民地半封建的东方大国进行革命，它的基本国情，显然不同于马克思主义诞生的西欧和社会主义革命首先取得胜利的俄国。要求中国共产党的建设必须以"中国同志"以中国革命的实际问题为中心，着眼于新的实践和新的发展，着眼于解决时代提出的突出问题，坚持继承与创新的统一。在延安，我们党已经有一批比较了解党的历史经验教训的骨干，党已经能够独立自主地运用马克思列宁主义，从实际出发，分析中国共产党的建设理论和政策问题了，这就是毛泽东思想党建学说的成熟。毛泽东建党思想是全党生动实践的理论总结，它凝聚着一大批党的领导人包括刘少奇、任弼时、陈云、张闻天、周恩来等的智慧和创造。

在农村革命根据地的条件下，在工人成分还不占大多数的情况下，如何建成一个工人阶级的马克思列宁主义政党，是毛泽东建党思想重要组成部分，其主要内容如下。

1. 着重强调了从思想上建设党，经常注意以无产阶级思想改造和克服各种非无产阶级思想

注重党内教育和革命实践锻炼，是中国党培育党员党性意识的一个基本方法。思想建党，就是"以马克思列宁主义——无产阶级的科学思想去教育与改造我们的党员、特别是小资产阶级革命分子的问题，就是和党内各种非无产阶级的思想进行斗争并加以克服的问题"②。1929 年 10

---

① 《马克思恩格斯选集》第 1 卷，第 11 页。
② 《刘少奇选集》上卷，第 327 页。

月《古田会议决议》突出强调了党的思想建设的极端重要性，开启了通过组织行为教育党员的道路。在延安时期，以毛泽东同志为核心的党中央始终坚持把思想建设放在首位来推进党的建设，特别是扩大的六届六中全会后，有计划有组织地加强了党内马克思主义理论教育、阶级教育、策略教育和党性教育。延安时期，毛泽东同志采取了整风这种创造性的党的教育方式方法，即延安整风运动。1941 年 5 月，毛泽东同志在延安高级干部会议上做《改造我们的学习》的报告，标志着整风开始；1945 年 4 月 20 日党的六届七中全会通过《关于党的若干历史的决议》，延安整风运动告一段落。这次整风，实质上是一场"依照无产阶级先锋队的面貌改造党"的运动，是一次普遍深刻的马克思主义教育运动。①

2. 把党变成"共产主义大熔炉"

1935 年 1 月，遵义会议召开，彻底结束了王明"左"倾教条主义在党内的统治，党的组织建设中"左"的政策才逐步得到纠正。1935年 12 月 17 日中共中央瓦窑堡会议，通过了《中央关于目前政治形势与党的任务决议》，明确规定："能否为党所提出的主张而坚决奋斗，是党吸收新党员的主要标准。社会成分是应该注意到的，但不是主要的标准。""一切愿意为着共产党的主张而奋斗的人，不问他们的阶级出身如何，都可以加入共产党。"② 毛泽东和周恩来在随后的一封电报中也强调："凡属同意党的纲领政策而工作中表现积极的分子，不念其社会关系如何，均应广泛吸收入党。"③ 很明显，这样的规定只是打破了"唯成份论"，并没有降低党员标准。在那种艰难的条件下，为党的主张而奋

---

① 关于毛泽东思想建党的理论，主要体现在古田会议决议和延安整风等方面，古田会议决议前文已有详细论述，延安整风下文也有详细论述，此处不复赘述。

② 《中国共产党历史第一卷（1921—1949）》上册，中共党史出版社 2011 年版，第420 页。

③ 《毛泽东年谱（1893—1949）》上卷，中央文献出版社 1993 年版，第 500 页。

斗，本来就是一个很高的标准。按照这个"重表现"而不"唯成份"的标准，延安时期敞开大门发展党员队伍，特别是对家庭和社会关系复杂的知识分子、青年学生，只要表现好、思想进步、历史清楚的，就放手发展。① 按照这个"重表现"而不"唯成分"的标准，延安时期敞开大门发展党员队伍，特别是对家庭和社会关系复杂的知识分子、青年学生，只要表现好、思想进步、历史清楚的，就放手发展。③

中国共产党是中国工人阶级的先锋队，同时是中国人民和中华民族的先锋队，这决定了党内生活有别于其他政党。刘少奇同志强调："只有当我们能够从思想上、政治上、组织上把自己和其他一切阶级区别开来的时候，我们才能成为无产阶级的先锋队。"② 允许各个阶级的革命分子加入共产党，不可避免地会把各种非无产阶级思想带进党内来。这是一个尖锐矛盾。能否解决这个矛盾是能否保持党的工人阶级先锋队性质的关键所在。各个阶级的革命分子可以加入共产党，但是他们必须放弃自己原有的非无产阶级的、非共产主义的立场，承认党纲党章。如何实现党员思想和行为的无产阶级化呢？如何保证这些党员的政治标准，进而如何保证党的无产阶级先锋队性质呢？瓦窑堡会议决议强调要"使党变成一个共产主义的熔炉，把许多愿意为共产党而奋斗的新党员，锻炼成为具有最高阶级觉悟的布尔塞维克的战士。""用布尔什维克的政治路线和铁的纪律，去保证党的组织的巩固。"③ 这里"共产主义熔炉"指的就是通过思想改造和实践斗争把广大党员锻造成为无产阶级先锋队战士，这个"熔炉"的炉火就是包括以"政治路线和铁的纪律"为准则的党内政治生活。

3. 着重强调"党的建设必须密切联系党的政治路线"

党的政治路线"是根据对中国当时具体情况的正确了解之后制定出

① 李维汉：《回忆与研究》（上），中共党史资料出版社 1986 年版，第 420 页。

② 《刘少奇论党的建设》，第 496 页。

③ 《中共中央文件选集》第 10 册，中共中央党校出版社 1991 年版，第 620—622 页。

来的全党的具体任务，是党的正确的行动方针与奋斗目标"①。"党的建设必须密切联系党的政治路线"是毛泽东建党思想的基本理论观点之一。在 1939 年 10 月发表的《〈共产党人〉发刊词》一文中，毛泽东深刻地总结了党成立以来党的建设的丰富经验，从中国的实际出发，提出的党的建设必须与党的政治路线密切结合的建党原则。毛泽东形象地把这两者的关系形容为："统一战线和武装斗争，是战胜敌人的两个基本武器。统一战线，是实行武装斗争的统一战线。而党的组织，则是掌握统一战线和武装斗争这两个武器以实行对敌冲锋陷阵的英勇战士。"② 也就是说，党的事业的发展，必须有一条马克思主义的正确路线，也必须有一个能够保证这种路线彻底执行的无产阶级革命政党，两者缺一不可，互相依靠。在新民主主义革命时期，毛泽东把马克思主义的原理同中国革命实际相结合，不断丰富和完善了"无产阶级领导的、人民大众的、反对帝国主义、封建主义和官僚资本主义"的总路线，指引着全党同全国人民一起，夺取了新民主主义革命的胜利。

4.创造性地提出"党的作风"这一重要党建理论

"党风"，简单地说，就是党的组织和党员形成较为稳定的活动习惯、行为风格、工作作风，从而体现出整体形象和风貌。在延安，毛泽东同志把作风由一般的工作作风推及思想、政治、组织、工作、生活等方面，使其不仅具有个体的意义，而且具有群体的意义。他概括了理论联系实际，密切联系群众，以及批评和自我批评的作风，并把这三大作风作为中国共产党区别于其他任何政党的显著标志。毛泽东同志深刻揭示了党风与党性、党的世界观的内在联系，以及党风建设的重要性。他认为党风好坏直接关系到党能否保持工人阶级先锋队的性质，直接关系

---

①　张闻天：《党的工作中的一个基本问题——了解具体情况》，《共产党人》第 4 期（1940 年 3 月）。

②　《毛泽东选集》第二卷，人民出版社 1991 年版，第 613 页。

到党的事业的成败得失。在延安，创造了"整风"这种进行马克思主义思想教育的形式。他号召全党反对主观主义以整顿学风、反对宗派主义以整顿党风、反对党八股以整顿文风。他强调说："如果不整风党就变了性质，无产阶级其名，小资产阶级其实。"①

（三）党的建设创造之举——"延安整风"

1941 年年初，党中央集中了 120 余名高级干部在延安开始学习活动。毛泽东同志系统地论述了党风的重要性和党风建设问题。他把党的作风看作是党性的经常的一贯的表现，为此，毛泽东同志决定在运用整风这种"加强教育的更深刻的方法"，解决党内存在的主观主义、宗派主义、党八股等思想和作风上的突出问题，这其中重点是反对主观主义，因为宗派主义、党八股归根结底是主观主义的思想流毒，历史上教条主义和经验主义也是主观主义的表现。主观主义"是共产党的大敌，是工人阶级的大敌，是人民的大敌，是民族的大敌，是党性不纯的一种表现"②。"只有打倒了主观主义，马克思列宁主义的真理才会抬头，党性才会巩固，革命才会胜利。"③他强调整风关乎党的性质，"如果不整风党就变了性质，无产阶级其名，小资产阶级其实。"④由此，他要求把整风作为压倒一切的任务，"延安失掉了还没有什么，张家也要独立，王家也要独立，那就不得了。所以就是延安失掉了，反主观主义也要搞，作战也要搞。总之，一定要搞，搞到哇哇叫也要搞，打得稀巴烂也要搞。"⑤在党中央领导下，全党上下结合整风文件的学习，深刻反省自己

---

① 《毛泽东文集》第三卷，第 284 页。

② 《毛泽东选集》第三卷，人民出版社 1991 年版，第 801 页。

③ 《毛泽东选集》第三卷，人民出版社 1991 年版，第 800 页。

④ 《毛泽东文集》第三卷，第 284 页。

⑤ 《毛泽东文集》第三卷，第 414—416 页。

的思想、工作和历史，开展了严肃认真的批评和自我批评，从而坚持了真理，修正错误。延安整风这样一种自我教育、自我改造的最好形式，它是无产阶级政党建设史上的一个创举。其基本做法：

第一，搞好学习，掌握思想武器。在整风期间，中央政治局将"掌握思想教育"作为第一项业务。毛泽东同志提出，必须"把我们党的发展过程，看作是马克思列宁主义的普遍真理与中国革命的具体实践日益互相结合的过程。他把党的建设过程，同党的政治路线密切联系着，同党与资产阶级的关系及党与武装斗争的关系密切联系着"①。也就是说，学习的主要内容是党的历史，而这个历史，是马克思主义中国化的历史，是正确路线和错误路线（右和"左"）斗争的历史。学习的内容主要是学习党的历史文献和《共产党宣言》《共产主义运动中的"左"派幼稚病》等马克思主义经典文献。为了推动高级干部的整风学习，毛泽东同志亲自主持编辑了《六大以来》一书，供高级干部学习党的历史。在学习过程中，既重视对马克思主义基本原理的钻研，又重视对党的历史的研究，总结党的历史经验。通过认真学习这些内容，大家提高了对主观主义、宗派主义、党八股这些坏东西的鉴别能力。

第二，结合整风文件的学习，深刻反省自己的思想、工作和历史，在领会文件精神实质，掌握思想武器的基础上，每个同志联系个人思想实际，以马列主义的立场、观点和方法，检查思想和工作，反省自己，分清哪些是正确的，哪些是不正确的；哪些是成绩，哪些是缺点错误。自觉地、实事求是地进行自我批评，并分析错误根源，提出改正的办法，把反省和互相批评、互相帮助结合起来，从而坚持了真理，修正了错误，完成了一次伟大的思想革命。

第三，在检查个人思想、工作和历史的基础上，根据马克思列宁

---

① 《刘少奇选集》上卷，第330页。

主义、毛泽东思想的立场、观点和方法，认真研究总结党的历史经验。1943 年 10 月，中共中央决定高级干部进一步研究和讨论党的历史问题，对党的历史经验特别是党史上几次大的路线错误进行全面、系统的总结并做出结论。在充分讨论和反复修改的基础上，1945 年 4 月 20 日，党的六届七中全会通过了《关于若干历史问题的决议》，对中国共产党成立以来党的历史重大问题做出结论，对党的各个时期的经验教训系统总结了，并且高度评价了把马克思主义中国化伟大意义，以及毛泽东对马克思主义中国化的杰出贡献。

延安整风是一次是我们党从各种错误思想，特别是从"左"倾教条主义的思想桎梏中解脱出来的伟大思想解放运动。经过延安整风，广大干部特别是高级干部加强了马克思主义理论的学习和研究，改变了学风、克服了主观主义、教条主义的倾向，确立了实事求是、一切从实际出发、理论联系实际的思想路线，在毛泽东思想的伟大旗帜下达到了高度的统一，全党的思想面貌焕然一新。

事实也正是这样，广大党员通过革命的军事集体生活与生死斗争，思想上、组织上受到了严格的革命实践锻炼，"这样，就提高了他们的阶级觉悟与集体的意志，加强了他们的组织性与纪律性，使他们懂得在敌人面前形成全党利害的一致，而要求全体党员无条件地服从党的集中领导，并使动摇分子在严重的革命斗争中从党内不断地自然淘汰出去。"① 与此同时，"经过马克思列宁主义的教育，使党内小资产阶级出身的分子实行思想上的彻底改造，改变其原来小资产阶级的本质，使他们具有无产阶级先进战士的性格"②。正是由于党采取"毛泽东同志的建党路线"，即使工人成分还不占大多数，"也能够建成并已经建成一个工人

---

① 《刘少奇选集》上卷，第 324—325 页。
② 《刘少奇选集》上卷，第 325 页。

阶级的马克思列宁主义政党"①。

（四）加强党性锻炼，增强党性修养

作为一个马克思主义政党，中国共产党从一开始就有党性教育和党性锻炼的内容，各地党校或训练班的"党的建设"课程，就是党性教育，实践中进行的反对错误路线的斗争，也是在实际中锻炼每个党员的党性。但是，"我们可以说过去的党性锻炼只是一般地提出来，没有把它当作特殊的问题提出来"。而到了延安以后，革命形势的发展迫切需要把党性锻炼当作单独的问题提出来，这是因为"我们党是全国政治生活中重要的决定因素；我们党是处在统一战线环境中，已由小党成为大党；我们党的历史教训；统一战线中某些严重的事件。这许多情形使得我们党不得不在全党面前，把党性问题单独地作为一个问题提出来。历史教训我们，党内要团结"②。

在党的六届六中全会上，张闻天和毛泽东同志所作的报告，重申了必须服从党的纪律。毛泽东同志在报告中指出："必须重申党的纪律：（一）个人服从组织；（二）少数服从多数；（三）下级服从上级；（四）全党服从中央。谁破坏了这些纪律，谁就破坏了党的统一。……必须对党员进行有关党的纪律的教育，既使一般党员能遵守纪律，又使一般党员能监督党的领袖人物也一起遵守纪律，避免再发生张国焘事件。为使党内关系走上正轨，除了上述四项最重要的纪律外，还须制定一种较详细的党内法规，以统一各级领导机关的行动。"③ 为此，全会通过了三个党内法规文件：《关于中央委员会工作规则与纪律的决定》《关于各级党委暂行组织机构的决定》《关于各级党部工作规则与纪律的决

---

① 《刘少奇选集》上卷，第 330—331 页。
② 《中国共产党党性教育手册》第 3 卷，第 197—198 页。
③ 《毛泽东选集》第二卷，人民出版社 1991 年版，第 528 页。

定》。这些决定，分别规定了中央委员会、中央政治局、中央书记处、各中央局及中央分局以及各级党委、各级党部工作的任务、职责范围和纪律。所有这些规定针对性都很强，都是为了维护党的集中统一。

1941 年 1 月发生的皖南事变后，为了进一步及时纠正党内的错误思想倾向，维护党的集中统一，强化党中央的权威，中共中央 1941 年 7 月 1 日作出《关于增强党性的决定》，第一次以中央的名义正式明确哪些属于必须改正的违反党性的倾向，明确了进行党性修养和党性锻炼纠正违反党性倾向的办法。《决定》强调，共产党员特别是党员干部要更加增强自己的党性，使全体党员和党的各个组成部分都在统一意志、统一行动和统一纪律下面，团结起来成为有组织的整体，为此，"应当在党内开展反对'分散主义''独立主义''个人主义'的斗争"。《决定》特别强调，"不允许任何党员与任何地方党部，有标新立异、自成系统，及对全国性重要问题任意对外发表主张的现象。要求各个独立工作区域领导人员，特别在今天比任何时候更需要相信与服从中央的领导"。《决定》要求"所有党员干部都必须加强党性锻炼，要用自我批评的武器和加强学习的方法来改造自己，以适合党和革命的需要"；"从中央委员到每个党员干部，都必须参加支部组织，悉心听取党员群众对自己的批评，增强自己党性的锻炼"①。

为了贯彻《关于增强党性的决定》，1941 年 9 月 6 日，党中央机关报《解放日报》发表社论《加强党性的锻炼》，进一步阐明了这一决定的精神实质。为了加深大家的理解，时任中共中央秘书长的任弼时于 1941 年 10 月至 12 月期间撰写了《关于增强党性问题的报告大纲》，着重阐述了增强党性的必要性以及如何增强党性的问题。任弼时在分析中国共产党所处的环境和一些缺乏党性的倾向和表现后，指出提高党性修

---

① 《中国共产党党性教育手册》第 3 卷，第 204—205 页。

养的途径。

《关于增强党性的决定》文件发出以后，成为延安整风期间党员干部的重要学习文件之一，对全党尤其是领导干部起到了教育作用，对于加强组织纪律性，自觉改造错误思想倾向，统一思想认识等方面都起到了积极的作用，使党在政治上组织上和思想上更加统一更加巩固。毛泽东同志 1942 年 4 月在中央学习组讲话，高度评价了党性决定，他说，"从我们党的历史上来看，全面的、全党的、由中央领导进行的干部内部教育，过去还很少。从去年七月中央发出关于增强党性的决定开始，我们才全体地、从上而下地、一致地注意了这个问题，这个意义非常之大。"[1] 从党的建设史来看，延安时期中国共产党运用马克思主义深入把握了党性问题的深刻根源，抓住了党性问题的主要矛盾，为科学解决党性问题提供了理论依据，是延安时期有效增强党性的关键环节。也因此，党性的概念开始更加广泛地进入了党的建设领域，党性修养和党性教育也成为了加强党的建设的重要内容和方法。

二、党内政治生活实践要求的理论化、系统化

在以毛泽东同志为核心的党的第一代中央领导集体的带领下，我们党在延安时期，党内政治生活的理论与实践得到飞跃性的发展。党的六届六中全会重申党的纪律，提炼出"四个服从"，用严格的纪律规范党内生活；延安整风成为党的历史上最为全面、最为集中的党内政治生活实践。经过延安整风，党彻底排除了错误路线的干扰，初步确立了实事求是的思想路线，形成了理论联系实际、密切联系群众、批评和自我批

---

[1]　《毛泽东文集》第二卷，第 412 页。

评三大优良作风;党的七大党章阐释了"民主集中制"的深刻内涵,第一次规定了党员的各项权利和义务,形成较为系统、科学的、完整的党内政治生活的基本规范体系和基本路线,为推进党和人民的伟大事业提供了根本保障。

(一) 党的思想路线、政治路线、组织路线和群众路线的正式形成

毛泽东同志指出:"一个政党要引导革命到胜利,必须依靠自己政治路线的正确和组织上的巩固。"① 从思想上建党的根本问题是要解决思想路线问题,通过整风,在全党确立了以实事求是为核心的思想路线。在思想路线基础上,形成了党的政治路线,组织路线和群众路线。

1. 明确确立实事求是、理论联系实际的思想路线,实现了马克思主义中国化第一次飞跃

1938 年 10 月,毛泽东同志在党的六届六中全会正式放出把理论与实际结合研究中国问题的号召,他说:"离开中国特点谈马克思主义,只能是空洞的抽象的马克思主义,因此,必须使马克思主义在中国具体化,使之在其每一表现中带着必须有的中国的特性,即是说,按照中国的特点去应用它,成为全党亟待了解并亟须解决的问题。"② 这就要求党制定路线政策时,把马克思主义应用到中国具体环境的具体斗争中去,从具体情况出发,而不是从"本本"出发。

2. 在正确的思想路线下形成正确的政治路线——新民主主义革命总路线

抗日战争爆发后,以毛泽东同志为核心的中共中央已经能够独立自

---

① 《毛泽东选集》第一卷,人民出版社 1991 年版,第 303 页。
② 《毛泽东选集》第二卷,人民出版社 1991 年版,第 534 页。

主地运用马克思列宁主义的立场、观点、方法分析中国国情，从实际出发，分析中国革命的理论和政策问题了。毛泽东对中国的基本国情和社会特点，对中国革命的对象、动力、道路及前途做了系统阐释。毛泽东指出，现阶段正在进行的中国革命是新式的，无产阶级领导的，人民大众的、反对帝国主义、封建主义和大地主大买办，以在第一阶段上建立新民主主义的社会和建立各个革命阶级联合专政的国家为目的，并以实现社会主义和共产主义为最终目标的革命。新民主主义理论解决在一个以农民为主体的、落后的半殖民地半封建的东方大国里进行革命的一系列理论问题，科学地回答了近代中国革命向何处去的问题。

3. 党的组织路线形成

中国共产党是在一个几万万人的大民族中领导伟大革命斗争的党，没有多数才德兼备的领导干部，是不能完成其历史任务的。毛泽东到陕北就再三强调："政治路线确定后，干部就是决定因素。""我们的责任，就在于组织他们，培养他们，爱护他们，并善于使用他们。"[1] 党中央在进驻延安城以前，就创办了红军大学、抗大、陕北公学、中央党校、马列学院、鲁艺、女大、自然科学院、延安大学等等干部院校，培养各级各类干部人才。

4. 党的群众路线形成

在延安，毛泽东根据马克思主义的历史唯物主义思想，第一次把民主集中制同群众路线联系起来，认为民主和集中是"从群众中来，到群众中去"的群众路线在党内生活的运用，从而给民主集中制以新的、更深刻的含义。中国共产主义运动自延安时期以来的历史业绩，在很大程度上是由于坚持了群众路线而取得的。1943年6月1日，中共中央政治局作出《关于领导方法的决定》，对党内的主观主义和官僚主义从领

---

① 《毛泽东选集》第二卷，人民出版社1991年版，第526页。

导方法上进行了批判，并总结出避免主观主义和官僚主义的马克思主义的领导方法。决定指出，"在为党的一切实际工作中，凡属正确的领导，必须是从群众中来，到群众中去"。"正确的领导意见只能从群众中集中起来又到群众中坚持下去的思想。"①群众路线是中国共产党在理论上和实践上的创新，是中国共产党力量的重要源泉。

（二）党内政治生活基本规范的正式形成

1. 实事求是

将古人曾提出的实事求是创造性运用到党内生活中来的，是党的创始人之一的毛泽东。在 1938 年党的六届六中全会上，他指出："共产党员应是实事求是的模范"。这是在党内第一次提出实事求是概念。1941 年 5 月，毛泽东同志在《改造我们的学习》一文中对实事求是做出科学解释："'实事'就是客观存在着的一切事物，'是'就是客观事物的内部联系，即规律性，'求'就是我们去研究。"②1941 年冬，当中央党校副校长彭真请示毛泽东同志党校应该有个什么样的校训时，毛泽东同志说："实事求是，不尚空谈。"毛泽东同志强调，实事求是，理论与实际密切联系，则是一个党性坚强的党员的起码态度。与之相对应的，主观主义的作风是党性不纯的第一个表现。③由于只有通过客观存在的实际事物周密细致的调查研究才能形成对客观事物的正确认识。在延安，毛泽东同志把调查研究看作是马克思列宁主义的一般原则原理同中国革命具体实践相结合的中心环节，强调调查研究是实现马克思主义中国化的基本途径和基本方法，因此，必须到实际中去，大兴调查研究之风。毛泽东同志强调："在全党推行调查研究的计划，是转变党的作风的基础

---

① 《毛泽东选集》第三卷，人民出版社 1991 年版，第 899 页。
② 《毛泽东选集》第三卷，人民出版社 1991 年版，第 801 页。
③ 《毛泽东文集》第二卷，第 361 页。

一环。"① 这是彻底克服主观主义的根本途径。"迈开你的两脚，到你的工作范围的各部分各地方去走走……问题就是这样子解决了。"②1941 年 8 月 1 日，中共中央发出《关于调查研究的决定》，指出："我党现在已是一个担负着伟大革命任务的大政党，必须力戒空疏，力戒肤浅，扫除主观主义作风，采取具体办法，加重对于历史，对于环境，对于国内外、省内外、县内外具体情况的调查与研究。"③ 自此，调查研究成为中国共产党克服主观主义，加强党性和端正作风的基本方法。

2. 理论联系实际

马克思主义理论，是"放之四海而皆准"的理论。每一个共产党员，都应该不断学习马克思主义理论，但不应当把他们的理论当作教条看待，而应当看作行动的指南。理论是从实践中产生的，理论是否正确要接受实践检验并要在实践中得到丰富和发展；同时，理论只有与实际紧密联系，才能发挥对实践的指导作用，实现自身的价值和意义。理论如果脱离了实际，就会成为僵化的教条，就会失去其活力与生命力。对于理论联系实际理论这一马克思主义基本要求，我们党是在总结革命经验教训基础上才逐渐形成深刻认识的。毛泽东同志在《实践论》和《矛盾论》中深刻阐述了理论与实践相统一的重要性，为最终形成"理论联系实际"的作风奠定了思想理论基础。

3. 密切联系群众

延安整风期间，毛泽东同志写的《关于领导方法的若干问题》，科学阐述了"从群众中来，到群众中去"的群众路线。党的七大，毛泽东同志把"全心全意地为人民服务，一刻也不脱离群众，一切从人民的利益出发"作为共产党根本要求。1945 年 4 月党的七大上，毛泽东同志

---

① 《毛泽东选集》第三卷，人民出版社 1991 年版，第 802 页。
② 《毛泽东选集》第三卷，人民出版社 1991 年版，第 110 页。
③ 《毛泽东文集》第二卷，人民出版社 1993 年版，第 361 页。

在《论联合政府》的报告中，首次明确了密切联系群众的优良作风："以马克思列宁主义的理论思想武装起来的中国共产党，在中国人民中产生了新的工作作风，这主要的就是理论和实践相结合的作风，和人民群众紧密地联系在一起的作风以及自我批评的作风。"党的七大通过的党章正式规定："中国共产党代表中国民族与中国人民的利益。"刘少奇同志强调指出："这是我们党与毛泽东思想根本的东西。"①随着中国革命的发展，党内许多同志需要到前方去，毛泽东同志强调他们必须密切联系群众，他说："我们共产党人好比种子，人民好比土地。我们到了一个地方，就要同那里的人民结合起来，在人民中间生根、开花。我们的同志不论到什么地方，都要把和群众的关系搞好，要关心群众，帮助他们解决困难。团结广大人民，团结得越多越好。"②

4. 批评和自我批评

中国共产党生活在复杂的社会环境之中，"我们同志的思想，我们党的工作，也会沾染灰尘的"。"流水不腐户枢不蠹"，就像我们需要"经常洗脸"和"经常扫地"一样，我们党也必须及时清洗干净"我们同志的思想和我们党的肌体"所受到"各种政治灰尘和政治微生物侵蚀"。而开展"正确的而不是歪曲的、认真的而不是敷衍的批评和自我批评"，就是我们党抵抗任何政治的灰尘、政治的微生物的唯一有效的方法。③如果没有严肃的批评和自我批评，那我们就不能发现问题、更不能解决问题，党员干部就不能提高、不能前进，我们的党就会失去生机活力。毛泽东同志提出正确的批评和自我批评方法是："我们分析一个事物，首先加以分解，分成两个方面，找出哪些是正确的，哪些是不正确的，哪些是应该发扬的，哪些是应该丢掉的，这就是批评。对自己的工

---

① 《刘少奇选集》上卷，第 325 页。
② 《毛泽东选集》第四卷，人民出版社 1991 年版，第 1162 页。
③ 《毛泽东选集》第三卷，人民出版社 1991 年版，第 1096—1097 页。

作、自己的历史加以分析，这是自我批评；对别人进行分析，就是批评别人。"① 毛泽东强调开展批评和自我批评必须要从"团结和进步"的目的出发，而不是泄私愤或图报复；批评采取"治病救人"的态度，批评是使自己的同志及时知道自己的缺点和不足，及时加以改正，从而避免小错铸成大错，造成更大的损失。批评要当面的指正，而不是背后的指责，"不负责任的背后批评，不是积极地向组织建议。当面不说，背后乱说；开会不说，会后乱说。心目中没有集体生活的原则，只有自由放任"②。这些都是"自由主义"的表现。

5. 民主集中制原则

民主集中制是我们党的组织原则。党的七大制定的党章，就在原来"下级服从上级""少数服从多数"的基础上，增加了有关"个人服从组织、全党服从中央的要求"，从而形成了更为完整的"四个服从"。民主集中制就其基本要求而言，首先是民主，"扩大党内民主，应看作是巩固党和发展党的必要的步骤，是使党在伟大斗争中生动活跃，胜任愉快，生长新的力量，突破战争难关的一个重要的武器"③。在强调党内民主的同时，必须实行党的集中统一领导。全党服从中央，是维护党的集中统一的首要条件，是贯彻执行党的路线、方针、政策的根本保证。党员干部必须坚持"个人服从组织，少数服从多数，下级服从上级，全党服从中央"的原则。每个党员要把维护党的集中统一作为自己言论和行动的准则。每个共产党员特别是各级党委的成员，都必须坚决执行党委的决定，必须反对和防止分散主义。

6. 严明党的纪律

毛泽东说过，"路线是'王道'，纪律是'霸道'，这两者都不可

---

① 《毛泽东文集》第三卷，第 254 页。

② 《毛泽东选集》第二卷，人民出版社 1991 年版，第 359 页。

③ 《毛泽东选集》第二卷，人民出版社 1991 年版，第 529 页。

少，身为党员，铁的纪律就必须执行"①。严明的纪律是保障全党意志统一、行动统一、步调一致向党的目标前进的根本举措。正是在这个意义上，毛泽东同志说："一致的行动，一致的意见，集体主义，就是党性。"②1938 年党的六届六中全会重申党的纪律，提炼出"四个服从"，用严格的纪律规范党内生活。1941 年 7 月 1 日，根据毛泽东同志的《改造我们的学习》的要求，中共中央作出了《关于增强党性的决定》，《决定》中心内容是强调党的组织性纪律性问题，指出某些党员的"个人主义""英雄主义""无组织的状态""独立主义"与"反集中的分散主义"等，是"违反党性的倾向"思想行为。③ 党的七大党章第一次把党的纪律写进总纲："中国共产党是按民主的集中制组织起来的，是以自觉的、一切党员都要履行的纪律联结起来的统一的战斗组织。"明确指出，"在党内不容许有离开党的纲领和党章的行为，不能容许有破坏党纪、向党闹独立性、小组织活动及阳奉阴违的两面行为"④。

（三）巩固党内团结和正确地进行党内斗争

党内生活的目的何在？在任何一个时期，党内生活的根本目的，都是为了增强党的团结统一，提高党的凝聚力、战斗力、创造力。中国共产党内部的团结是党的团结统一是党的力量所在，"是比什么都还重要的事情，是解决党的一切任务的中心关键与决定因素"⑤。与此同时，党内不同思想的对立和斗争是经常发生的。所谓党内斗争，一般是指党内在原则问题上发生的意见分歧、对立和冲突。党内斗争具有必然性。党

---

① 《毛泽东文集》第二卷，第 374 页。
② 《毛泽东文集》第三卷，人民出版社 1993 年版，第 417 页。
③ 《中共中央文件选集》第 13 册，第 145 页。
④ 《中共中央文件选集》第 15 册，中共中央党校出版社 1991 年版，第 155 页。
⑤ 《刘少奇论党的建设》，第 169 页。

从出生的那一天起，便没有一刻钟不是处在严重的战斗环境中。党为了要实现自己所负担的历史任务，便要和各种时期的革命的敌人斗争，便要和各种不同的革命的阶层与阶级联合。党是经常处在其他各种非无产阶级包围之中。党不可避免地在思想意识上，在生活习惯上，理论上，在行动上，受到这些其他各种阶级经常影响。"这就是党内各种错误和不良倾向的来源，这就是党内各种机会主义产生的社会根源，这也就是党内斗争的来源。"① 毛泽东同志在《矛盾论》中指出：每一事物的发展过程中存在着自始至终的矛盾运动。"党内不同思想的对立和斗争是经常发生的，这是社会的阶级矛盾和新旧事物的矛盾在党内的反映。党内如果没有矛盾和解决矛盾的思想斗争，党的生命也就停止了。"② 当然，正如刘少奇同志所强调的"这种党内斗争，主要的是思想斗争，它的内容是思想原则上的分歧与对立"③。

　　由此可见，党内斗争和党内团结是党内矛盾运动的两个方面，是一种辩证统一的关系。如何才能达到党内团结，实现党内和谐呢？那就是正确处理党内矛盾。党的成长、发展是党内生活的出发点和落脚点，党内斗争和党内团结是党的成长发展的途径和手段。就党内斗争和党内团结关系而言，一方面，党的真正的团结统一必须通过积极的思想斗争才能实现。恩格斯指出："在可能团结一致的时候，团结一致是很好的，但还有高于团结一致的东西。"④ 以毛泽东同志为主要代表的中国共产党人在总结中国共产党自身建设的历史经验时，明确要求党的团结必须也只能在马克思主义基础上的团结。也就是说，马克思主义是正确开展党内斗争，达到党内团结的思想基础。不讲马克思主义原则，不要批评与

---

① 《刘少奇选集》上卷，第 179、180 页。
② 《毛泽东选集》第一卷，人民出版社 1991 年版，第 306 页。
③ 《刘少奇选集》上卷，第 179、180 页。
④ 《马克思恩格斯选集》第 4 卷，第 653 页。

斗争，只求"一团和气"，那只会使党内团结庸俗化，损害党的事业。与此同时，党内斗争如果不以马列主义为原则，如果不是为着弄清思想，团结同志的目的，而只是片面地强调党内斗争，就必然伤害党内同志的感情，破坏党内团结统一，甚至造成党内的分裂的严重局面。因此，党内斗争必须注意克服"左"和右的倾向错误。"左"倾向主要表现是机械过火的党内斗争。右的倾向则主要是党内的自由主义和调和主义。党内斗争，既要反对右倾机会主义，又要反对"左"倾机会主义。只有进行两条战线的斗争，才能保持党的无产阶级性质。

在延安，毛泽东同志总结了历史上党内斗争过火的惨痛教训，提出了一系列党内斗争的正确方针。首先，历史地、具体地分析党的历史上的错误及其责任人。毛泽东同志说："研究党史上的错误，不应该只恨几个人。如果只恨几个人，那就是把历史看成是少数人创造的。"① 那么，怎样对待和研究党史上犯错误的人和事呢？毛泽东同志强调："处理历史问题，不应着重于一些个别同志的责任方面，而应着重于当时环境的分析，当时错误的内容，当时错误的社会根源、历史根源和思想根源。"② 其次，实行"团结——批评——团结"的政策。这一政策是指从团结的愿望出发，正确进行了党内斗争，分清是非，使党在新的基础上达到了团结。毛泽东同志在党的七大讲道："要练习和那些曾经同我闹过纠纷、有过原则分歧的人，打击过我及开除我党籍的人合作。我们在要求他认识错误、改正错误这个原则下去同他团结、合作。这一条，的确要练习，不练习就做不到，练习就可以做到。"③ 再次，采取"惩前毖后，治病救人"的方针。这是处理党内矛盾历史经验的科学总结，它既

---

① 《毛泽东文集》第二卷，第 406 页。
② 《毛泽东选集》第三卷，人民出版社 1991 年版，第 938 页。
③ 《毛泽东文集》第三卷，第 362 页。

不同于"残酷斗争，无情打击"的"左"的方针，又不同于对犯错误同志姑息迁就，放任自由的自由主义倾向。毛泽东同志指出："对以前的错误一定要揭发，不讲情面，要以科学的态度来分析批判过去的坏东西，以便使后来的工作慎重些，做的好些。这就是'惩前毖后'的意思。但是我们揭发错误、批判缺点的目的，好像医生治病一样，完全是为了救人，而不是为了把人整死。"① 延安整风就是"打倒两个主义，把人留下来"② 的方针，即旗帜鲜明地反对主观主义和宗派主义，把犯了主观主义和宗派主义错误但认识到错误，并且表示改正错误的干部健全地保留下来。最后，"对于人的处理问题取慎重态度，既不含糊敷衍，又不损害同志，"这个方针目的是既弄清思想，又团结同志，这是党兴旺发达的标志之一。

在延安时期，我们党采取了这些党内斗争的方针，这对于解决党内矛盾，建立党内正常生活，保证全党真正在马克思列宁主义基础上的团结，有巨大的理论意义和现实意义。经过丰富革命实践和延安时期党的建设伟大工程，"我们的党，已经是一个全国范围的，广大群众性的，在思想上、政治上、组织上巩固的，有了自己领袖的马克思列宁主义的党"③。

政党都代表一定阶级、阶层和社会集团的利益，这不仅体现在政党是由本阶级的骨干分子构成上，还集中体现在政党的政治纲领和实践活动所实现的阶级利益上。党性是一个政党固有的本性，是阶级性最高和最集中的表现。在延安，中国共产党人基于自身的实践，对经典作家的党性学说进行了极大地丰富和发展。

---

① 《毛泽东选集》第三卷，人民出版社 1991 年版，第 827—828 页。
② 《毛泽东文集》第二卷，第 375 页。
③ 《刘少奇选集》上卷，第 320 页。

三、西柏坡为党内政治生活"立规矩"

由于中国共产党和解放军过去长时间内处于被敌人分割的、游击战争的农村环境中，各地保持着很大的自治权，在军事斗争中也有很大的"相机处理"的权限，这在当时环境的革命是必须的，但也不可避免地也产生了某些无纪律状态和无政府状态，出现了一些地方主义和游击主义等现象。进入解放战争以来，随着党员数量剧增，根据地面积迅速扩大，党的组织不断发展，如何实施党委集体领导，如何正确发挥各级党委会的领导职能，成为亟须解决的重大问题。为了解决这些突出问题，同时为即将成为的全国性执政党工作重心的转化，中共中央在驻地河北省平山县西柏坡村一方面集中精力指挥正在进行全国规模的革命战争；另一方面未雨绸缪，着手准备即将到来的全国胜利后的政治、经济和文化等各种新的建设。为此，中共中央在驻地西柏坡领导全党制定一系列党规和要求，发出一系列指示，要求加强全党的组织纪律性，规范党内政治生活，以保证全党全军在政治上、军事上、经济上进一步统一起来。习近平总书记 2013 年 7 月到西柏坡视察时，在当年中央政治局开会的屋子里与人们座谈时说："这里是立规矩的地方。党的规矩、制度的建立和执行，有力推动了党的作风和纪律建设。"①

(一) 建立请示报告制度

1947 年下半年解放战争进入战略进攻阶段，解放军节节胜利，我们党已由农村包围城市开始进入占领大城市，夺取全国政权的新的历

---

① 《党面临的"赶考"远未结束——习近平总书记再访西柏坡侧记》，《人民日报》2013 年 7 月 14 日。

史时期，"我党已经处在夺取全国政权的直接的道路上"，革命走向全国胜利的形势，迫切要求全党全军所执行的各项政策的完全统一及军事计划的完满实施，然而，在新形势下，党内产生了比较严重的无纪律无政府状态。为解决这一"已相当严重地影响了党的工作的发展"①，1948年1月7日，中共中央发出《关于建立报告制度的指示》。3月25日，中央又对建立报告制度做了补充指示。同年4月，毛泽东同志在《将全国一切可能和必须统一的权力统一于中央》中指出："中央的一切政策必须无保留地执行，不能允许不得中央同意由任何下级机关自由修改。"②这是针对当时党内严重存在的某些无纪律状态和无政府状态做出的重大决策。1948年4月21日，中国人民解放军正乘胜前进，为了克服革命队伍内部存在的无纪律状态和无政府状态，毛泽东同志要求全党重读了《共产主义运动中的"左派"幼稚病》第二章"布尔什维克成功的基本条件之一"，并在书的封面上写了批语："请同志们看此书的第二章，使同志们懂得必须消灭现在我们工作中的某些严重的无纪律状态或无政府状态。"1948年6月1日，《中共中央宣传部关于重印〈左派幼稚病〉第二章前言》的说明，从政治的高度和理论的高度强调党的纪律重要性："列宁在本书第二章指出：'如果我们布尔塞维克党内没有极严格的真正铁的纪律，如果我们党没有得到全体工人阶级群众后充分的和全心全意的拥护……，那末，布尔塞维克党，莫说两年半，便是两月半，也不能维持政权。'我们中国的革命在这样一点上也是同样的：如果领导中国革命的中国共产党没有极严格的真正铁的纪律，并取得最广大的人民群众最忠心的、全心全意的拥护，那末，我们就将不能取全国革命的胜利，而且不能保持已得的胜利。"③1948年9月，中共中央在河北省平

---

① 《毛泽东文集》第五卷，人民出版社1996年版，第72页。
② 《毛泽东年谱（1893—1949）》下卷，中央文献出版社1993年版，第300页。
③ 《毛泽东年谱（1893—1949）》下卷，第303页。

山县西柏坡村召开扩大会议（即九月会议），会议指出：无产阶级政党需加强纪律性，统一集中，请示报告，服从纪律，不然我们就不能战胜国际国内资产阶级的影响。会议通过了《中央关于各中央局、分局、军区、军委分会及前委会向中央请示报告制度的决议》。《决议》强调建立请示报告制度是加强集中统一的根本措施，并就总的要求以及政治、军事、经济、文化、党务各方面的工作，诸如什么事情决定权在中央，何者必须事前请示中央并得到中央批准后才能付诸实行，什么情况下必须事后报告中央备案，做了明确规定。这是为了适应当时革命斗争形势发展的需要，克服党内军内存在着的某些严重的无纪律性状态和无政府状态而做出的法规性文件。

（二）健全党委会制度

进入解放战争以来，党员数量剧增，党的组织不断扩大，但对于如何实施党委集体领导，正确发挥各级党委会的领导职能，囿于条件限制，在许多地区和许多部队的党组织，并没有正确的认识，也没有得到真正解决。就如1947年晋冀鲁豫军区政治部关于部队中党委的组织与领导的报告中指出的那样："大半年来，各纵委旅委都没有建立起党的领导，什么事情，仍然采取由上级首长找下级首长来谈一下，就分头下去作的办法。"①

为了健全各级党委集体领导制度，毛泽东同志于1948年9月20日为中共中央起草了《关于健全党委制》的决定。这是毛泽东同志针对党内存在的个人包办和个人解决重要问题的习气，对如何健全党委制做出的重要决定。《决定》开宗明义地阐述了健全党委制的必要性："党委制

---

① 《中共党史参考资料》第11册，中国人民解放军政治学院党史教研室1979年版，第182页。

是保证集体领导、防止个人包办的党的重要制度。"《决定》批评了某些领导机关和部门个人包办及个人决定重要问题的不良习气，列举了个人包办等问题的表现，并指出其危害。《决定》提出要建立健全党委会议制度，加强党委会集体领导的重要任务，明确要求党的各级领导机关都必须建立健全的党委会议制度，"一切重要问题均须交委员会讨论，由到会委员充分发表意见，做出明确决定，然后分别执行"①。《决定》明确了健全党委制的方法原则：第一，党委会须分别为常委会和全体会两种，不可混在一起。第二，集体领导和个人负责，二者不可偏废。强调在党的各级部门里。《关于健全党委制》决定发布后，党中央各个部委相继成立了党总支或党委，各地纷纷采取有力措施贯彻执行，健全党委制工作在党内全面铺开落实。1956 年 9 月，邓小平同志在党的八大上所做的《关于修改党的章程的报告》，高度肯定了《关于健全党委制》的历史作用："这个决定的重要意义，在于它总结了党内认真实行集体领导的成功的经验，促使那些把集体领导变为有名无实的组织纠正自己的错误，并且扩大了实行集体领导的范围。"②

（三）党委会工作的科学指南——《党委会工作方法》

为了在全国范围内加强党中央的集中统一领导，帮助各级党委在贯彻执行中央各项决议和工作任务时，能更好地行使自己的领导职能。毛泽东同志在党的七届二中全会的报告中，对党委会的工作方法做深入剖析，提出了党委会十二种基本工作方法："善于当'班长'""学会'弹钢琴'""互通情报""胸中有'数'""要'抓紧'""精兵简政""力戒骄傲""划清界限"等，毛泽东强调认为，"要有以上这些方法，才能把党

---

① 《毛泽东选集》第四卷，人民出版社 1991 年版，第 1340—1341 页。
② 《邓小平文选》第一卷，第 230 页。

委的工作搞好"等。① 这些工作方法实际上回答了"怎样开好党委会"，"怎样做出决策"，以及"怎样体现集体领导"等三方面的重大问题。其主要内容如下：

其一是关于党的基本领导制度及其要求。主要包括坚持集体领导；党委书记要善于当"班长"；党委成员间要"互通情报"；党的领导同志要善于团结不同意见的同志；开会前要"安民告示"，即互通信息，充分酝酿等。

其二是关于党的纪律和规矩。主要包括书记的主体责任，要当好"班长"；党委会是集体领导，贯彻民主集中制原则，书记和委员之间的关系是少数服从多数；党委会的工作要公开、透明，把问题摆到桌面上来，"互通情报"；党委会的领导要科学、民主，不懂得和不了解的东西要问下级，不要轻易表示赞成或反对；党委会的工作要认真、"抓紧"；党的领导同志要善于划清两种界限，力戒骄傲，注意团结那些和自己意见不同的同志一道工作。

其三是工作方法方面的要求。主要包括党委会工作要坚持两点论和重点论的统一，注意矛盾的普遍方面和主要矛盾，做到胸中有"数"，学会"弹钢琴"，划清两种界限。党委会不懂得和不了解的东西要问下级，不要轻易表示赞成或反对；党委会工作的重要方式是把问题摆到桌面上来、"互通情报"。党委会工作要"精兵简政"，"安民告示"。

最后是领导艺术方面。包括作风求实、文风清新，以及要调查研究、要胸中有"数"，要学会"弹钢琴"等。

通览《党委会工作方法》，可以看出，这十二条规定，既是原则要求，也是工作方法，还是领导艺术。换言之，这些都可以看作是党内政治生活的重要准则和重要规矩。贯彻这些要求和规定，对于加强党委班

---

① 《毛泽东选集》第四卷，人民出版社 1991 年版，第 1444 页。

子建设、提升党的领导水平和执政能力，严肃和规范党内政治生活具有极其重要的指导意义。

（四）保持不骄不躁，谦虚谨慎的作风

1949 年 3 月在党的七届二中全会上，面对党的工作重心即将由农村转向城市、从战争转向生产建设的情况，会议强调无产阶级政党取得全国政权不是终点，只是社会主义革命的起点。毛泽东同志强调由城市到乡村并由城市领导乡村，"没有工业和城市是会失败的"。由此，党的工作中心必须转变，"不转变不得了，要犯路线错误"[①]。在党的七届二中全会，毛泽东同志提出关于执政党建设的重要思想。

一是党的理想信念不能丢。解放战争即将取得完全胜利是中国历史伟大的转折点，但是，对于最终目标是实现共产主义的共产党人来说，"这只是万里长征走完了第一步。如果这一步也值得骄傲，那是比较渺小的。"相对于共产党所要完成的历史使命而言，"中国人民民主革命的胜利，就会使人们感觉那好像只是一出长剧的一个短小的序幕。剧是必须从序幕开始的，但序幕还不是高潮"[②]。

二是"革命以后的路程更长，工作更伟大，更艰苦"。在即将迎来的胜利面前，中国共产党保持着清醒的头脑。全会郑重提出："因为胜利，党内的骄傲情绪，以功臣自居的情绪，停顿起来不求进步的情绪，贪图享乐不愿再过艰苦生活的情绪，可能生长。"[③]资产阶级的糖衣炮弹也将会将成为党的主要危险。1949 年 3 月 23 日，中共中央机关从西柏坡动身前往北平时，毛泽东同志又提出了"赶考"的命题，强调"我们

---

① 这是 1949 年 3 月 5 日毛泽东在中共七届二中全会上的讲话，参见《杨尚昆回忆录》，中央文献出版社 2007 年版，第 227 页。

② 《毛泽东选集》第四卷，人民出版社 1991 年版，第 1438 页。

③ 《毛泽东选集》第四卷，人民出版社 1991 年版，第 1438 页。

决不当李自成，我们都希望考个好成绩"①。

三是提出执政党建设的思想。这主要是在四个方面提出明确要求：一是加强党的思想建设，防止各种非无产阶级思想的滋长，警惕资产阶级思想的侵蚀；二是加强作风建设，保持谦虚谨慎、不骄不躁和艰苦奋斗的优良作风；三是我们要掌握好批评和自我批评这个马克思列宁主义的武器；四是提出了反对突出个人的六条规定：（1）不给党的领导祝寿。（2）不送礼。（3）少敬酒。（4）少拍掌。（5）不用党的领导者的名字作地名、街名和企业的名字。（6）不要把中国同志和马、恩、列、斯平列。②

---

① 《毛泽东年谱（1949—1976）》下，中央文献出版社 2003 年版，第 470 页。

② 陈至贞主编：《中国共产党建设史》，上海人民出版社 1991 年版，第 611 页。

第四讲

"具有开创性意义"的大发展

　　1949 年中华人民共和国的成立，标志着中国已经由半殖民地半封建社会变成了中国共产党领导下的、民族独立、人民当家作主的新民主主义社会，本质上属于社会主义体系。新中国的"新"表现在它内容和形式上都与旧中国有了根本性的变化。它要与旧社会旧经济旧政治旧文化进行彻底决裂，将其转变为全新的东西，它所要达到的奋斗目标是前所未见的。"我们不但善于破坏一个旧世界，我们还将善于建设一个新世界"①，不只是一句振奋社会人心的口号，也是新政权付诸社会整体改造实践的政策导向。在这个"天翻地覆慨而慷"的历史大背景下，为中国共产党的本质和新中国政权本质所决定，它的政治建设的不能不具有彻底的革命性和开创性、鲜明的阶级性和群众性。

　　以毛泽东同志为核心的党的第一代中央领导集体带领全党开创的党在全国执政的条件进行党内政治生活的基本原则、基本实践，发挥着奠基性的根本作用，至今仍然是我们遵循的党内政治生活的重要原则和基本方法，仍然有着长久的指导意义。他们在探索一条具有中国特点的党内政治生活的道路过程中形成的独创性的理论成果和宝贵的经验教训，给我们留下了弥足珍贵的思想理论遗产。

---

　　① 《毛泽东选集》第四卷，人民出版社 1991 年版，第 1439 页。

　　1978 年 12 月，党的十一届三中全会在北京召开。全会果断地停止了"以阶级斗争为纲"的错误方针，决定把党的工作重点转移到社会主义现代化建设上来，这是党的历史上具有深远历史意义的伟大转变，它标志着中国历史进入社会主义现代化建设的新时期。在这个伟大历史转折时期，我们的党内政治生活也取得飞跃性的发展和进步，并且在新的历史条件下，开辟了新的道路。尤为重要的是，党的十一届三中全会后，中共中央在深刻总结党的建设经验教训的基础上，更加深刻地认识到正常的党内政治生活重要性，为了促进党内政治生活正常化，需要列出几条党内政治生活中不可逾越的基本原则，即"基本准则"，以中央文件形式要求大家遵循。这就是中共中央通过的《关于党内政治生活的若干准则》。

　　综上所述，"开创性意义"的大发展，其一是指新中国成立后，中国共产党形成的在全国执政的条件下党内政治生活的理论认识、基本要求和实践经验，具有开创、奠基和探索的根本意义；其二是改革开放以来，党内政治生活在"拨乱反正"过程中所取得的突破性发展，以及开创了一条在社会主义市场经济条件下严肃和规范党内政治生活的成功之路。

一、全国执政条件下的党内政治生活新实践

　　列宁曾经指出，执政党"就是公开的党，是加入之后就有可能掌权的党"[1]。新中国成立以后，中心任务变了，工作环境变，生活条件变了，面对执政的新形势、新情况，如何保持党、政权和军队的人民性

---

　　[1]　《列宁专题文集　论无产阶级政党》，人民出版社 2009 年版，第 238 页。

质？如何防止党员干部由社会公仆蜕变为凌驾于人民之上的社会主人？如何防止以权谋私、贪污受贿、官僚主义等腐化变质现象？等等，成为中国共产党党内政治生活必须严肃面对的重大问题。以毛泽东同志为核心的党的第一代中央领导集体总结和继承党的建设的经验和传统，对执政党的建设进行了积极的探索，提出了包括加强党的思想理论建设，建立党内监督制度，把党的建设和党的活动置于人民群众的监督之下，反对官僚主义，充分开展批评与自我批评等一系列思想。

（一）建规立制，确定党在新中国的全面领导制度

马克思主义政党是无产阶级中最有觉悟、最有战斗力的先进部队，是代表无产阶级和为广大人民利益的政治组织，党的先进性和人民性内在地决定了党的领导地位。由于中国的情况特殊性，中国共产党是通过长期的革命的武装斗争，在长期的斗争的条件和环境下中，形成了党领导一切的原则、范式和惯例。特别是在延安，随着中国共产党所领导的根据地的扩大和管理事物的日趋复杂，中共中央 1942 年 9 月 1 日通过《关于统一抗日根据地党的领导及调整各组织间关系的决定》明确规定，"党是无产阶级先锋队和无产阶级组织的最高形式"，党通过党的委员会，"领导一切其他组织，如军队、政府与民众团体"[①]。

新中国的成立，标志着中国共产党成为在全国执政的领导党。《中国人民政治协商会议共同纲领》这个"目前时期全国人民的大宪章"[②]，在《总纲》第一条，以"实行工人阶级领导的、以工农联盟为基础的"的表述，原则规定了中国共产党在这个新国家中的领导地位。1949 年 11 月，中央政治局通过《关于在中央人民政府内组织中国共产党党委

---

① 《中国共产党组织史资料》第 8 卷，中共党史出版社 2000 年版，第 605 页。
② 《刘少奇选集》上卷，第 434 页。

会的决定》，规定在中央人民政府党委会下，按照党员人数及工作部门的性质，暂分设六个分党委；并在中央人民政府所属各院、委、部、会、署、厅、司、局、处等组织党的总部和支部。其职能主要是保证行政任务的完成、组织党员学习与党员教育等，直接受中共中央组织部领导。同月 9 日，中共中央又作出《关于在中央人民政府内建立中国共产党党组的决定》，"要求在中央人民政府中担任负责工作的共产党员组成党组，以在政府工作中贯彻党的政治路线及各项政策。党组的主要任务是在党员和党外人士中贯彻党中央的路线、方针、政策，它必须保证执行中共中央一切有关政府工作的决定。党组则是政府中党的领导机构，政府工作中的一些重大问题通过党组系统向党中央请示报告"①。1951 年 11 月，中共中央作出《关于在人民政府内建立党组和组织党委会的决定》，将政府系统内的党委会和党组制度由中央扩大到地方。各级政府系统内党委会和党组的建立，是中国共产党在全国范围内对政府领导走向制度化的重要举措。在干部人事制度方面，实行党管干部的原则，即国家的一切干部都要按照党的有关方针政策和原则实行统一的管理。根据国内环境和任务的特点，军队系统的干部实行单独管理，除此之外，其余所有干部都统一由中央和地方各级党委的组织部门管理。

1954 年 9 月 15 日，毛泽东同志在第一届全国人民代表大会第一次会议开幕式讲话中开宗明义地指出："领导我们事业的核心力量是中国共产党"②，会议通过的第一部《中华人民共和国宪法》，旗帜鲜明地体现了这个基本原则。在社会主义建设过程中，毛泽东同志多次强调，"工、农、商、学、兵、政、党这七个方面，党是领导一切的。

---

① 《中国共产党历史》第二卷（1949—1978）上册，中共党史出版社 2011 年版，第 174 页。

② 《毛泽东文集》第六卷，第 350 页。

党要领导工业、农业、商业、文化教育、军队和政府"①。并且逐步探索出"归口管理"这一制度模式，以党的某些特定的直属部门为主导，整合部分政府机构，建构一个专门性的管理综合体，实现党对国家政治生活中的特定领域的领导，从而将党的领导与国家、社会管理紧紧联系在一起。对于党的全面领导这一中华人民共和国的国家治理基本模式，美国学者弗兰兹·舒曼有一个形象的概括："共产党中国犹如一栋由不同的砖石砌成的大楼，将她糅合在一起的就是党的意识形态和组织。"②

（二）加强执政党建设，保持与人民的血肉联系

毛泽东同志指出："一切问题的关键在政治，一切政治的关键在民众，不解决要不要民众的问题，什么都无从谈起。"③新中国是中国共产党领导的人民的政权，权力来源于人民而又服务于人民，人民的信任是这个政权最深厚最有力的源泉。新中国的成立，为党的组织壮大和发展提供了最好的平台。新中国成立初期，中国共产党的组织得到了迅猛发展，党员人数从 1949 年底的 450 万人，发展到 1951 年 3 月的 580 万人。党员数量增加了，质量是不是也同时提高了呢？应该说虽然大部分党员都具备了共产党员的条件，但不乏一些党员不够标准的现象。中国共产党成为执政党，一些投机分子甚至是坏分子，想方设法钻入党内来；一些老党员也因为革命的胜利，开始骄傲自满，失去了革命精神。与此同时，党内也存在思想上、作风上不纯的现象，"领导干部中也存在的以功臣自居的骄傲自满情绪、官僚主义和命令主义的作风，以及少数党员

---

① 《毛泽东著作选读》下册，人民出版社 1986 年版，第 832 页。
② 参见郑永年：《中国模式：经验与困局》，浙江人民出版社 2010 年版，第 49 页。
③ 《毛泽东文集》第三卷，第 202 页。

干部贪污腐化、政治上堕落颓废、违法乱纪等错误"①。

如何防止主要从事管理工作的党员干部由社会公仆蜕变为凌驾于人民至上的社会主人，如何防止人民的政权异化为压迫人民的国家机器，这是从巴黎公社以来国际共产主义运动就面临的一个历史性的课题，也是以毛泽东同志为主要代表的中国共产党人必须面对的一项重要而严肃的任务。为此，毛泽东同志提出一系列加强党内政治生活，防止和克服的官僚主义的思想。

第一，强调加强人民群众的监督。权力必须坚定地依靠人民、接受人民的制约和监督。只有让人民来监督政府，政府才不敢松懈，只有人人起来负责，才不会人亡政息，才能跳出中国历史上政权兴亡的周期率。

第二，保持党的优良传统和作风。新中国成立后，毛泽东同志非常重视政治的领导，强调政治领导、思想道德教育的主导作用，把党的思想建设放在首位，把思想政治工作作为其他一切工作的生命线。毛泽东同志要求必须加强马克思主义理论教育，用马克思列宁主义思想战胜一切非无产阶级思想，使广大党员干部牢固树立共产主义的人生观和世界观，使他们能够摆正自己同人民群众的位置，树立全心全意为人民服务的理念。加强作风建设与此同时，新中国成立以后，毛泽东同志仍然高度重视党的三大优良作风建设，即理论联系实际，密切联系群众和强调批评和自我批评。他要求为党和国家的干部必须经常到群众中去，甘当群众的小学生，并且把干部参加集体生产劳动当作是保持同群众密切联系的重要途径之一。

第三，强调反对官僚主义。按照毛泽东同志多次讲法，官僚主义就

① 《中共中央关于在全党全军开展整风运动的指示》，《建国以来重要文献选编》第 1 册，中央文献出版社 1992 年版，第 217 页。

是脱离人民,"当官做老爷",由此产生了诸如命令主义、欺上瞒下、"压制小人物"、墨守成规、追求享乐、思想僵化、人浮于事、贪污腐化等恶劣作风。他指出:"官僚主义和命令主义在我们的党和政府,不但在目前是一个大问题,就是在一个很长的时期内还将是一个大问题。就其社会根源来说,这是反动统治阶级对待人民的反动作风(反人民的作风,国民党的作风)的残余在我们党和政府内的反映的问题。"① 他警告全党,如果官僚主义严重到一定程度,就被使党和人民政权丧失人民性这一最大本色,最终毁灭我们的党和党的事业。

第四,提出和制定了一系列拒腐防变的思路、举措。毛泽东同志倡导领导干部定期到基层调查研究、蹲点的制度,并且把干部参加集体生产劳动当作是保持同群众密切联系的重要途径之一;他强调正确的领导方法是实事求是、群众路线、调查研究;他要求经常地搞群众性运动来克服官僚主义②;他反对干部的特殊化,不赞成给少数干部以过高的薪金,他对我国高级干部保健制度提出过明确的批评;他反对职务称号,要求缩小级别差距;他强调关心并严格要求干部子女是一个重要的问题;他提出要着手准备防止和平演变,解决好革命事业接班人的问题等。

(三)适应党内政治生活新要求

1. 创新、发展了党内政治生活理论

社会主义制度在我国基本建立起来以后,党中央对党内政治生活准则又有了新的认识和看法,这主要体现在1959年9月召开的党的八大上。在这次会议上,毛泽东号召全党要继承党的优良传统,反对主观主

① 《毛泽东文集》第六卷,人民出版社1999年版,第254页。
② 1952年的"反贪污、反浪费、反官僚主义"斗争,1957年的整风运动,1963年开始的"四清运动",都是反党内的官僚主义的重要政治运动。

义、官僚主义和宗派主义。八大关于政治报告的决议提出了"必须善于向广大的党员和干部学习";"善于在党的会议上和党的报刊上组织关于政策问题的自由、切实的讨论";"在法律许可的范围内允许少数人保留自己的意见,允许下级向上级提出异议";党内斗争应当坚持"惩前毖后、治病救人""既要弄清思想,又要团结同志"的原则,等党内生活的原则。① 邓小平同志在《关于修改党的章程的报告》中补充指出:"党的各级领导机关必须经常听取下级组织和党员群众的意见";"党的下级组织必须定期向上级组织报告工作"。②

2. 民主集中制的新探索

这个时期提出的最具有独创性的思想是党内政治生活的目标。毛泽东同志1957年7月对党内政治生活准则作了集中概括和阐述:"我们的目标,是想造成一个又有集中又有民主,又有纪律又有自由,又有统一意志,又有个人心情舒畅、生动活泼,那样一种政治局面,以利于社会主义革命和社会主义建设。"③

在1962年初召开的"七千人大会"上,党中央集体发扬民主,深入开展批评和自我批评,对如何坚持和发展党内民主生活进行了反思和探索,对党的民主集中制问题进行了充分论述,在党的建设史上具有标志性意义。毛泽东、刘少奇、邓小平等党的领导人对党委会领导制度、工作方法又进行了重要论述。刘少奇同志代表中共中央做了自我批评。他指出,这些错误产生的原因,在于不少领导同志有了骄傲自满情绪,违反了实事求是和群众路线的传统作风,在不同程度上削弱了民主集中制原则而造成的。由此,他进一步强调了党内生活坚持实事求是作风、坚持群众路线等重大原则问题。毛泽东同志在大会的讲话中,强调不论

---

① 《刘少奇选集》下卷,第264、264、265、268页。

② 《邓小平文选》第一卷,第228页。

③ 《毛泽东年谱 1949—1976》第三卷,中央文献出版社2013年版,第192页。

党内党外，都要有充分的民主生活，让群众讲话，哪怕是骂自己的话，也要让人家讲。哪有马克思列宁主义者怕群众的道理呢？我们的态度是：坚持真理，随时修正错误。他指出：民主集中制"就是先民主，后集中。没有民主就没有集中。没有民主，不可能有正确的集中。没有民主，就不可能正确地总结经验。""党委的领导，是集体领导，不是第一书记个人独断。""哪有一个人说了就算数的道理呢？只要是大事，就得集体讨论，认真地听取不同的意见。如果不是这样，就是一人称霸。这样的第一书记，应当叫做霸王，不是民主集中制的'班长'。……这些同志如果总是不改，难免有一天要'别姬'就是了。"① 邓小平同志在会上也对党的作风建设和党内生活问题做了重要论述。邓小平同志发言提出"把领导人的主要的小组生活，放到党委会去，或者放到书记处去，或者放到常委会去。"的设想。这样，有利于"有那么一段时间交交心，真正造成一个好的批评和自我批评的空气。同等水平、共同工作的同志在一起交心，这个监督作用可能更好一些"②。毛泽东、刘少奇、周恩来等中央领导以及各省市负责人都在七千人大会的批评和自我批评。张治中曾评论说："我当过十几年国民党的中央常委，从来没有听到蒋介石讲过自己的缺点、错误。蒋介石不论在大会、小会上，都是骂这个、骂那个，从来不骂自己。"③

3."大兴调查研究之风"

在 1961 年 1 月党的八届九中全会上，毛泽东号召"1961 年，成为一个调查年，大兴调查研究之风"。同年 3 月，中共中央发出《关于认真进行调查工作问题给各中央局，各省、市、区党委的一封信》，要求

① 《毛泽东文集》第八卷，人民出版社 1999 年版，第 290、295 页。
② 《邓小平文选》第一卷，第 310 页。
③ 薄一波：《若干重大决策与事件的回顾》下卷，中共中央党校出版社 1993 年版，第 1045 页。

"一切从实际出发，不调查没有发言权，必须成为全党干部的思想和行动的首要准则"。毛泽东、刘少奇、周恩来、朱德、陈云等中央领导人亲自深入各地调查研究。掀起读书学习运动，探索社会主义理论问题。

为了找到建设社会主义的正确道路，从社会主义制度在我国建立之时起，我们党开始了对适合中国情况的社会主义建设道路的艰辛探索。都是我们党独立自主地探索适合我国国情的社会主义建设道路的重要成果，这些重要思想成果正是中国特色社会主义理论体系的重要思想来源。同中国特色社会主义道路的探索一样，新中国成立后，党内政治生活也经历了漫长的历程，走过曲折的道路，其间有胜利的行进，也有痛心的挫折。上述的一些党内政治生活的正确思想在探索中，没有能够坚持下来，还有反复，也没能很好地贯彻在实践中。特别是 1957 年以后，由于复杂的环境和主客观原因，党在阶级斗争问题上不断犯"左"倾错误，其表现，一是把阶级斗争存在的范围扩大化；二是把阶级斗争的作用夸大化，认为阶级斗争是社会主义社会发展的动力，为此提出"以阶级斗争为纲"，把阶级斗争严重扩大化的错误，给党、国家和人民带来巨大损失。1980 年中共中央通过的《关于党内政治生活的若干准则》指出："由于革命斗争胜利和党在全国处于执政党地位而在一部分同志中产生的骄傲自满情绪，由于党和国家的民主集中制不够健全，党内脱离实际、脱离群众、主观主义、官僚主义、独断专行、特权思想等不良倾向有所发展，同时在党内斗争的指导上发生了一些缺点和错误，党内正常的政治生活在一定程度上受到损害。""特别是在'文化大革命'期间，使党的组织，党员的党性观念，党的优良传统和作风，都遭到了极其严重的破坏。"① 改革开放以后，中国共产党以郑重的态度，敢于承认和坚

---

① 《十一届三中全会以来重要文献选编》（上），人民出版社 1982 年版，第 414—415 页。

决纠正这些错误，并且深刻地分析产生这些错误的原因和背景，努力寻找克服这些错误的方法，使这些错误成为"宝贵的历史教材"①。在一定意义上，改革开放新时期就是在继承被实践证明是正确的党内政治生活的理论原则和基本经验的基础上，纠正被实践证明是不正确的理论观点及其实践，在这个过程中形成了党内政治生活又一次飞跃性的发展。

二、改革开放新时期党内政治生活的发展与创新

1978 年 12 月，党的十一届三中全会在北京召开。十年动乱结束后，思想理论界展开了关于真理标准问题的讨论，这就为全会的召开和党的工作重心转移准备了条件。全会果断地停止了"以阶级斗争为纲"的错误方针，决定把党的工作重点转移到社会主义现代化建设上来，这是新中国成立以来党的历史上具有深远历史意义的伟大转变，它标志着中国历史进入社会主义现代化建设的新时期，表明了中国共产党在探索社会主义前进道路的过程中，找到了建设有中国特色的社会主义道路。1978 年党的十一届三中全会揭开了党和国家历史的新篇章，是新中国成立以来我党历史上具有深远意义的伟大转折，开创了改革开放和社会主义现代化建设的新时期。在这个伟大历史转折时期，我们的党内政治生活也取得飞跃性的发展和进步，主要体现在：

1. 恢复和深化了党的解放思想、实事求是的思想路线

党的思想路线的根本点就是一切从实际出发，理论联系实际，实事求是。党的实事求是的思想路线是由毛泽东同志总结并倡导确立的，这

---

① 习近平：《在纪念毛泽东同志诞辰 120 周年座谈会上的讲话》，《人民日报》2013 年 12 月 27 日。

是我们取得了新民主主义革命伟大胜利的根本原因。但在进入全面社会主义建设时期以后，特别是 1958 年后，由于想尽可能快的实现党的目标，"这条思想路线，有一段时间被抛开了，给党的事业带来很大的危害，使国家遭到很大的灾难，使党和国家的形象受到很大的损害"①。"文化大革命"期间，一些人从"本本"出发，思想僵化，迷信盛行。"文化大革命"宣告结束后，"两个凡是"的口号②把毛泽东同志所说的每句话都当作真理，违反马列主义、毛泽东思想的精神实质，违背党的思想路线。改革开放初期，以邓小平同志为核心的党的第二代中央领导集体，在关系我们党和国家前途命运的历史关头，"通过实践是检验真理唯一标准和'两个凡是'的争论，已经比较明确地解决了我们的思想路线问题，重新恢复和发展了毛泽东同志倡导的实事求是、理论联系实际、一切从实际出发的思想路线"③。重新确立解放思想、实事求是的马克思主义思想路线，使广大党员、干部和群众从过去盛行的个人崇拜和教条主义束缚中解放出来。这样，我们党在回答我国经济、政治、文化、社会、生态文明和党的建设等领域出现的新问题，不断深化对经济社会发展的规律性认识的过程中，实现了马克思主义中国化的第二次飞跃，产生了中国特色社会主义理论体系这一伟大的理论成果。

2. 形成了党在社会主义初级阶段的基本路线

党的十一届三中全会以来，在时代主题转换的背景下，通过总结中国和世界共产主义运动的经验教训，我们党把马克思主义基本原理与中国具体实际相结合，确立的社会主义初级阶段的基本路线。"一个中心、两个基本点"是中国共产党在社会主义初级阶段基本路线的核心内容。

---

① 《邓小平文选》第二卷，第 278 页。

② "凡是毛主席作出的决策，我们都坚决维护；凡是毛主席的指示，我们都始终不渝地遵循。"

③ 《邓小平文选》第二卷，第 190 页。

以经济建设为中心是党在民主革命胜利后执政兴国的第一要务，是实现我们党历史使命、实现我们国家兴旺发达的根本要求；四项基本原则是立国之本，是党和国家生存发展的政治根基，不能有丝毫动摇；改革开放是强国之路，是决定中国命运的关键之举，是我们党、我们国家发展进步的不竭的动力源泉。"基本路线要管一百年，动摇不得。"①

3. 进一步强调党的民主集中制原则，强调党内民主和党员的权利保障

只有发展党内民主，尊重党员的主体地位，保障党员民主权利，党员的工作热情和创新活力才能更好地被激发，党的路线方针才能顺乎民心、合乎民意。1979 年 9 月 29 日，时任全国人大常委会委员长的叶剑英代表中共中央，在庆祝中华人民共和国成立三十周年大会上发表讲话指出："必须在党内生活和国家生活中充分发扬民主，在各级组织中坚持民主集中制，实行集体领导。必须进一步健全党的纪律和社会主义法制，切实保障全体党员和全体公民的民主权利，使党内民主和社会主义民主制度化、法律化。"②1980 年 8 月 18 日，邓小平同志在政治局扩大会上作关于《党和国家领导体制的改革》的报告，其中有一部分专门讲肃清封建主义残余问题，邓小平同志说："肃清封建主义残余影响，重点是切实改革并完善党和国家的制度，从制度上保证党和国家政治生活的民主化、经济管理的民主化、整个社会生活的民主化，促进现代化建设事业的顺利发展。"③ 在认真吸取"文化大革命"教训的基础上，邓小平同志指出：对执政党来说，"最可怕的是鸦雀无声"，要"创造民主的条件"，"真正实行无产阶级的民主集中制。"④ 他还特别指出："党内无

---

① 《邓小平文选》第三卷，第 371 页。
② 《三中全会以来重要文献选编》（上），第 231 页。
③ 《邓小平文选》第二卷，第 336 页。
④ 《邓小平文选》第二卷，第 144—145 页。

论如何不能形成小派、小圈子","那个东西害死人","错误就从这里犯起。"① 陈云同志在 1979 年 1 月 4 日总结说:"关于民主制度、民主生活很不够是'文化大革命'得以发生的重要原因之一,这个问题实际上应该说,党内民主集中制没有了,集体领导没有了,这是'文化大革命'发生的一个根本原因。"② 党的领导人这些论断体现出这一时期,改善党的领导方式,通过民主集中制防止重大问题"一两个人说了算",逐渐成为党中央的高度共识。据习仲勋同志回忆说:"中央在研究决定废除干部领导职务终身制,加强社会主义民主和法制建设等重大决策和措施时,也考虑了反对封建残余思想这一重要因素。"③ 党的十二大在修改的党章中,恢复并充实了党员基本权利的规定,提出了民主集中制的六项基本原则,成为新时期发展党内民主的新的开端。

需要强调的是,强调党的民主,并不是削弱了党的集中统一领导的重要性。在决定健全党的民主集中制的同时,邓小平同志多次强调:"党中央的权威必须加强",不能"各行其是",搞"你有政策我有对策"。他明确指出:"只要有一个好的政治局,特别是有一个好的常委会,只要它是团结的,努力工作的,能够成为榜样的,就是在艰苦创业反对腐败方面成为榜样的,什么乱子出来都挡得住。"④ 邓小平同志特别强调党中央必须有一个领导核心,"任何一个领导集体都要有一个核心,没有核心的领导是靠不住的。第一代领导集体的核心是毛主席。因为有毛主席作领导核心,'文化大革命'就没有把共产党打倒。第二代实际上我是核心。因为有这个核心,即使发生了两个领导人的变动,都没有影响我们党的领导,党的领导始终是稳定的。进入第三代的领导集体也必须

---

① 《邓小平文选》第三卷,第 301 页。
② 《陈云文选》第三卷,第 274 页。
③ 习仲勋:《深切悼念李维汉同志》,《人民日报》1984 年 9 月 22 日。
④ 《邓小平文选》第三卷,第 310 页。

有一个核心"①。他要求全党特别是中央政治局委员和中央政治局常委都要"有意识"地维护党中央的"核心"。

4. 把制度建设作为党的建设重要内容之一

改革开放新时期，我们党提出制度建设带有根本性、全局性、稳定性和长期性的特点，把制度建设作为党的建设重要内容之一。通过总结党内和社会生活中民主制度不健全，法律不完备，有法不依，执法不严，甚至发展到"文化大革命"那样的混乱局面的历史经验教训，邓小平同志认为："不是说个人没有责任，而是说领导制度、组织制度问题更带有根本性、全局性、稳定性和长期性。"②

法治是制度重要形式。在我国，法是工人阶级和广大人民群众利益和意志的体现。法治具有稳定性、规范性、连续性的特点。为此，1978年12月，邓小平同志在《解放思想，实事求是，团结一致向前看》的著名讲话中提出："国要有国法，党要有党规党法。"③他强调："为了保障人民民主，保障国家的长治久安，必须加强法制。必须使民主制度化，法律化，使这种制度和法律不因领导人的改变而改变，不因领导人看法和观念的改变而改变。"④邓小平同志提醒全党，我们是要发展社会主义民主，但民主的发展永远不能超出社会的经济结构和文化结构。"大民主"的方式不合国情和需要，往往会带来无政府主义和动乱。稳定压倒一切。为了维护稳定，主要手段就是专政这个武器，在这个问题上不能含糊。邓小平同志主张使群众的意见通过正常的渠道反映出来，通过正常的民主形式表现出来。他强调要从制度上着手解决官僚主义的特权问题；提出重视和保障公民权利。在这一思想指导下，我们党把党

---

① 《邓小平文选》第三卷，第 310 页
② 《邓小平文选》第二卷，第 333 页。
③ 《邓小平文选》第二卷，第 146 页。
④ 《邓小平文选》第二卷，第 147 页。

的思想建设、作风建设与党的制度建设结合起来，努力加强制度建设，并使其贯穿于党的思想建设、组织建设和作风建设之中，取得显著进步，走出一条不靠政治运动，而靠改革和制度建设的新路子。党根据新的实际，不断完善已有的制度，逐步建立新的制度，在党的建设的许多方面制定了若干制度和条例，是党内生活走向制度化、规范化迈出新的步伐。

5. 进行政治体制改革，坚持和完善党的领导

党的自身建设与改革开放和现代化建设相适应。邓小平同志强调我国实行的社会主义政治制度，具有自己的特色和优势，应该旗帜鲜明地坚持。但是，作为我国社会主义民主的具体实现形式的政治体制，的确存在着很多弊端，而这些弊端不能够解决，势必会滋生官僚主义和权力腐败。邓小平同志坦言："党和国家现行的一些具体制度中，还存在不少的弊端，妨碍甚至严重妨碍社会主义优越性的发挥。如不认真改革，就很难适应现代化建设的迫切需要，我们就要严重地脱离广大群众。"那么，制度上的弊端具体体现在哪些方面呢？邓小平同志明确指出："从党和国家的领导制度、干部制度方面来说，主要的弊端就是官僚主义现象，权力过分集中的现象，家长制现象，干部领导职务终身制现象和形形色色的特权现象。"① 由此，我们党开始了政治体制改革，推进了党政分开、权力下放、精简机构，改革干部人事制度，废除了干部领导职务终身制现象，完善基本政治制度，党内监督和制度在实践中不断取得新的进步。

6. 越是改革开放，越要加强党风建设

党的十一届三中全会，决定恢复了中央纪律检查委员会，这是保障党的政治路线的贯彻执行的一个重要措施。纪律检查委员会的根本

---

① 《邓小平文选》第二卷，第 327 页。

任务，就是维护党规党纪，切实搞好党风。邓小平同志在全会前召开的中央工作会议的讲话中提出："各级纪律检查委员会和组织部门的任务不只是处理案件，更重要的是维护党规党法，切实把我们的党风搞好。"①1979年初，当主持中央纪委日常工作的黄克诚、王鹤寿来请示关于中央纪委和各级纪检机构的工作方针问题时，中央纪委第一书记陈云答复是："抓党风。中纪委的工作指导方针是维护党规党法，整顿党风问题。"②陈云同志在这里所说的"党风问题"，主要指的民主集中制等党内政治生活问题。中央纪委贯彻这一指导方针，以制定和贯彻《关于党内政治生活的若干准则》为抓手，通过党内立法严肃党内政治生活，整顿党风。

改革开放和搞活经济的新形势、新环境，为党风建设提出新任务、新课题。随着改革开放和商品经济的发展，出现了一些党员利用各种权力为自己谋取私利的现象，少数党员干部特别是领导干部革命意志衰退，忘记了艰苦奋斗和与人民群众同甘共苦的光荣传统，丢掉了为实现革命理想的实干精神。1980年11月，在中央纪委召开的座谈会上，陈云同志提出"执政党的党风问题是有关党的生死存亡的问题。因此，党风问题必须抓紧搞，永远搞"③。1980年12月25日，邓小平同志在中央工作会议上讲话，表示赞成陈云同志讲的"执政党的党风问题是有关党的生死存亡的问题"，提出要严格执行《关于党内政治生活的若干准则》，坚持不懈地纠正各种不正之风，特别要坚决反对对党中央的路线、方针、政策采取阳奉阴违、两面三刀的错误态度。④这个论断逐渐在全党形成共识，产生影响深远的警示作用。

---

① 《邓小平文选》第二卷，第147页。
② 《陈云年谱》（下），中央文献出版社2000年版，第233—234页。
③ 《陈云文选》第三卷，第273页。
④ 《邓小平文选》第二卷，第358—359页。

改革开放之初，一个现实的情况是，改革正在"摸着石头过河"，在探索中需要打破束缚生产力发展的陈规，当时的说法是"松绑"。有一种意见认为，党的纪律、规矩方面是不是也要"松绑"。针对这种动向，1984 年 10 月 17 日，陈云同志在中央纪委常委会报告稿上批示："纪检工作应该研究新情况，适应新情况。党性原则和党的纪律不存在'松绑'的问题。没有好的党风，改革是搞不好的。共产党不论在地下工作时期或执政时期，任何时候都必须坚持党的纪律。"① 邓小平同志指出的："搞四个现代化一定要有两手，只有一手是不行的。经济建设这一手我们搞得相当有成绩，形势喜人，这是我们国家的成功。但风气如果坏下去，经济搞成功又有什么意义？"② 正是在这样的思想指导下，整个改革开放过程中，我们党始终高度重视必须坚持两手抓，愈是发展经济、愈是改革开放，愈要加强党的建设，愈要加强党风廉政建设，愈要加强精神文明建设，愈要坚决反对腐败和打击经济领域犯罪活动的。

构建具有中国特色的政治模式，是一个艰巨而伟大的事业，在这个探索的道路上每一阶段进行探索的代表人物都起着继往开来的作用。邓小平同志所开创的中国特色社会主义理论与毛泽东思想是一种"一脉相承"的关系。邓小平在改革开放之初就提出："过去行之有效的东西，我们必须坚持，特别是根本制度，社会主义制度，社会主义公有制，那是不能动摇的。"③ 他指出："三中全会以后，我们就是恢复毛泽东同志的那些正确的东西嘛"，"现在我们还是把毛泽东同志已经提出、但是没有做的事情做起来，把他反对错了的改正过来，把他没有做好的事情做好。今后相当长的时候，还是做这件事。当然，我们也有发展，而且还

---

① 《陈云文选》第三卷，第 275 页。
② 《邓小平文选》第三卷，第 154 页。
③ 《邓小平文选》第二卷，第 133 页。

要继续发展"①。

三、制定《关于党内政治生活的若干准则》

重视历史经验教训是中国共产党的优良传统，党的十一届三中全会后，在拨乱反正，恢复党的优良传统和作风，恢复实事求是的思想路线和平反冤假错案的过程中，全党越来越深刻认识到必须推动党内政治生活逐步走上正轨，大力恢复和健全党内民主、防止个人过分集权和个人专断现象再次发生。党的主要领导人叶剑英、邓小平、陈云、胡耀邦等都旗帜鲜明强调必须规范党内生活和党内关系。

为了全面恢复和进一步发扬党的优良传统和作风，健全党的民主生活，维护党的集中统一，增强党的团结，巩固党的组织和纪律，提高党的战斗力。中共中央认识到党内需要有一个全局性的、专门的重要文件来规范和指导党内生活。把有关集体领导、民主讨论、组织服从与保留意见的关系、干部提拔等方面问题的党内政治生活的基本准则搞清楚，要列出几条，称之为"基本准则"，这就是《关于党内政治生活若干准则》。自党的十一大之后，党中央就在着手考虑制定《关于党内政治生活的若干准则》。制定《准则》的部门是中共中央党校、中共中央组织部和中共中央纪律检查委员会，最后由党的中央委员会通过。

（一）讨论和通过《关于党内政治生活若干准则》

1978 年 12 月召开了具有伟大转折意义的党的十一届三中全会，大

---

① 《邓小平文选》第二卷，第 297 页。

会决定重新恢复中央纪律检查委员会，党的十一届三中全会恢复成立了中央纪律检查委员会，并且选举产生了以陈云为第一书记、邓颖超为第二书记、胡耀邦为中央纪委第三书记、黄克诚为常务书记的一百人组成的中央纪律检查委员会。恢复成立的中央纪委，把维护党规党法、整顿党风的基本任务认真地担负起来，就是在这个伟大事业中尽了自己应尽的一份力量。正是从这个意义上，中央纪委以制定和贯彻《关于党内政治生活的若干准则》为抓手，通过党内立法严肃党内政治生活，整顿党风。

1. 中央纪委一次全会讨论党内政治生活

中央纪委一次全会后，中央纪委从中组部接过了制定《准则》的工作。胡耀邦同志在组织部组织起草的十二条准则为中纪委正式制定的《准则》奠定了良好的基础。早在筹备中央纪委一次全会的时候，1978年12月19日，中央组织部将这份文件作为中央纪委第一次全体会议的文件，报送中央纪委主要领导陈云及邓颖超、黄克诚、王鹤寿审查修改。

1979年1月4日至22日，在中央纪委召开第一次全体会议上，陈云同志就中央纪委的工作，特别是在全党实现毛泽东同志提倡的"又有集中又有民主，又有纪律又有自由，又有统一意志、又有个人心情舒畅、生动活泼"的政治局面，作了重要讲话，"这十一二年来，我常想到国际共产主义运动问题"[①]。陈云同志想的"国际共产主义运动问题"，主要是国际共产主义运动中无产阶级政党的党内政治生活问题。他指出：列宁领导俄国十月革命胜利，他领导下党内生活是非常正常的；斯大林领导建设社会主义有很大功绩，但后来苏联党内生活不正常；毛主席领导中国民主革命胜利，恢复经济和社会主义改造都很成功，但后来

---

① 《陈云文选》第三卷，第240页。

党内出现很不正常的情况。① 他指出，中央纪委的基本任务是维护党规党法，整顿党风，这次会议"就是要为实现这个基本任务做必要的准备工作"②。陈云同志强调实现生动活泼的政治局面，"这件事是我们全党最大的事情"③。

2.修改《关于党内政治生活的若干准则》

按正常程序，中央纪委拟定的《准则》，中央政治局讨论后原则通过，一般来说文件可以正式下发了。但陈云同志对这份文件看得很重，他提议先不要正式下发，而是将《准则》在党内广泛征求意见。中央采纳了陈云同志的意见。3月19日，中共中央将《准则》印发至县团级党委，进行讨论，征求意见，要求各地在9月1日前将意见上报，由中央纪委汇集、整理、修改。"这次征求意见，中央纪委收到报告148份，另有党员个人来信50件，共提出1800多条修改意见。"④

1980年1月，中央纪委第二次全体会议，修改和充实即将提交党中央通过的《准则（草案）》。中央纪委讨论通过后，提交中共中央。1980年2月23日至29日召开的党的十一届五中全会审通过了《关于党内政治生活的若干准则》。可以说，《准则》的制定，充分发扬了民主，凝聚了全党的智慧，是全党上下"集体智慧的结晶"。

（二）《关于党内政治生活的若干准则》主要内容

制定《关于党内政治生活的若干准则》，是实现党内政治生活的"拨乱反正"的需要。这里的"正"就是党在政治生活方面的优良传统、基本规范和惯例，主要是"以实事求是、理论联系实际、党员和领导密切

---

① 《陈云文选》第三卷，第218页

② 《陈云文选》第三卷，第240页。

③ 《陈云文集》第三卷，人民出版社2005年版，第454页。

④ 熊亮华：《陈云与〈关于党内政治生活的若干准则〉》，《党的文献》2017年第5期。

联系群众、开展批评与自我批评、坚持民主集中制为主要内容的党内政治生活准则",① 这是党是本质要求和最大的政治优秀,"反正"就是恢复我们党党内政治生活的形成的好传统、好规矩,健全党的民主生活,维护党的集中统一,增强党的团结,巩固党的组织和纪律,提高党的战斗力。根本目标是造就一个"在全党和全国范围内造成一个既有民主又有集中,既有自由又有纪律,既有个人心情舒畅、生动活泼又有统一意志、安定团结的政治局面"②。

1. 坚持党的思想路线和政治路线

众所周知,毛泽东思想活的灵魂是实事求是。改革开放新时期,通过真理标准的大讨论,思想路线是党制定和执行政治路线的基础。一个马克思主义政党要制定出正确的政治路线,就必须从实际出发,实事求是,正确地认识客观现实和社会发展的客观规律。在这个正确的思想路线指引下,党在十一届三中全会上毅然抛弃"以阶级斗争为纲"这个不适用于社会主义社会的"左"的错误方针,把党和国家的工作着重点转移到以经济建设为中心的社会主义现代化建设上来,完成了党的政治路线的拨乱反正。

2. 贯彻党的组织路线,调节党内关系

从党的领导制度和干部制度方面来说,主要的弊端就是官僚主义现象,权力过分集中的现象,家长制现象。"权力过分集中的现象,就是在加强党的一元化领导的口号下,不适当地、不加分析地把一切权力集中于党委,党委的权力又往往集中于几个书记,特别是集中于第一书记,什么事都要第一书记挂帅、拍板。党的一元化领导,往往因此而变

---

① 《关于党内政治生活的若干准则》,《三中全会以来重要文献选编》(上),第414页。

② 本节所引用的内容,若非特殊说明,均是《关于党内政治生活的若干准则》的规定,引见:《三中全会以来重要文献选编》(上),第414—435页。

成了个人领导。"① 为此，《准则》所强调的组织路线，主要包括：坚持集体领导，反对个人专断；维护党的集中统一，严格遵守党的纪律；发扬党内民主，正确对待不同意见；保障党员的权利不受侵犯；选举要充分体现选举人的意志；等等。

其一，党的领导必须坚持集体领导，反对个人专断。《准则》强调"集体领导是党的领导的最高原则之一。从中央到基层的各级党的委员会，都要按照这一原则实行集体领导和个人分工负责相结合的制度"。为此，必须贯彻"少数服从多数""批评和自我批评"。为了防止出现"个人专断"的情况，《准则》特别提出"在任何情况下，都不许用其他形式的组织取代党委会及其常委会的领导"和坚决反对个人崇拜的原则。

其二，维护党的集中统一，严格遵守党的纪律。《准则》要求每个党员要把维护党的集中统一，严格遵守党的纪律，作为自己言论和行动的准则。必须反对和防止分散主义。

其三，坚持党性，根绝派性。《准则》强调党的干部特别是领导干部，在处理党内关系方面要实行"五湖四海"的原则，防止和反对宗派主义倾向，坚持任人唯贤，反对任人唯亲，反对破坏党的团结统一的任何形式的派性和派别活动。共产党员绝对不允许参加反对党的秘密组织和秘密活动。各级党组织和每个共产党员一定要坚持党性，为根绝派性进行不懈的斗争。

其四，发扬党内民主，正确对待不同意见。党内在思想上理论上有不同认识、有争论是正常的。发扬党内民主，首先要允许党员发表不同的意见，对问题进行充分的讨论。《准则》旗帜鲜明地要求不得"任意扣上'砍旗'、'毒草'、'资产阶级'、'修正主义'种种政治帽子"，不得"任意说成是敌我性质的政治问题，领导干部利用职权对同志挟嫌报

---

① 《邓小平文选》第二卷，第328—329页。

复、打击陷害"。

其五，保障党员的权利不受侵犯。政治生活各级党组织必须切实保障党员的各项权利。侵犯党员权利的行为，是严重违反党纪的。

其六，选举要充分体现选举人的意志。党内真正实行民主选举，才有可能建立起在党员和群众中有威信的强有力的领导班子。只有制度化、经常化，才能真正实现党内民主。《准则》就此作出了原则要求，对党内民主的基本程序和基本要求做出了具体规定。

其七，正确对待犯错误的同志。在党内斗争中，对犯错误的同志，采取"惩前毖后、治病救人""团结——批评——团结"的方针，达到既弄清思想、又团结同志的目的。党内斗争，不许实行残酷斗争、无情打击。

3. 坚持党的群众路线，保持党的优良作风

关于党的群众路线，《准则》要求接受党和群众的监督，不准搞特权，防止党的领导干部和党员由人民的公仆变成"骑在人民头上的老爷"。《准则》指出："各级领导干部都是人民的公仆，只有勤勤恳恳为人民服务的义务，没有在政治上、生活上搞特殊化的权利。""各级领导干部必须保持和发扬我党艰苦奋斗，与群众同甘共苦的光荣传统。""党的各级领导人员必须自觉地严格遵守关于生活待遇的规定，同时加强对子女的教育。"

4. 对党员的党性修养方面的要求

其一，要讲真话，言行一致。共产党人应有的品质是忠于党和人民的事业，说老实话，做老实事，当老实人，光明磊落，表里如一。共产党员无论何时何地、对人对己都要尊重事实，按照事物的本来面貌如实地向党反映情况。

其二，同错误倾向和坏人坏事做斗争。共产党员特别是各级领导干部在同错误倾向和坏人坏事做斗争中。对于错误倾向和坏人坏事，采取明哲保身的自由主义态度，不制止，不争辩、不斗争，躲闪回避，就是放弃了共产党员的战斗责任，就是缺乏党性的表现。对于派性、无政府主义、极端个人主义和官僚主义、特殊化等错误倾向，要进行严肃的批评和斗争。对社会上的歪风邪气、错误的和反动的思潮，必须进行批判和斗争。

其三，努力学习，做到又红又专。"红"就是具有坚定正确的政治方向，坚持四项基本原则；"专"就是学习和掌握现代化建设的专业知识，成为本职工作的内行和能手。《准则》要求"每个共产党员都必须以无产阶级先锋战士的标准，严格要求自己，努力学习和领会马列主义、毛泽东思想，不断提高觉悟程度和进行现代化建设的本领，以求对四化建设做出更大的贡献"。

（三）推动《关于党内政治生活的若干准则》的贯彻执行

党的十一届五中全会通过《关于党内政治生活的若干准则》，既对当时党内存在的突出问题提出解决办法，又对党在长期实践中的宝贵经验进行了系统总结。虽然只有十二条，但它的内容是广泛丰富的，既总结了几十年党内政治生活正反两方面的经验教训，又针对当前的实际状况增添了新的内容，是统一各级领导机关和全体党员的行动的比较完备的法规，是对党章的必不可少的具体补充，

对于解决党的建设中各项目重要问题具有重大理论意义和实践意义。习近平总书记指出，这部《准则》，对实现政治上、思想上、组织上、作风上的拨乱反正和全党工作中心的转移，促进党内团结、保证改革开放和社会主义现代化建设顺利进行发挥了重要作用。①

---

① 习近平：《关于〈关于新形势下党内政治生活若干准则〉和〈中国共产党党内监督条例的说明〉》，《人民日报》2016 年 11 月 3 日。

《准则》下发后，中央要求对照《准则》的规定，各级党组织和党员都要认真检查自己的工作和作风，凡是违背《准则》的必须及时地、切实地纠正，无组织无纪律、继续闹派性和各行其是的现象必须彻底改变。1981年1月8日，中央批转中央纪委召开的第三次贯彻《准则》座谈会纪要，针对违反《准则》搞不正之风的问题提出七项措施："（一）端正党风，是全党的大事，需要各级党委切实加强领导，一级抓一级，一抓到底，做出成绩。（二）整顿好领导班子。（三）从制度上做出规定，取消各种特权。（四）进一步抓好《准则》的宣传教育，加强政治思想工作。（五）要抓好正反两方面典型。（六）发挥群众的监督作用。（七）要经常检查贯彻执行《准则》的情况。"①1982年党的十二大明确指出，《关于党内政治生活的若干准则》在党的实际生活中起了很好的作用，这个准则今后作为党章的重要补充，将继续保持它的全部效力。党的十二大以后，关于党内政治生活重要性和各项内容的建设在实践中不断得到加强和推进。十二大及以后的党章在总纲中都明确地规定，党在自己的政治生活中正确地开展批评和自我批评，在原则问题上进行思想斗争，坚持真理，修正错误。

随着全党抓贯彻落实《准则》，党内政治生活逐步恢复正常，健全了组织生活，发扬了民主作风，无政府无组织无纪律的现象得到了克服，集体领导和民主集中制进一步得到加强，党在群众中的威信进一步提高。2016年10月27日，习近平总书记在十八届六中全会所作的《关于新形势下党内政治生活的若干准则》的说明中，重点强调了新准则和1980年准则的关系。他说："1980年准则，既对当时党内存在的突出矛盾和问题提出了解决的办法，又对党在长期实践中取得的宝贵经验进行

---

① 《中国共产党党风廉政建设文献选编》第4卷，中国方正出版社2001年版，第176页。

了归纳，是对马克思主义建党理论的丰富发展，具有开创性意义，其主要原则和规定今天依然适用。比如，关于党内政治生活的目标和基本准则，关于坚持党的政治路线和思想路线，关于坚持集体领导、反对个人专断，关于维护党的集中统一、严格遵守党的纪律，关于坚持党性，关于要讲真话、言行一致，关于发扬党内民主、正确对待不同意见，关于保障党员权利不受侵犯，关于接受党和群众的监督、不准搞特权，等等。这些都要继续坚持。"① 党的十八届六中全会指出，十一届五中全会制定的《关于党内政治生活的若干准则》，"为拨乱反正、恢复和健全党内政治生活、推进党的建设发挥了重要作用，其主要原则和规定今天依然适用，要继续坚持"②。

---

① 习近平:《关于〈关于新形势下党内政治生活若干准则〉和〈中国共产党党内监督条例的说明〉》,《人民日报》2016 年 11 月 3 日。

② 《关于新形势下党内政治生活的若干准则》,《人民日报》2016 年 11 月 3 日。

第五讲

新时代党内政治生活总体要求和根本目标

　　党的十八大后，中国特色社会主义进入新时代，国内国际形势已经发生变化，我们党面临"具有许多新的历史特点的伟大斗争"。国内外形势发展变化、党所承担的历史任务和人民群众的期盼，对党组织建设状况和党员干部素质、能力、作风提出了更高的要求，对党的领导水平和执政水平也提出了更高的要求。与此同时，随着全面从严治党不断推进，党内存在的在思想、作风、组织等诸多方面的突出矛盾和问题暴露得越来越充分，"这些问题是关系党和国家政治安全的大问题，难道还不是政治吗？"①政治问题，任何时候都是根本性的大问题，是党和国家的大局、大事。政治是具体的又是抽象的，就具体而言，凡是涉及人民群众的根本利益、长远利益、全局利益的事，都具有政治意义；抽象而言，"政治"是指贯穿于党的各项事业中并且处于统领的地位、发挥灵魂作用的政治要求和政治标准。严肃和规范党内政治生活，最鲜明的特征就是"政治性"，其根本目标就是要"着力提高党的领导水平和执政水平、增强拒腐防变和抵御风险能力，着力维护党中央权威、保证党的团结统一、保持党的先进性和纯洁性"②。

---

　　① 习近平：《在第十八届中央纪律委员会第六次全体会议上的讲话》，《人民日报》2016 年 5 月 3 日。

　　② 《关于新形势下党内政治生活的若干准则》，《人民日报》2016 年 11 月 3 日。

党的十八大以来，以习近平同志为核心的党中央坚持问题导向，"以我们正在做的事情为中心，着眼于对实际问题的理论思考，着眼于新的实践和新的发展。"①高度重视严肃党内政治生活放的战略地位，强调"严肃党内政治生活、净化党内政治生态，是党的建设中带有根本性、基础性的问题，关乎党的团结统一，关乎党的生死存亡"②。把严肃和规范党内政治生活，看作是全面从严治党战略的基础，是旗帜鲜明讲政治的根本要求，是实现党的自我革命，解决自身矛盾和问题的主要平台。在党和人民创造性实践中，不断进行理论思考、理论概括，对党内政治生活提出了一系列极富创见的新思想新观点新论断新要求，为新形势下党的建设提供了思想指南和根本遵循。

新形势下开展严肃认真的党内政治生活，既要继承和发扬我们党在长期实践中形成的优良传统和基本规范，又要结合新的形势和任务与时俱进。2016 年《准则》继承和发扬了我们党在长期实践中形成的制度规定和优良传统，顺应了新形势新任务对严肃党内政治生活的要求，着力围绕理论、思想、制度构建体系，围绕权力、责任、担当设计制度。

一、党的建设中带有根本性、基础性的问题

1962 年，毛泽东同志在《在扩大的中央工作会议上的讲话》中指出："从现在起，五十年内外到一百年内外，是世界上社会制度彻底变化的伟大时代，是一个翻天覆地的时代，是过去任何一个历史时代都不能比拟的。处在这样一个时代，我们必须准备进行同过去时代的斗争

---

① 《习近平谈治国理政》第一卷，外文出版社 2018 年版，第 9 页。
② 《习近平关于全面从严治党论述摘编》，第 37 页。

形式有着许多不同特点的伟大的斗争。"①

今天，国内国际形势已经发生变化，这些新的形势，集中为一点，就是面临着"具有许多新的历史特点的伟大斗争"。

（一）"具有许多新的历史特点的伟大斗争"

历史特点之所以"新"，在于我国发展仍处于可以大有作为的重要战略机遇期，但事业越前进、越发展，新情况新问题就会越多、面临的风险和挑战就会越多。随着国内外环境发生深刻复杂变化，各种矛盾相互交织，各种诉求相互碰撞，各种力量竞相发声。形势新，执政环境复杂多变，这些都对我们党提出了新的挑战。斗争之所以"伟大"，在于现在比历史上任何时期都更接近实现中华民族伟大复兴的目标，党使命光荣，目标宏伟，任务艰巨。我们正在进行的新的伟大"斗争"的对象和形式全面多样，既有国外的，也有国内的；既有党外的，也有党内的；既有经济、政治的，也有文化、社会的；既有有形的敌对势力，也有无形的挑战、考验、危险。经济、政治、文化、社会各领域都有斗争，资源、货币、市场、意识形态、网络等都是斗争的载体。"必须准备进行具有许多新的历史特点的伟大斗争"，这正是我们这一代共产党人的历史重任，面对我国发展的新特点和新要求，我们要为之付出全部智慧和力量。

（二）国内环境对党的建设新要求

首先，我国的经济社会发展成就巨大，社会主要矛盾已经转变为人民日益增长的美好生活需要和不平衡不充分的发展之间的矛盾。但我国处于社会主义初级阶段基本国情没有变，我国仍然处于发展中国家的国

---

① 《毛泽东文集》第八卷，第302页。

际地位没有变。在这种情况下，我们面临的主要矛盾和问题主要有：一是发展仍然是治国理政的第一要务。人民群众"期盼有更好的教育、更稳定的工作、更满意的收入、更可靠的社会保障、更高水平的医疗卫生服务、更舒适的居住条件、更优美的环境"①。然而，由于我国人口多、底子薄，仍然处于社会主义初级阶段，总体发展水平不高，人均财富处于世界后列，还有几千万人口处在贫困线以下，发展水平与人民群众的期望有较大差距。二是我国发展中不平衡、不充分、不协调、不可持续的问题突出，影响社会和谐稳定的各种矛盾还不少。农民收入增长缓慢、就业矛盾突出、资源环境压力加大、经济整体竞争力不强等问题。三是目前我国经济正处于增长速度换挡期、结构调整阵痛期和前期政策消化期叠加阶段，发展呈现出一系列新的阶段性特征，客观现实却很难均等地满足所有社会群体的意愿和期待。

第二，目前我国正处于改革的攻坚期、发展的关键期、矛盾的凸显期。处于改革和转型进程中"体制摩擦"和"规范缺失"状况。我国的改革开放过程，在进程上是一个"摸着石头过河"的渐进式改革，在方式上是寻找新的生长点的"增量改革"。这一既要改革旧体制，又要照顾旧体制的"两难困境"中的渐进式的制度变迁，一方面使得旧体制和新体制之间产生了"体制摩擦"；另一方面又导致了制度边界和制度约束的不清晰和不稳定所形成的"体制失范"或"规范缺失"状况。新旧体制和机制之间的碰撞、冲突、摩擦不可避免地在制度和管理形式上形成真空和漏洞。经济社会的结构性矛盾和体制性矛盾相互交织、短期矛盾和长期矛盾不断叠加、各种潜在的挑战和风险日益凸显。突出表现在经济容易失调、社会容易失序、心理容易失衡。

第三，在我国社会深刻变革和对外开放不断扩大的条件下，人们思

---

① 《习近平谈治国理政》第一卷，外文出版社 2018 年版，第 4 页。

想活动的独立性、选择性、多变性、差异性明显增强，价值取向、愿望要求和利益诉求越来越呈多样化趋势。人民群众期盼更加平等地共享经济社会发展成果，更加透明地了解党和政府的政策决策，更加公平地维护和实现各项权益。在市场经济条件下，由于所有制结构变化、资源配置方式改变、产业结构调整以及就业方式多样化，群众身份构成出现了分层化发展趋势。随着群众身份分化重组，不同阶层群体出现了利益构成分化、收入差距扩大、思想观念多元化等一系列问题，群众对国家利益、集体利益和个人利益的认识和表达呈现多元化发展趋势，这给传统的群众工作带来新挑战。同时，阶层分化加剧了社会流动，大量的"单位人"变成了"社会人""实体人""网络人"，以农民工为代表的一部分社会群体归属感下降。从现实看，利益主体多元化、利益群体多极化、利益关系复杂化、利益诉求多样化的趋势凸显，统筹兼顾各方面利益的难度前所未有、世所罕见。

上述种种，都对我们党如何进一步转变作风，不断提高治国理政的能力、增强为人民服务的能力、化解人民内部矛盾的能力、维护社会公平正义的能力提出了新的要求。如果长期得不到有效解决这些矛盾和挑战，不能解决发展不够、发展不好的问题，就会从根本上动摇人民群众对党的信任和信心。

（三）党的建设面临的新任务

当前，我们正在进行具有许多新的历史特点的伟大斗争，党肩负着历史重任，经受着时代考验。应该看到，从总体上看，我们党的建设是取得很大进展的，总体情况是好的，党员干部队伍的作风与党和人民事业发展要求总体上是适应的。特别是党的十八大以来，经过几年努力，全面从严治党取得重要阶段性成果。但同时也要看到，党所面临的"四大考验"是长期的、复杂的、严峻的，党面临的"四大危险"更加尖锐地摆在全党面前。随着全面从严治党不断推进，党内存在的突出矛盾和问题暴露得越来越充分。其主要表现如下：

第一，在个别党员干部身上存在着理想信念动摇、信仰迷茫、精神迷失，宗旨意识淡薄，党性修养缺失、不讲党的原则等问题。一是对共产主义心存怀疑；不信马列信鬼神，从封建迷信中寻找精神寄托，不问苍天却问"大师"。二是在原则问题和大是大非面前立场摇摆，有的向往西方社会制度和价值观念，对社会主义前途命运丧失信心。三是非观念淡薄，原则性不强，正义感退化，稀里糊涂当官，浑浑噩噩过日子。四是有的严重脱离群众，对群众疾苦漠然置之，甚至欺压群众、侵害群众利益。五是个别党员干部作风问题比较突出，形式主义、官僚主义问题较为普遍地存在，奢侈浪费现象严重。

第二，一些党员干部存在着心中无党纪、眼里无国法、自行其是、阳奉阴违，我行我素等问题。一些党员干部尤其是某些地方和部门的"一霸手"，老子天下第一，视党纪国法为无物，一些规章制度形同虚设。有的党员干部目无组织纪律，凌驾于组织之上、游离于组织之外；一些党员干部没有程序意识，"迈过锅台上炕"，或者是做先斩后奏的"事后诸葛亮"。

第三，一段时间以来，党员干部队伍管理和党员干部自身，都存在失之于宽、失之于虚、失之于软的现象。一些基层组织软弱涣散，不能发挥模范带头作用和战斗堡垒作用。党内政治生活不经常、不认真、不严肃的问题比较普遍。一是庸俗化。不讲党性讲关系、不讲原则讲圆滑、不讲正气讲"和气"，把批评和自我批评变成"表扬和自我表扬"。二是随意化。一些党组织不按章办事，党内政治生活不及时、不坚持、不规范，党内情况不通报不反映，党内政治生活说起来重要、忙起来不要。三是平淡化。开会时看"出勤"而不讲效果，讨论时也发言而不管质量，习惯念报纸、读文件，照本宣科走过场，缺乏吸引力和凝聚力。

第四，由于市场经济的影响，一些党员干部忘记了党的信念和宗旨，把自由交换、等价交换等商品交换原则搬到党内政治生活中来，开始追逐金钱，极端个人主义也开始膨胀起来。一些领域消极腐败现象易发多发，不仅大案要案时有发生、令人触目惊心，而且发生在群众身边的腐败现象较多存在。特别是存在政治腐败和经济腐败通过利益输送相互交织，最终走向拉帮结派和团团伙伙的现象，甚至出现了严重的腐败现象。

（四）从关系党和国家生死存亡的政治高度看待党内存在的问题

上文提及的一个时期以来，党内存在的突出矛盾和问题。诸如一些党员干部信仰缺失、党性弱化、是非观念淡薄、原则性不强；一些地方和单位"四风"积弊较重，政治生态和社会环境受到污染，"这些问题，严重侵蚀党的思想道德基础，严重破坏党的团结和集中统一，严重损害党内政治生态和党的形象，严重影响党和人民事业发展。"[①] 这些问题是具有极大杀伤力的腐蚀剂，这些问题任其蔓延下去，党的各项事业发展就会偏离正确方向，久而久之，政治生态和社会环境就会受到污染和破坏，就会削弱党的执政能力，动摇党的执政基础。对党最大的威胁莫过于此！因此，习近平总书记在十八届中央纪委六中全会上振聋发聩地强调的："这些问题是关系党和国家政治安全的大问题，难道还不是政治吗？"[②]

这一方面古今中外的历史教训是极其深刻的。苏共亡国亡党原因固然复杂，但与苏共后期理想信念动摇、思想混乱、党内官僚化、等级

[①]　《关于新形势下党内政治生活的若干准则》，《人民日报》2016 年 11 月 3 日。

[②]　习近平：《在第十八届中央纪律委员会第六次全体会议上的讲话》，《人民日报》2016 年 5 月 3 日。

化、腐化，以及苏共取消苏联宪法里面"党的领导"的条款，取消马克思主义指导地位等一系列削弱党的领导的原因有着最为深刻的渊源。从党内思想混乱演变到组织混乱，最后一个突发事件，偌大苏共哗啦啦地轰然倒下，令人震惊的是，苏共被宣布解散的时候，竟无一个苏共党员出来抗争，党员意识丧失的严重程度和严重后果可见一斑！苏共垮台了，接着就是国家解体，老百姓承受着多年动荡之苦！在党的十八届六中全会上，习近平总书记又强调："如果党内信念涣散、组织涣散、纪律涣散、作风涣散，那就无法有效应对党面临的执政考验、改革开放考验、市场经济考验、外部环境考验，也无法克服精神懈怠危险、能力不足危险、脱离群众危险、消极腐败危险，最终不仅不能实现我们的奋斗目标，而且可能严重脱离人民群众，上演霸王别姬的悲剧。"[1]

（五）把严肃和规范党内政治生活作为解决党内问题的根本之策

如何进行具有新的历史特点的伟大斗争，如何应对百年未有之大变局世界大局？如何越是位高权重，就越要严于律己；如何越是快速发展，就越要绷紧从严治党这根弦；如何在胜利目前，时时自重、自省、自警、自励，永葆共产党人政治本色；如何高扬理想信念旗帜，保持奋发有为、开拓进取的精神状态；如何转变作风深入实际，加强与人民群众的血肉联系；如何夯实廉洁从政防线，提高拒腐防变能力，不断保持党的肌体健康；如何大力纠治形式主义、官僚主义……这些都是迫切需要我们做出解答的严肃政治问题。党的十八大以来，以习近平同志为核心的党中央坚持问题导向，"以我们正在做的事情为中心，着眼于对实

---

[1]　《在党的十八届六中全会第二次全体会议上的讲话》（节选），《求是》2017年第1期。

际问题的理论思考，着眼于新的实践和新的发展。"① 把严肃和规范党内政治生活作为解决党内突出问题的根本政策，提出党内政治生活政治性时代性原则性斗争性的新要求，并且作出一系列重大部署。为什么把严肃和规范党内政治生活作为解决党内问题的根本之策？主要原因如下：

1. 总结历史经验教训得出的结论

总结党的历史上开展党风政治生活正反两方面经验，我们可以得到基本结论就是："什么时候党内政治生活正常健康，我们党就风清气正、团结统一，充满生机活力，党的事业就蓬勃发展；反之，就弊病丛生、人心涣散，各种错误思想、错误路线得不到及时纠正，给党和人民事业造成严重损失。"②

2. 分析现实问题产生的根源，找到的办法

党的十八大以来，随着全面从严治党不断推进，党内存在的突出矛盾和问题，尽管各有成因，但都存在一个不容忽视的共同因素：党员干部在信念、纪律、作风等方面出现的问题，是在信念、纪律、作风等出问题呢，还是在于缺乏严格的党性锻炼，而缺乏严格的党性锻炼，与党内政治生活随意化、形式化、平淡化、庸俗化有很大关系，归根结底在于党内政治生活不严肃、不健康。③"我们当前主要的挑战还是党的领导弱化和组织涣散、纪律松弛。不改变这种局面，就会削弱党的执政能力，动摇党的执政基础，甚至会断送我们党和人民的美好未来。"④

3. 分析党内政治生活的政治功能形成的方略

对党内政治生活具有的政治功能，习近平总书记有一个极为生动、

---

① 《习近平谈治国理政》第一卷，第9页。

② 《习近平关于全面从严治党论述摘编》，第37页。

③ 《十八届中央纪律检查委员会向中国共产党第十九次全国代表大会的工作报告》，《人民日报》2017年10月30日。

④ 《习近平关于全面从严治党论述摘编》，第9—10页。

极为深刻的形容："严肃认真的党内政治生活是我们党坚持党的性质和宗旨、保持先进性和纯洁性的重要法宝，是解决党内矛盾和问题的'金钥匙'，是广大党员、干部锤炼党性的'大熔炉'，是纯洁党风的'净化器'。"① 全面从严治党必须以加强和规范党内政治生活作为起点和支点。正是在这个意义上，在党长期执政和发展社会主义市场经济条件下，怎样才能有效防范、及时清除弱化党的先进性、损害党的纯洁性的消极因素？根本途径是加强和规范党内政治生活。

二、严肃党内政治生活是全面从严治党的基础

从本质上看，新时代我们党面临的一切矛盾问题和严峻挑战，归根结底都是政治上的挑战。"如果管党不力、治党不严，人民群众反映强烈的党内突出问题得不到解决，那我们党迟早会失去执政资格，不可避免被历史淘汰。这决不是危言耸听。"② 全面从严治党，充分体现了以习近平同志为核心的党中央对党永葆先进性和纯洁性的深刻忧思，对国家、民族和人民前途命运的深邃把握，对中国特色社会主义伟大事业的责任担当，对准备进行具有许多新的历史特点伟大斗争的深谋远虑，充分彰显了我们党自我净化、自我完善、自我革新、自我提高的无畏勇气和坚强决心。

（一）党内问题产生的根本原因——失之于"宽松软"

以习近平同志为核心的党中央认为："这些年来，在一些地方和单

---

① 《习近平关于全面从严治党论述摘编》，第 48 页。

② 《习近平关于全面从严治党论述摘编》，第 5 页。

位，'四风'问题越积越多，党内和社会上潜规则越来越盛行，政治生态和社会环境受到污染，根子就在从严治党没有做到位。""很多要求早就有了，是最基本的要求。现在的主要倾向不是严了，而是失之于宽、失之于软，不存在严过头的问题。"① 鉴于此，习近平总书记掷地有声地提出："打铁还需自身硬。我们的责任，就是同全党同志一道，坚持党要管党、从严治党，切实解决自身存在的突出问题，切实改进工作作风，密切联系群众，使我们党始终成为中国特色社会主义事业的坚强领导核心。"② 此后，党中央坚持把从严治党摆在突出位置，作出一系列重大部署，并且进一步提出"全面从严治党"的新要求，把管党治党提到前所未有的新高度。

（二）全面从严治党战略的提出

党的十八大以来，从严治党这一主题在理论和实践两个层面得以进一步强化，全面从严治党已经上升到国家重大战略层面。"从严治党"之前冠以"全面"，绝不仅是表述形式的文字改变，更重要的是蕴含着治党理念和思路在承继传统的基础上的深刻变化。对于全面从严治党，习近平总书记作了科学的阐述："全面从严治党，核心是加强党的领导，基础在全面，关键在严，要害在治。"③

"全面"就是管全党、治全党，面向全体党员和所有党组织，覆盖党的建设各个领域、各个方面，重点是抓住领导干部这个"关键少数"。党的建设作为一个整体，其内容是相互联系的不能分割的有机整体，只

---

① 习近平：《在党的群众路线教育实践活动总结大会上的讲话》，《人民日报》2016年10月9日。

② 《习近平总书记在十八届中共中央政治局常委同中外记者见面时强调人民对美好生活的向往就是我们的奋斗目标》，《人民日报》2012年11月16日。

③ 《习近平关于全面从严治党论述摘编》，第11页。

有整体谋划、整体设计、整体推进、整体评价党的建设，党的建设才能取得更大的成效。党的建设的历史经验一再表明，党的建设仅仅局部的、某一个层次的、某一个方面的开展，都是不可能取得显著成效的。从党的建设内容上看，党的十八大以来，以政治建设为根本，以思想建设为基础，以作风建设为抓手，以反腐肃贪为突破口，以纪律建设为保障，以组织建设为基础，以正风肃纪为重点，党的建设涉及方方面面。在治党主体上，强调自我革命、党内监督、人民参与；在治党对象上，强调全体纳入，没有例外，没有"丹书铁券"，也没有"铁帽子王"；在治党内容上，强调全面覆盖、全过程，不留空白；在治党方式上，强调多管齐下，理论强党、思想建党、依规治党、制度治党，体现综合性；在治理目标上，强调立足先治标，后治本。

全面从严治党要在"严"字上下功夫，"严"反映了新时代加强党的建设力度。"严"要贯穿党的建设的始终，贯穿于党的建设和党内生活各方面，真正做到要求严、措施严、对上严、对下严、对事严、对人严。一是教育要严。全面从严治党，必须把加强思想理论建设和教育作为首要任务，铸牢理想信念宗旨这个政治灵魂，解决世界观、人生观、价值观这个"总开关"问题，把中国特色社会主义道路自信、理论自信、制度自信、文化自信真正确立起来，保持党的团结统一的思想基础，确保真正收到教育的成效。二是管党从严。明确了全面从严治党的"两个责任"，即"党委负主体责任，纪委负监督责任"，明确党委（党组）书记管党治党第一责任人职责和领导班子成员"一岗双责"。三是纪律要严。党内法规要严于国家法律，要对党员干部有更高标准的要求，真正体现党的先进性和纯洁性。用严明的党的政治纪律保证全党服从中央，保证党中央的权威和集中统一领导。四是党内生活要严。要解决党内存在的"宽""松""软"等问题。五是抓作风从严。把作风建设的重点聚焦到纠正"四风"，因为这"四风"是违背我们党的性质和宗旨的，是当前群众深恶痛绝、反映最强烈的问题，也是损害党群干群关系的重要根源。六是反腐败要严。坚持无禁区、全覆盖、零容忍，严肃查处腐败分子，深入推进惩治和预防腐败体系建设。通过"严"字当头，做到真管真严、敢管敢严、长管长严，使那些"何必当真"的观念、"得过且过"的想法、"干一下得了"的心态得到切实扭转和纠正。

"治"就是从党中央到省市县党委，从中央部委、国家机关部门党组（党委）到基层党支部，都要肩负起主体责任，党委书记要把抓好党建当作分内之事、必须担当的责任；各级纪委要担负起监督责任，敢于瞪眼黑脸，敢于执纪问责。对各级各部门党委（党组）来说，抓好党建是本职、不抓党建是失职、抓不好党建是不称职，把全面从严治党责任承担好、落实好，坚持党建工作和中心工作一起谋划、一起部署、一起考核。对各级各部门党组织负责人特别是党委（党组）书记的考核，首先要看抓党建的实效，考核其他党员干部工作也要加大这方面的权重。从党的建设工作主体和对象看，从中央组织到地方组织再到基层组织党的建设全面展开，党的组织的各个层次、不同主体都齐头并进，体现了广泛的参与性；从上级组织中的党的高级干部到下级基层组织中的普通党员，参与面十分广泛。党的建设方法和途径多样，有通过严肃党内政治生活的党建活动，有深入基层的党的群众路线教育实践活动，有加强党员干部"三严三实"教育活动，等等。

（三）以加强和规范党内政治生活为全面从严治党的起点和支点

办好中国的事情，关键在党，关键在党要管党、从严治党。"严肃党内政治生活是全面从严治党的基础。党要管党，首先要从党内政治生活管起；从严治党，首先要从党内政治生活严起。"① 全面从严治党，必须以党内政治生活为基础，从党内政治生活抓起，这是以习近平同志为核心的党中央总结历史经验，针对现实问题而提出根本之策。

党的十八大以来，以习近平同志为核心的党中央，从关系党和国家生死存亡的高度，以强烈的历史责任感、深沉的使命忧患感、顽强的意志品质，以更大的决心、更大的力度、更实际的举措，坚持不懈抓党的政治建设，层层落实管党治党政治责任，推进全面从严治党向纵深发展。从继续狠抓落实中央八项规定的细则实施，到不断强化党的纪律约束，从持续开展党章党规、宪法监察法宣传，到铁面问责压实党组织的责任担当和严肃党内政治生活、净化政治生态，从坚持不懈从严从实抓党内法规制度执行，到推动形成全党一起抓、全党一体执行法规制度的良好氛围……整风肃纪、敢于亮剑、刮骨疗毒，锲而不舍、驰而不息，党中央多措并举，把全面从严治党不断引向深入，推动形成一心一意谋发展、聚精会神抓党建的新局面，为领导改革开放和社会主义现代化建设以及实现伟大自我革命提供了有力保证。

三、旗帜鲜明讲政治，严肃党内政治生活

2017年2月13日，在省部级主要领导干部学习贯彻党的十八届六中全会精神专题研讨班开班式的讲话上，习近平总书记开宗明义地指出："历史经验表明，我们党作为马克思主义政党，必须旗帜鲜明讲政治，严肃认真开展党内政治生活。讲政治，是我们党补钙壮骨、强身健体的根本保证，是我们党培养自我革命勇气、增强自我净化能力、提高

---

① 《习近平关于全面从严治党论述摘编》，第48页。

排毒杀菌政治免疫力的根本途径。什么时候全党讲政治、党内政治生活正常健康，我们党就风清气正、团结统一，充满生机活力，党的事业就蓬勃发展；反之，就弊病丛生、人心涣散、丧失斗志，各种错误思想得不到及时纠正，给党的事业造成严重损失。"①

（一）如何理解"讲政治"的基本内涵

"名者，实之宾。"这里的"实"指实际存在的事物，"名"是指物之字号、名称。中国古人认为，立名号的前提是要先有相对的实物（实事），先有此物（事），方可取名。这一观点是符合马克思主义的认识论的。马克思主义认为，存在决定意识，理论是人们把实践中获得的认识加以抽象概括，通过一系列特有的概念、范畴和逻辑论证所形成的观念体系。我们必须梳理出"政治"一词的内涵与外延，才能对"旗帜鲜明讲政治"和加强党的政治建设的基本要求有较为深刻的理解。

1. 讲政治强调的是巩固和加强党的全面领导

现代中文里的"政治"一词，来自近代日本人翻译西方著述里面的单词"Politics"时所使用的汉字"政治"。这里的"政治"的含义，简单地说，"政"就是区别于个人事务，具有公共性的事务，"治"是用公权力去管理、治理。"政治"就是社会管理、治国安邦的思想理论、实践活动和制度设计。后来，孙中山先生用"管理众人之事"来概括这种政治含义。马克思主义经典作家认为，政治是国家管理的，当然他们所讲的"国家"是指阶级统治的工具。他们认为，"政治是经济的集中体现"，②政治"归根到底都是围绕着经济解放进行的"③的斗争。而要实现

---

① 《以解决突出问题为突破口和主抓手推动党的十八届六中全会精神落到实处》，《人民日报》2017年2月14日。

② 《列宁选集》第4卷，人民出版社1995年版，第416页。

③ 《马克思恩格斯选集》第4卷，第251页。

阶级的利益，必须掌握对国家的统治权，建构起维护自身阶级利益的政治上层建筑和意识形态。因此，政治的核心是政权，在内容上，正如毛泽东同志所概括的政治"大体上可以分两方面。一个是政权机构——政党，这是上层建筑里面实的部分。虚的部分是政治思想、政治态度、政治观点"①。

马克思主义政党是无产阶级中最有觉悟、最有战斗力的先进部队，是代表无产阶级和为广大人民利益的政治组织，党的先进性和人民性内在地决定了党的领导地位。由于中国的情况特殊性，中国共产党是通过长期的革命的武装斗争，"在摧毁旧政权的几十年革命暴力期间，新国家和新社会的胚胎已经逐渐成长起来"②。在长期斗争的条件和环境下，形成了党领导一切的原则、范式和惯例。特别是在延安，随着中国共产党所领导的根据地的扩大和管理事物的日趋复杂，中共中央 1942 年 9 月 1 日通过《关于统一抗日根据地党的领导及调整各组织间关系的决定》，明确规定，"党是无产阶级先锋队和无产阶级组织的最高形式"，党通过党的委员会，"领导一切其他组织，如军队、政府与民众团体"③。新中国成立的时候，就确立了党的全面领导是这个新国家的根本。《中国人民政治协商会议共同纲领》这个"目前时期全国人民的大宪章"④，在《总纲》第一条，以"实行工人阶级领导的、以工农联盟为基础的"的表述，原则规定了党在这个新国家中的领导地位。新中国成立伊始，中国共产党就通过《关于在中央人民政府内建立中国共产党党组的决定》等一系列规定，从制度上保障了党的意志及各项政策在国家机构中

---

① 《周扬文集》第 5 卷，人民文学出版社 1985 年版，第 348 页。

② 〔美〕莫里斯·梅斯纳：《毛泽东的中国及其发展——中华人民共和国史》，社会科学文献出版社 1992 年版，第 3 页。

③ 《中国共产党组织史资料》第 8 卷，中共党史出版社 2000 年，第 605 页。

④ 《刘少奇选集》上卷，第 434 页。

的贯彻执行。1954 年 9 月 15 日，毛泽东同志在第一届全国人民代表大会第一次会议开幕式讲话中明确指出："领导我们事业的核心力量是中国共产党"①。会议制定并颁布了中国历史上第一部《中华人民共和国宪法》，鲜明地体现了这个基本原则。在社会主义建设过程中，毛泽东同志多次强调，"工、农、商、学、兵、政、党这七个方面，党是领导一切的。党要领导工业、农业、商业、文化教育、军队和政府"②。并且探索出"归口管理"这一制度模式，以党的某些特定的直属部门为主导，整合部分政府机构，建构一个专门性的管理综合体，实现党对国家政治生活中的特定领域的领导，从而将党的领导与国家、社会管理紧紧联系在一起。对于党的全面领导这一中华人民共和国的国家治理基本模式，美国学者弗兰兹·舒曼有一个形象的概括："共产党中国犹如一栋由不同的砖石砌成的大楼，将她糅合在一起的就是党的意识形态和组织。"③ 党的十八大以来，习近平总书记高度重视强调党的领导地位。党的十九大报告中旗帜鲜明地指出："中国共产党的领导是中国特色社会主义最本质的特征，是中国特色社会主义制度的最大优势，党是最高政治领导力量。"④ 党的十九大修改通过的《党章》，明确写进了毛泽东同志所概括的"党政军民学，东西南北中，党是领导一切的"的原则。

由此，无论是从"政治是管理众人之事"或是从"政治的核心是政权"的角度，在当代中国，由于中国共产党"领导一切，总揽全局、协调各方"的全面领导地位，党的全面领导就是最鲜明的政治。习近平总书记在论述党的政治纪律的时候说："实际上你违反哪方面的纪律，最终都

---

① 《毛泽东文集》第六卷，第 350 页。
② 《毛泽东文集》第八卷，第 305 页。
③ 参见郑永年：《中国模式：经验与困局》，浙江人民出版社 2010 年版，第 49 页。
④ 《十九大以来重要文献选编》（上），中央文献出版社 2019 年版，第 14 页。

会侵蚀党的执政基础，说到底都是破坏党的政治纪律。"① 这里面强调的就是"党的执政地位"是"政治"！2019 年 1 月 31 日颁布的《中共中央关于加强党的政治建设的意见》就明确强调，通过党的政治建设，"把我们党建设得更加坚强有力，确保我们党始终成为中国特色社会主义事业的坚强领导核心。"②

2. 讲政治强调的是实现和维护人民的根本利益，巩固党的执政基础

毛泽东同志对政治与人民利益的关系曾经作出最深刻的描述："一切问题的关键在政治，一切政治的关键在民众，不解决要不要民众的问题，什么都无从谈起。"③ 为什么这么说呢？理由如下：群众中分为不同的阶级，阶级又是其先锋队组织——政党领导的，换言之，政党是为有效地实现阶级利益而成立的领导阶级进行斗争的政治组织。无产阶级政党是无产阶级的先锋队，同时代表着广大人民群众的根本利益。中国共产党是中国工人阶级和中华民族的先锋队，"是人民群众在特定的历史时期为完成特定的历史任务的一种工具"④，"是为民族、为人民谋利益的政党，它本身决无私利可图"⑤，中国共产党人的"一切言论行动，必须以合乎最广大人民群众的最大利益，为最广大人民群众所拥护为最高标准"。⑥ 中国共产党的初心和使命，就是为人民谋幸福为民族谋复兴，因为这是"中华民族近代以来最伟大的梦想"⑦。在半殖民地半封建的中国，实现人民幸福和民族复兴需要分两步走，首先是民族独立和人民解放，在此基础上，再经过现代化建设，实现国家富强和

---

① 《习近平关于严明党的纪律和规矩论述摘编》，第 30 页。
② 《中共中央关于加强党的政治建设的意见》，《人民日报》2019 年 2 月 28 日。
③ 《毛泽东文集》第三卷，第 202 页。
④ 《邓小平文选》第一卷，第 218 页。
⑤ 《毛泽东著作专题摘编》，第 1877 页。
⑥ 《毛泽东选集》第三卷，人民出版社 1991 年版，第 1096 页。
⑦ 《习近平谈治国理政》第一卷，第 36 页。

人民幸福。因此，对于中国共产党而言，首先是进行新民主主义革命和社会主义革命，革命的目的是"推翻妨碍生产力发展的力量，目的是为着解放生产力，发展经济"。①"如果大家生活不提高，革命就没有必要，因此生活福利都要逐步提高。"②新中国成立后，中国共产党处于全国执政的地位，在完成社会主义革命完成后，"社会主义现代化建设是我们当前最大的政治，因为它代表着人民的最大的利益、最根本的利益。"③

循此原则，党的十八大以来，习近平反复强调的"民心是最大的政治"，这既是强调共产党的政治就是为人民谋幸福，也是强调党的领导的实现，从根本上说取决于人心向背。党的政治建设强调必须坚持党的基本路线，必须进行党风廉政建设和反腐败斗争的道理便在这里。首先，"时代是出卷人，我们是答卷人，人民是阅卷人"④。人民对党的认识，最终是看党对自己的宗旨的践行，看党的执政绩效。"发展才是硬道理"，只有国家发展壮大、人民日益增长的对美好生活的期待不断得到满足，人民群众当家做主的权利得到最大限度地保证，党才能赢得越来越多人民群众的信赖和支持。其次，从政治高度看待党风廉政建设和反腐败斗争问题，"党的作风就是党的形象，关系人心向背，关系党的生死存亡。执政党如果不注重作风建设，听任不正之风侵蚀党的肌体，就有失去民心、丧失政权的危险。"⑤ 因此，必须坚定不移正风肃纪、反腐惩恶，着力解决人民群众"最痛恨""对党同人民群众的

---

① 《毛泽东文集》第三卷，第 109 页。
② 《毛泽东文集》第六卷，第 490 页。
③ 《邓小平文选》第二卷，第 163 页。
④ 《以时不我待只争朝夕的精神投入工作开创新时代中国特色社会主义事业新局面》，《人民日报》2018 年 1 月 6 日。
⑤ 《习近平关于党风廉政建设和反腐败斗争论述摘编》，中央文献出版社、中国方正出版社 2015 年版，第 8 页。

血肉联系最具有杀伤力"的问题和现象，① 以党的清正廉洁政治本色和人格力量赢得民心，增强人民群众对党的信心和感情，巩固党的执政基础。

3.讲政治强调的是高度重视攸关党的国家根本的大事情，攸关人民根本利益，这是从地位和党的影响的角度强调讲政治

由于政治的根源是利益，政治的核心是政权，政治关系到党的执政地位，国家安全稳定、人民的安居乐业和民族的前途未来，具有根本性质、全局影响和战略意义，党的领导人经常把关系到党和国家根本的大事情，称之为"政治"，譬如习近平总书记强调的："政治问题，任何时候都是根本性的大问题。"② 就是取政治是最重要的要求和事务之义。在当代中国，中国共产党的全面领导是推动进行现代化建设、实现人民根本利益和中华民族伟大复兴根本保证，"是党和国家的根本所在、命脉所在，是全国各族人民的利益所在、幸福所在"③。从这个角度讲，党的全面领导就是具有最大的政治意义。

与此同时，也正是因为中国共产党在当代中国的全面领导地位，"在中国来说，谁有资格犯大错误？就是中国共产党。犯了错误影响也最大。"④"中国要出问题，就出在共产党内。"⑤ 也就是说，中国共产党内部出现问题，就不仅仅是一个组织内部的问题，而是不能不关涉到政治了。我们看到，一个时期以来，党内出现的信念淡漠、精神不振、组织涣散、纪律松弛、作风涣散、政治生活不严肃等问题，"严重侵蚀党的

---

① 《习近平关于全面从严治党论述摘编》，第178页。
② 习近平：《在第十八届中央纪律检查委员会第六次全体会议上的讲话》，《人民日报》2016年5月3日。
③ 习近平：《在庆祝中国共产党成立九十五周年大会上的讲话》，《人民日报》2016年7月2日。
④ 《邓小平文选》第一卷，第270页。
⑤ 《邓小平文选》第三卷，第380页。

思想道德基础，严重破坏党的团结和集中统一，严重损害党内政治生态和党的形象，严重影响党和人民事业发展"。这些问题，"关系党和国家政治安全的大问题，难道还不是政治吗？"①如果任其蔓延下去，就会不断削弱党的执政能力，动摇党的执政基础，"最终不仅不能实现我们的奋斗目标，而且可能严重脱离人民群众，上演霸王别姬的悲剧。"②"打铁还需自身硬"，党要实现在国家政治生活中领导一切，自身必须具有领导一切的性质属性和实现能力。因此，而这一切取决于党的建设，其中具有统领地位的是党的政治建设，具体说，必须通过全面从严治党，通过实现自我净化、自我完善、自我革新、自我提高，来切实解决党内存在的问题，"不断增强党的政治领导力、思想引领力、群众组织力、社会号召力，确保我们党永葆旺盛生命力和强大战斗力。"③一言蔽之，以党的政治建设巩固和增强党的先进性和纯洁性，藉此以巩固党的领导地位。

4.讲政治强调党的各项工作中必须贯彻党的政治安全和政治标准

政党本质上是特定阶级的中坚分子，为了特定的阶级利益组成起来的，围绕政权而进行活动的政治组织，是有共同政治纲领、政治路线、政治目标。中国共产党作为马克思主义政党，具有崇高政治理想、高尚政治追求、纯洁政治品质、严明政治纪律，必须始终"把准政治方向、坚持党的政治领导、夯实政治根基、涵养政治生态、防范政治风险、永葆政治本色、提高政治能力。"④

---

① 习近平：《在第十八届中央纪律委员会第六次全体会议上的讲话》，《人民日报》2016年5月3日。

② 习近平：《在党的十八届六中全会第二次全体会议上的讲话》，《求是》2017年第1期。

③ 习近平：《决胜全面建成小康社会 夺取新时代中国特色社会主义伟大胜利》，《十九大以来重要文献选编》（上），第12页。

④ 《中共中央关于加强党的政治建设的意见》，《人民日报》2019年2月28日。

在中共领导人的论述中，"政治"一词，往往是从与"技术""业务""文艺""经济"等业务性工作相对立统一的角度使用，换言之，从政治与业务相对立统一的关系的角度，强调这些业务性工作中政治的统帅地位和灵魂作用，此"政治"观的创立者是毛泽东同志。他首次提出是 1929 年 12 月在红四军党的第九次代表大会所作的《关于纠正党内的错误思想》报告，文中着重批评了是"认为军事政治二者是对立的，不承认军事只是完成政治任务的工具之一"这一"单纯军事观点"的错误。① 此后，毛泽东同志用"文艺是从属于政治的，但又反转来给予伟大的影响于政治"②，"共产党领导的革命的政治工作是革命军队的生命线"③，"政治工作是一切经济工作的生命线"④，"没有正确的政治观点，就等于没有灵魂"⑤，"思想和政治又是统帅，是灵魂"⑥，等等，诸如此类的说法，表达这个意思。改革开放新时期，党的几代领导人也是经常从这个意义上使用"政治"一词：邓小平同志所说的"到什么时候都得讲政治"⑦，江泽民同志所说的"领导干部一定要讲政治"⑧，胡锦涛同志说的"必须始终把思想政治建设摆在各项建设首位"，⑨ 习近平总书记强调的"共产党不讲政治还叫共产党吗？"等等，都是这个涵义。

作为马克思主义政党，旗帜鲜明讲政治是中国共产党的本质要求。"只有从政治上分析问题才能看清本质，只有从政治上解决问题才能抓

① 《毛泽东选集》第一卷，人民出版社 1991 年版，第 86—87 页。
② 《毛泽东选集》第三卷，人民出版社 1991 年版，第 865 页。
③ 《毛泽东年谱 1893—1949》中卷，中央文献出版社 2013 年版，第 507 页。
④ 《毛泽东文集》第六卷，第 449 页。
⑤ 《毛泽东文集》第七卷，第 226 页。
⑥ 《毛泽东文集》第七卷，第 351 页。
⑦ 《邓小平文选》第三卷，第 166 页。
⑧ 《十四大以来重要文献选编》中卷，人民出版社 1997 年版，第 1745—1746 页。
⑨ 《深入贯彻国防和军队建设主题主线以优异成绩迎接党的十八大胜利召开》，《人民日报》2012 年 3 月 13 日。

住根本。"① 在当代中国，政治就是最重要的事情，就是大局；政治的首要原则是服从党中央权威；政治就是确保全党与党中央的一致，统一行动、步调一致。党内生活的具有鲜明的政治本质、政治属性和政治意义，必须旗帜鲜明讲政治。

（二）把党的政治建设摆在首位

时代是思想之母，实践是理论之源。党的十八大以来，以习近平同志为核心的党中央在党的建设新的伟大工程的实践中，直面新特点新要求新问题，不断总结实践经验，进行理论概括，把党的政治建设的原则要求和实践经验系统化、理论化，形成了对党的政治建设重大理论创新。党的十九大第一次把党的政治建设纳入党的建设总要求和总布局，强调"党的政治建设是党的根本性建设，决定党的建设方向和效果"，要求党的建设以"党的政治建设为统领"，"把党的政治建设摆在首位"。②2019 年 2 月 27 日，中共中央印发《关于加强党的政治建设的意见》，系统地提出加强党的政治建设的指导思想、根本目标、主要内容和实践要求。新时代党的政治建设已经具备较为完整的理论形态。

1. 党的政治建设的基本内涵

党的政治建设，简单地说，就是党所开展的围绕"政治"而进行的、具有政治意义的党的建设。根据上文所定义的关于"政治"的内涵的分析，可以推知，党的政治建设包括四个维度：

其一，在当代中国，最根本的政治是党的全面领导，党的政治建设

---

① 习近平：《在中共中央政治局第六次集体学习时的讲话》，《人民日报》2018 年 7 月 1 日。

② 习近平：《决胜全面建成小康社会　夺取新时代中国特色社会主义伟大胜利——在中国共产党第十九次全国代表大会上的报告》，《十九大以来重要文献选编》（上），第 43—44 页。

是中国共产党为了加强和改善党的全面领导而进行的建设，主要是围绕加强和改善党的全面领导这个根本而进行的建设，都是属于党的政治建设，这是从内容层面看党的政治建设。

其二，中国共产党的政治本质是为了实现人民利益，为人民而夺取政权，为人民执政，所以，党的政治建设为了实现人民最根本的利益而要求自己的自身建设。这是从本质意义层面看党的政治建设。

其三，用"政治"一词，在中国共产党的话语体系中，有些时候是为了强调业务性工作中，有着处于统帅地位的政治要求和灵魂作用的政治属性。从这个角度上讲，党的政治建设是强调强调党的各项工作中必须贯彻其中，处于统领作用的党的政治要求和政治标准。这是从地位和作用角度党的政治建设的。

其四，政治就是最重要的，攸关党和国家根本的大事，"党和国家安全首先是政治安全，政治安全中最重要的就是党的执政安全！"党的政治建设强调的是攸关根本和全局意义的党的建设。这是在性质上和意义的角度看党的政治建设。

2. 把党的政治建设贯穿于党的各项建设

由于党的政治建设关乎党的方向、目标、道路、原则，直接关系到党的政治性质、发展方向等，而且党的思想建设、组织建设、作风建设、纪律建设等所有的建设，究其根本，都是围绕着党的政治建设这个核心，最终目标是通过党的政治建设，"确保全党统一意志、统一行动、步调一致向前进"①的基础上，增强党的领导力，使党成为坚强的领导核心。

（1）党的思想建设与党的政治建设关系：思想建设实质是坚持马克思主义的思想领导，用科学的理论武装全党，以理论上的清醒保持全党

---

① 《中共中央关于加强党的政治建设的意见》，《人民日报》2019年2月28日。

政治上的坚定和高度一致。加强党的思想建设，最根本的是要用坚定理想信念和理论指南，特别是用习近平新时代中国特色社会主义思想武装全党，突出政治信仰和政治理想的坚定、政治使命感和政治忠诚度的增强。

（2）党的组织建设与党的政治建设关系：政治路线确定后，干部就是决定因素，党的干部是党组织的骨干，是党的路线、方针、政策的主要贯彻执行者，是实现党的领导的决定性力量。组织建设要以规范政治关系为重点，加大党的组织体系的层级节制力度，突出干部选拔的政治标准，强化组织负责人的政治责任。组织建设要突出政治标准。

（3）党的作风建设与党的政治建设的关系：党的作风直接影响了人心向背，必须紧紧围绕保持党同人民群众的血肉联系，增强群众观念和群众感情，不断厚植党执政的群众基础。人民群众反对什么、痛恨什么，党就要坚决防范和纠正什么。

（4）党的纪律建设与党的政治建设的关系。纪律是一个无产阶级革命政党全体成员必须遵守的行为规范和规则，严明纪律就自然是管党治党的重要依据，也是维护党的团结统一、完成党的任务的根本保证。正是从这个意义上说，严明党纪是治党管党的根本之策，是重构政治生态、建设廉洁政治重要基础。从纪律属性来看，严明党的纪律，首要的就是严明政治纪律。

（5）党的制度建设与党的政治建设的关系。党的制度建设就是把长期以来党的领导工作中和党内生活中的经验教训加以总结和概括，形成党的成员必须共同遵守的党内法规、条例、规则等党的制度，并狠抓贯彻落实。制度建设带有根本性、全局性、稳定性和长期性的特点，原因就在于通过制度建设可以更好实现党的领导和国家的长治久安。

3. 如何理解党的政治建设是在党的建设中具有统领地位

首先，党的政治建设是"把政治标准和政治要求贯穿党的思想建设、组织建设、作风建设、纪律建设以及制度建设、反腐败斗争始终"①。其次，党的政治建设不是截然独立于其他方面的建设，与党的其他方面的建设没有泾渭分明的界限，也不是平行或并列于其他方面的建设，而是贯穿于党的各项建设其中，其他方面的建设是为政治建设服务，归根结底也是政治建设。最后，党的政治建设首要任务是把握正确的政治方向，确保党的政治领导，因此，具有定方向的重要意义，发挥着统领其他方面建设的作用，决定党的建设方向和效果，党的"政治建设抓好了，党的建设就铸了魂、扎了根，对党的其他建设就可以起到纲举目张的作用。"反之，"不抓党的政治建设或背离党的政治建设指引的方向，党的其他建设就难以取得预期成效"②。

（三）党内政治生活如何体现讲政治的根本要求

严肃认真的党内政治生活，根本目标是实现党的全面领导这个大政治，党只有在各种活动中，才能保持党的先进性和纯洁性；把讲政治贯穿于党性锻炼全过程的主要平台是党内政治生活，党员也只有通过党的生活中，才能不断坚定和提高自己的党性修养。习近平总书记就是从这个思想高度，把"必须旗帜鲜明讲政治"和"严肃认真开展党内政治生活"并列在一起强调。③

---

① 《中共中央关于加强党的政治建设的意见》，《人民日报》2019 年 2 月 28 日。
② 习近平：《在中共中央政治局第六次集体学习时的讲话》，《人民日报》2018 年 7 月 1 日。
③ 《以解决突出问题为突破口和主抓手推动党的十八届六中全会精神落到实处》，《人民日报》2017 年 2 月 14 日。

1. 党内政治生活的根本目标是实现党的全面领导

党的领导是一个具有丰富内涵的概念，毛泽东同志指出："所谓领导权，不是要一天到晚当作口号去高喊，也不是盛气凌人地要人家服从我们，而是以党的正确政策和自己的模范工作，说服和教育党外人士，使他们愿意接受我们的建议。"① 按照党的十九大的表述，党的领导包括"党的政治领导力、思想引领力、群众组织力、社会号召力"。作为马克思主义指导下的无产阶级政党，中国共产党的一切活动，总是围绕一定的政治目的，政治性就成为党的生活的核心和根本，决定着党内生活的根本方向。现阶段，中国共产党的基本活动都是围绕党的全面领导，实现人民利益而进行的。党的十八届六中全会通过的《关于新形势下党内政治生活的若干准则》，强调：通过严肃和规范党内政治生活，"着力提高党的领导水平和执政水平、增强拒腐防变和抵御风险能力，着力维护党中央权威、保证党的团结统一、保持党的先进性和纯洁性。"②

2. 党内政治生活的基本内容实现讲政治的要求

"打铁还需自身硬"，党要实现在国家政治生活中领导一切，自身必须具有领导一切的根本属性和领导能力。具体地说，就是党要走在时代前列，能够提出正确的奋斗方向和纲领方略，引领人民前进；就是要代表人民的利益，能够得到人民衷心拥护；就是要具有严密的组织体系和组织原则，能够团结一致，思想统一，行动统一；就是党员个体靠个人人格力量成为社会楷模和民众表率；等等。只有这样，党才能始终成为时代先锋、民族脊梁，始终成为马克思主义执政党。严肃和规范党内政治生活所起的"注重提高政治能力，牢固树立政治理想，正确把握政治

---

① 《毛泽东选集》第二卷，人民出版社1991年版，第742页。
② 《关于新形势下党内政治生活的若干准则》，《人民日报》2016年11月3日。

方向，坚定站稳政治立场，严格遵守政治纪律"①等政治功能，是讲政治的基本要求。譬如党内生活所包括的党内思想教育、组织管理、党内斗争方面，目的是达到提高思想认识、增强党性修养、增进团结统一，而这些活动从根本上构筑了党的领导的政治基础、思想基础和组织基础，因此都与政治有关。

3.通过党内政治生活坚守党的政治信仰

政治信仰包括党的科学理论、党的政治路线和党的政治立场等三个主要方面。中国共产党这个无产阶级的先进组织，只有具有高度的政治觉悟、统一的政治目标、坚定的政治立场和正确的政治方向，才能在全党形成统一的意志和行动，凝聚起全党的力量，为实现党的纲领和目标共同奋斗。这些要求是党内政治生活的基本内容。

4.通过党内政治生活坚持党的政治领导

实现党的全面领导，就党与其他社会团体而言，党是最高政治领导力量，"党政军民学、东西南北中，党是领导一切的"。对于共产党内部而言，党的政治领导是指确立和维护组织权威与领袖权威相统一的政治权威体系，就是坚决维护习近平总书记在党中央和全党的核心地位、维护党中央权威和集中统一领导。只有这样，才能把全党牢固凝聚起来，进而把全国各族人民紧密团结起来，形成万众一心、无坚不摧的磅礴力量，实现党的奋斗目标。

5.通过党内政治生活提高党员干部的政治能力

提高政治能力，主要是提高各级各类组织的政治定位，增强党员干部的政治本领。正常的党内政治生活包括党内各种思想教育、组织管理、党内选举、民主监督、执行纪律、开展批评和自我批评等，通

---

① 《以解放突出问题为突破口的手抓手推动党的十八届六中全会精神落到实处》，《人民日报》2017年2月14日。

过这些政治活动，对党员进行党性锻炼，管理和监督党员与党组织，起着提高党的战斗力和工作水平的重要作用。譬如党内政治生活要求党的重大决策都要严格按照程序办事，充分发扬民主，广泛听取意见和建议，就可以起到兼听则明、防止偏听则暗的重要作用，提高党的能力。

四、严肃党内政治生活，推进党的自我革命

习近平总书记强调："勇于自我革命，是我们党最鲜明的品格，也是我们党最大的优势。"① 党的十八大以来，习近平总书记反复强调，要把新时代坚持和发展中国特色社会主义这场伟大社会革命进行好，我们党只有更加自觉地坚定党性原则，勇于直面问题，消除一切损害党的先进性和纯洁性的因素，清除一切侵蚀党的健康肌体的病毒，"不断增强党的政治领导力、思想引领力、群众组织力、社会号召力，确保我们党永葆旺盛生命力和强大战斗力。"②

（一）推进党的自我革命深刻的内在根据

1. 党的性质，决定了我们党具有自我革命的本质和能力

无产阶级是社会化大生产的产物，与先进的生产方式相联系，是先进生产力的代表。在经典作家马克思恩格斯看来，无产阶级"没有什么自己的东西必须加以保护"，他们最富有革命的彻底性和坚定性。共产

---

① 《以解决突出问题为突破口和主抓手推动党的十八届六中全会精神落到实处》，《人民日报》2017年2月14日。

② 习近平：《决胜全面建成小康社会　夺取新时代中国特色社会主义伟大胜利》，《十九大以来重要文献选编》（上），第12页。

党人是"各国工人政党中最坚决的、始终起推动作用的部分"①。因此，无产阶级政党必须敢于直面自身存在的矛盾，以刀刃向内的自觉，消除一切损害党的先进性和纯洁性的因素，清除一切侵蚀党的健康肌体的病毒，不断增强党自我净化、自我完善、自我革新、自我提高的能力，确保党拥有旺盛的生命力和强大的战斗力，为党和国家事业发展提供坚强的政治保证。这就是习近平总书记所强调的："我们党之所以有自我革命的勇气，是因为我们党除了国家、民族、人民的利益，没有任何自己的特殊利益。不谋私利才能谋根本、谋大利，才能从党的性质和根本宗旨出发，从人民根本利益出发，检视自己；才能不掩饰缺点、不回避问题、不文过饰非，有缺点克服缺点，有问题解决问题，有错误承认并纠正错误。"②

中国共产党之所以伟大，不在于不犯错误，而是从不讳疾忌医，毛泽东同志曾深刻指出："党内如果没有矛盾和解决矛盾的思想斗争，党的生命也就停止了。"他把有无认真的自我批评看作是"我们和其他政党互相区别的显著的标志之一"，认为其是"抵抗各种政治灰尘和政治微生物侵蚀我们同志的思想和我们党的肌体的唯一有效的方法"③。刘少奇同志在1962年党的"七千人大会"讲话也曾指出，"如果把我们党比作一个人的肌体，这是一个充满活力的肌体，它完全可以依靠自己的力量医治那些暂时的感染的病毒，而且增强身体的免疫力"④。这里所说的"依靠自己的力量"，就是依靠党"自我革命"的力量。邓小平同志指出："我们党经历过多次错误，但是我们每一次都依靠党而不是离开党纠正

---

① 《马克思恩格斯选集》第1卷，第285页。

② 《以解决突出问题为突破口和主抓手推动党的十八届六中全会精神落到实处》，《人民日报》2017年2月14日。

③ 《毛泽东选集》第三卷，人民出版社1991年版，第1096页。

④ 《刘少奇选集》下卷，第415页。

了自己的错误。"① 习近平总书记强调说："要兴党强党，就必须以勇于自我革命精神打造和锤炼自己。"② 这些论述告诉我们，扫除隐藏在党内的政治灰尘及政治微生物，不能寄希望于外部力量，还是要靠党自我净化、自我完善、自我革新、自我提高的能力，其根本途径就是通过自身严格认真的政治生活，保持党的先进性和纯洁性才能得以坚持，使党始终保持蓬勃生机活力和旺盛生命力。

2. 自我革命是中国共产党奋斗历程的重要经验

党的历史，就是一部严格要求自己、从严治党、不断自我革命的自身建设史。党的自我革命，使我们党能够一次次转危为安、化危为机，带领中国人民从胜利走向胜利。党的历史进程及其基本经验，彰显出自我革命是我们党取得胜利的法宝。敢于直面问题、勇于修正错误，是我们党的显著特点和优势。近百年来，我们党始终高度重视加强自身革命，成功地领导中国人民在革命建设和改革道路上取得一个又一个伟大胜利，形成了一系列基本要求和重要经验。党作为一个先进的马克思主义政党，其先进性通过党的性质、信仰、理论、纲领、宗旨、路线、方略和政策等多方面表现出来。中国共产党的历史，就是一部严格要求自己、从严治党、不断自我革命的自身建设史。实践证明，我们党每一次自我革命，都不是简单的自我修复，而是从里到外的深刻改造、深度重塑，使我们党能够一次次转危为安、化危为机，不断由小到大、由弱变强，带领中国人民从胜利走向胜利。历史经验证明。在当代中国，党只有保持自己的先进性和纯洁性才能保持和加强党的领导，而保持党的先进性和纯洁性根本举措是党的建设，坚决同一切影响党的先进性、弱化党的纯洁性的问题作斗争。必须把全面从严治党进行到底，以彻底的自

———————

① 《邓小平文选》第二卷，第 370 页。

② 《以解决突出问题为突破口和主抓手推动党的十八届六中全会精神落到实处》，《人民日报》2017 年 2 月 14 日。

我革命精神加以解决，增强党的创造力、凝聚力、战斗力，使我们党始终成为中国特色社会主义事业的坚强领导核心。

3. 党领导一切的地位要求党永葆自我革命的精神

党的领导从根本上取决于党的先进性和纯洁性，在全国执政的情况下，只有不断自我革命，才能长期保持党的执政地位和领导地位。不管党、不抓党就有可能出问题甚至出大问题，结果不只是党的事业不能成功，还有亡党亡国的危险。

党的领导是历史和人民的选择，新中国成立标志着中国共产党成为在全国执政的领导党，党领导一切的原则成为新中国最本质的特征。"党领导一切"强调的是在包括人大、政府、政协、监委、法院、检察院、军队、各民主党派和无党派人士等政治主体的国家治理体系中，党在范围上是领导一切的政治力量，在地位上是最高政治领导力量。党的领导主要内容是党的政治领导力、思想引领力、群众组织力、社会号召力，体现在坚定理想信念宗旨、执行党的路线方针政策，坚持党管干部、选对人用好人，树立鲜明价值观和政治导向上。

"打铁必须自身硬"——中国共产党的职责、地位、任务，党所面临的环境、危险和挑战，内在地要求中国共产党必须加强自身建设。责任就意味着担当，中国共产党掌握领导权且成为领导主体、领导力量、领导核心之后，在逻辑上就要进一步去考虑党如何领导、治理国家的问题。只有坚持和加强中国共产党的领导，才能更好地去解决中国共产党如何领导国家的问题；只有解决好中国共产党如何领导好国家的问题，也才能更好地坚持和维护中国共产党的领导。

党的建设状况如何，体现的是党在现实中领导和执政的能力如何，体现的是党的各级组织、各级领导干部、广大党员工作的态度和作风状况如何，体现的是党在广大人民群众中的号召力、凝聚力如何，体现的是党在掌握运用公共权力过程中实现立党为公、执政为民的根本目标程度如何。如果党自身治理不好，能力、作风、组织状况、干部素质等方面不能适应实际要求，那再好的目标也很难顺利实现。必须深化对全面从严治党规律的认识，要注重把继承传统和改革创新结合起来，把总结自身经验和借鉴世界其他政党经验结合起来，把深入基层、深入实际和深入研究管党治党实践结合起来，深刻把握时代发展大势，勇于推进理论创新、实践创新、制度创新、文化创新以及各方面创新，增强从严治党的系统性、预见性、创造性、实效性，使从严治党的一切努力都集中到增强党自我净化、自我完善、自我革新、自我提高能力上来，集中到提高党的领导能力和执政能力、保持和发展党的先进性和纯洁性上来。

4. 党面临的执政环境和存在的问题要求党必须进行自我革命

正如邓小平同志所指出的："在中国来说，谁有资格犯大错误？就是中国共产党，犯了错误影响也最大。"① 也就是说，如果作为全面性执政党的中国共产党自身出现问题，就会给国家和人民带来的严重影响。越是长期执政，越不能丢掉马克思主义政党的本色。人民对党的认识从根本上说是看中国共产党的先进性和纯洁性的具体体现，换言之，我们党能不能得到广大人民的拥护长期执政下去，关键取决于我们党，取决于党的思想、作风、纪律、组织状况、战斗力、领导能力和执政水平。随着世情国情党情的不断变化，我们党面临的执政环境是复杂的，影响党的先进性、弱化党的纯洁性的因素也是复杂的，党内存在的思想不纯、组织不纯、作风不纯等突出问题尚未得到根本解决，全党同志必须在思想上真正明确，党的执政地位和领导地位并不是自然而然就能长期保持下去的，不管党、不抓党就有可能出问题甚至出大问题，结果不只是党的事业不能成功，还有亡党亡国的危险。"如果我们党不能自己解

---

① 《邓小平文选》第一卷，人民出版社1994年版，第270页。

决自身的矛盾和问题，长期积累下去，那就是我说的霸王别姬的问题了，那就不是一般的被动，而是为时已晚了。"① 党的自我革命根本指向是通过保持和发展党的先进性和纯洁性，确保党始终成为中国特色社会主义事业的坚强领导核心。

（二）通过严肃认真的党内政治生活，实现自我革命

习近平总书记强调："党的历史经验告诉我们，严格党内政治生活是我们党增强自我净化、自我完善、自我革新、自我提高能力的重要途径。抓住了严格党内政治生活这个关键点，也就抓住了解决党内矛盾和问题的钥匙。我们党通过坚持民主集中制、严明党的纪律、开展批评和自我批评等来发现和解决自身存在的矛盾和问题，是最主动、最有效的。"② 这就告诉我们，通过自身严格认真的政治生活，来刮骨疗毒，祛除党的肌体内的杂质和有害物质，保持肌体的健康和活力，确保党"始终走在时代前列、人民衷心拥护、勇于自我革命、经得起各种风浪考验、朝气勃勃的马克思主义执政党"③。

首先，通过党内政治生活保持崇高的革命理想和旺盛的革命斗志，经常进行思想政治体检。以思想为根基，丰富全体党员"精神之钙"，解决世界观、人生观、价值观这个"总开关"问题，发扬斗争精神，勇于担当作为。

其次，严肃党内政治生活，发挥党的"熔炉"作用。用好批评和自我批评这个锐利武器，严明党的政治纪律和政治规矩，发展积极健康的党内政治文化，激发组织活力。

---

① 习近平：《做焦裕禄式的县委书记》，中央文献出版社 2015 年版，第 63 页。
② 《习近平关于协调推进"四个全面"战略布局论述摘编》，第 139 页。
③ 习近平：《决胜全面建成小康社会　夺取新时代中国特色社会主义伟大胜利》，《十九大以来重要文献选编》（上），第 44 页。

第三，通过党内政治生活增强忧患意识。党的初心和使命是党的性质宗旨、理想信念、奋斗目标的集中体现，越是长期执政，越不能忘记党的初心使命，越不能丧失自我革命精神。

第四，通过党内政治生活，驰而不息抓好正风肃纪反腐，永葆清正廉洁的政治本色：加强监督，使领导干部时刻感受到责任、考验和约束：加强党内监督，把"有权必有责、用权必担责、滥权必追究"这个理念，体现在选人用人、制度建设和日常管理上，把监督的螺栓拧紧，把制度的篱笆扎得更牢，确保手中的权力真正用来为人民谋利益。

五、针对新问题，制定新准则

在"进行具有许多新的历史特点的伟大斗争"的新形势下，加强和规范党内政治生活，需要不断总结我们党长期以来形成的历史经验和成功做法，坚持过去行之有效的制度和规定，同时也要结合新的时代特点不断与时俱进，拿出新的办法和规定。党的十八大以来，党中央把加强和规范党内政治生活作为全面从严治党的重要抓手，从党的群众路线教育实践活动开始，探索了一条增强党内政治生活政治性、时代性、原则性、战斗性，提高党内政治生活质量的有效途径。党的十八届六中全会通过的《关于新形势下党内政治生活的若干准则》坚持继承与创新的统一，针对实际问题，把党内政治生活的优良传统时代化，"既指出了病症，也开出了药方，既有治标举措，也有治本方略"①。

---

① 《习近平关于全面从严治党论述摘编》，第48页。

（一）针对新问题，拿出新的办法和新举措

新形势下开展严肃认真的党内政治生活，既要继承和发扬我们党在长期实践中形成的优良传统和基本规范，又要结合新的形势和任务与时俱进，2016 年《准则》继承和发扬了我们党在长期实践中形成的制度规定和优良传统，又全面总结了党的十八大以来党中央推进全面从严治党的生动实践，对全面从严治党的理论和实践创新成果进行了集纳，着力围绕理论、思想、制度构建体系，围绕权力、责任、担当设计制度，推动解决党内政治生活庸俗化、随意化、平淡化问题，形成了新的制度安排，顺应了新形势新任务对严肃党内政治生活的要求。

2016 年《准则》坚持问题导向，在序言部分用近 200 字的篇幅对一个时期以来党内政治生活中出现的突出问题进行了深入剖析，体现了强烈的问题导向和危机意识。文件针对党内政治生活中存在的突出矛盾和问题，立规明矩。不回避矛盾和问题，是什么问题就解决什么问题，什么问题突出就重点解决什么问题。如果说，1980 年制定《关于党内政治生活的若干准则》的根本着眼点是恢复和健全党内民主、防止个人过分集权和个人专断现象再次发生，那么现在要着重解决的，就是一个时期以来出现的"宽松软"以及党内政治生活表面化、形式化、娱乐化、庸俗化等突出问题。1980 年的《准则》，主要原则和规定在今天仍然是适用的，比如，其中关于坚持党的政治路线、思想路线，关于维护党的集中统一，严格遵守党的纪律，关于要求党员干部讲真话、言行一致，关于发扬党内民主、正确对待不同意见，比如关于保障党员权利不受侵犯、关于接受党和群众的监督、不准搞特权等，这些都没有过时，需要继续坚持和遵守。但是考虑到 1980 年的准则是在"文化大革命"结束以后那个特殊时期制定的，针对的是当时的历史条件和主要矛盾，现在已经过去 30 多年了，有的问题在当时是很突出的，现在

就不那么突出了，有的问题当时才刚刚露头，但是现在应该说是比较突出，而且还面临许多新的情况和问题。同时，这些年来，我们党的建设也积累了大量的新成果、新经验，特别是党的十八大以来，以习近平同志为核心的党中央坚持全面从严治党，在管党治党方面取得了显著的成效，有可贵的经验，所以有必要制定一个新的准则。通过制定新准则，既把过去行之有效的规定、要求坚持好，也结合新的时代特点作出新的规定。

习近平总书记明确提出了新形势下制定新的党内政治生活准则的基本要求是针对"亟待解决的突出矛盾和问题"，"文件制定的好不好，关键看能不能解决党内存在的突出问题""发现问题、研究问题、解决问题既是基本要求也是基本方法""有什么突出问题就着力解决什么问题"① 本着这一精神，党的十八届六中全会通过的新准则，既重申了1980 年准则的主要原则、规定和要求，又提出了一系列新的观点、新的举措、新的规定。

第一，强调坚持党的领导，首先是坚持党中央的集中统一领导，涉及全党全国性的重大方针政策问题，只有党中央有权作出决定和解释，严禁在党内拉私人关系、培植个人势力、结成利益集团，领导干部特别是高级干部必须注重家庭、家教、家风，教育管理好亲属和身边工作人员，严格执行领导干部个人有关事项报告制度，等等。

第二，强调党内政治生活的重点是"领导干部"这个"关键少数"，特别是高级干部，则是"关键中的关键"。一个时期以来，"一些党员、干部包括高级干部中，理想信念不坚定、对党不忠诚、纪律松弛、脱离群众、独断专行、弄虚作假、庸懒无为，个人主义、分散主义、

① 习近平：《关于〈关于新形势下党内政治生活的若干准则〉和〈中国共产党党内监督条例〉的说明》，《人民日报》2016 年 11 月 3 日。

自由主义、好人主义、宗派主义、山头主义、拜金主义不同程度存在，形式主义、官僚主义、享乐主义和奢靡之风问题突出，任人唯亲、跑官要官、买官卖官、拉票贿选现象屡禁不止，滥用权力、贪污受贿、腐化堕落、违法乱纪等现象滋生蔓延。……这些问题严重侵蚀党的思想道德基础，严重破坏党的团结和集中统一，严重损害党内政治生态和党的形象，严重影响党和人民事业发展"①。为此，每一部分都强调了高级干部要以身作则、率先垂范，并且对高级干部单独规定。

（二）根本着力点是"增强党内政治生活的政治性时代性原则性战斗性"

增强政治性，就是贯彻把党的政治建设摆在党的建设首位的原则，增强全党的政治意识、大局意识、核心意识、看齐意识，通过党内政治生活把全党思想行动凝聚起来、统一起来。新时代有新任务，新形势有新要求，增强党内政治生活的时代性，就是要聚焦党内政治生活薄弱环节，针对党内政治生活中存在的突出矛盾和问题，围绕理论、思想、制度构建体系，围绕权力、责任、担当设计制度，立规明矩，使党内政治生活始终充满活力。增强原则性，就是党内政治生活要按党的原则处理党内关系、解决党内矛盾和问题，消除一切损害党的先进性和纯洁性的因素。增强战斗性，就是党内政治生活要坚定党性原则，勇于直面问题，勇于自我革命，勇于开展批评和自我批评，激浊扬清，修正错误，克服党内存在的思想不纯、组织不纯、作风不纯等突出问题。

---

① 习近平：《关于〈关于新形势下党内政治生活的若干准则〉和〈中国共产党党内监督条例〉的说明》，《人民日报》2016 年 11 月 3 日。

（三）新准则的基本要求

党的十八届六中全会通过的《关于新形势下党内政治生活的若干准则》，旗帜鲜明地提出新形势下加强和规范党内政治生活的总体要求和根本目标原则："着力增强党内政治生活的政治性、时代性、原则性、战斗性，着力增强党自我净化、自我完善、自我革新、自我提高能力，着力提高党的领导水平和执政水平、增强拒腐防变和抵御风险能力，着力维护党中央权威、保证党的团结统一、保持党的先进性和纯洁性。努力在全党形成又有集中又有民主、又有纪律又有自由、又有统一意志又有个人心情舒畅生动活泼的政治局面。"①《准则》坚持问题导向，围绕坚持和加强党的领导这个关键而设计制度，建构起坚持和完善党的政治、思想和组织领导的制度体系，是以习近平同志为核心的党中央有针对性地解决党内突出矛盾和迫切问题的关键举措。

1. 固本培元，筑牢党员特别是领导干部信仰之基、补足精神之钙，坚定中国特色社会主义道路自信、理论自信、制度自信、文化自信，增强党的意识

第一，坚定理想信念是党的思想建设的首要任务。习近平总书记说："理想信念是共产党人的精神之钙，缺了钙，就会得软骨病。"② 一个领导干部得了"软骨病"，就会"走不远"，失去前进的方向；得了"软骨病"，就会"挺不直"，会在各种错误思潮面前出现政治摇摆；得了"软骨病"，就会"坐不稳"，会在个人遭受挫折的时候消极沉沦。党员干部只有坚定了党的理想信念，才能有政治定力，才能经受各种考验，才能保持强大的精神动力。必须把坚持党的思想路线贯穿于执行党的基本路线全过程，

---

① 《关于新形势下党内政治生活的若干准则》，《人民日报》2016 年 11 月 3 日。

② 《习近平谈治国理政》第一卷，外文出版社 2014 年版，第 15 页。

在实践中检验真理和发展真理，不断推进马克思主义中国化。

第二，共产党人要做共产主义的信仰者和中国特色社会主义的执行者。共产主义远大理想和中国特色社会主义共同理想，是中国共产党人的精神支柱和政治灵魂，也是保持党的团结统一的思想基础。坚定党的理想，要相信共产主义是人类社会的共同文明大道。当前，共产党人对理想的追求就是坚定走中国特色社会主义道路。中国特色社会主义的理论体系已经形成，经过三十多年的实践也已经证明成功。共产党人要坚信走中国特色社会主义道路一定能够实现中国梦，从而为民族和人类作出自己的应有贡献。

第三，党在社会主义初级阶段的基本路线是党内政治生活正常开展的根本保证。发展是硬道理，解决中国问题的关键在于发展，全党必须聚精会神抓好发展这个党执政兴国的第一要务。坚持四项基本原则这个立国之本，坚持改革开放这条强国之路，任何时候都不能有丝毫偏离和动摇。

第四，坚持全心全意为人民服务的根本宗旨、保持党同人民群众的血肉联系。党章指出，党的一切工作是向群众负责。没有这样的执政理念，就会在工作上产生"唯上"的工作作风。贯彻全面从严治党，一定要把"人民至上"理念融化到领导干部的血液里，成为日常工作的政治自觉。如何践行党的宗旨，把"人民至上"的理念贯彻到实际工作中去？关键是真正践行党的群众路线。

2. 严肃党内的组织生活，形成"自我完善"的机制

习近平总书记强调的："我们党通过坚持民主集中制、严明党的纪律、开展批评与自我批评等来发现和解决自身存在的矛盾与问题，是最主动、最有效的。"①

① 习近平:《做焦裕禄式的县委书记》，中央文献出版社 2015 年版，第 63 页。

第一，必须严明党的纪律，把纪律挺在前面，用铁的纪律从严治党。坚决维护党中央权威和集中统一领导、维护习近平总书记全党的核心、党中央的核心的权威，这是加强和规范党内政治生活的重要目的。

第二，坚持民主集中制，任何组织和个人在任何情况下都不允许以任何理由违反这项制度。党内决策、执行、监督等工作必须执行党章党规确定的民主原则和程序，任何党组织和个人都不得压制党内民主、破坏党内民主。

第三，通过组织的力量和智慧加强全党的党性修炼，构建党内自我净化的机制。为了推进从严治党，党的十八大提出了"自我提高，自我完善，自我净化和自我革新"的要求。"四个自我"，关键点是全党提高自我净化的能力。如何自我净化？一个重要方法是党的组织生活。必须坚持党的组织生活各项制度，创新方式方法，增强党的组织生活活力。

3.坚持激浊和扬清两手抓，以上率下，加强领导干部的管理和监督

第一，对干部的标准要凸显担当精神。如何从严管好"关键的少数"？习近平总书记提出了好干部的五条标准，强调领导干部要有担当精神。这是由党面临的历史任务决定的。在党的十八届三中全会上，我们党提出了全面深化改革的历史任务。实现全面深化改革的目标，关系到中国梦的实现，也关系到中华民族的命运。因此，从严治吏，突出强调了领导干部的担当精神。

第二，贯彻干部能上能下的选任机制。如何让领导干部主动地担当起来？一方面要加强思想引导；另一方面还需要相应的制度约束。对"那些忠诚、干净、敢于担当的干部，想干事、能干事、干成事的干部"，要及时"用起来"，要"通过激励、奖惩、问责等一整套制度安排，保证能者上、庸者下、劣者汰，形成良好的用人导向和制度环

境"。① 完善权力运行制约和监督机制，形成有权必有责、用权必担责、滥权必追责的制度安排。

第三，反腐倡廉要从严，把治本与治标结合起来，建设"勤政廉洁"的执政党。腐败愈演愈烈，就必然亡党亡国。廉政从严的关键是建设"廉洁政治"。如何加强廉政建设？中央提出：要建设廉洁政治。筑牢拒腐防变的思想防线和制度防线，着力构建不敢腐、不能腐、不想腐的体制机制。

① 《中共中央政治局召开会议审议〈中国共产党巡视工作条例（修订稿）、〈关于推进干部能上能下的若干规定（试行)〉》，《人民日报》2015 年 6 月 27 日。

第六讲

把握正确的政治方向，不忘共产党的"本"

组织是为达到一定目标而行动的人的集合体，任何一个组织，首要任务就是凝聚起共识，构筑"心往一处想"的思想基础，以实现自己的组织目标。"心往一处想"的思想基础就是中国共产党的政治方向，主要包括党的理想信念、宗旨立场、基本理论、政治路线和政治方略等。毛泽东同志多次用"旗帜""党的大目标""一个人的头"等语言形容党的政治方向的指针作用。早在 1920 年 11 月 25 日，毛泽东同志就在给新民学会会员的信中就说："主义譬如一面旗子，旗子立起来了，大家才有所指望，才知所趋赴。"① 这里强调的是马克思主义信仰。1937 年 5 月 8 日，毛泽东同志在《为争取千百万群众进入抗日民族统一战线》的报告中强调："现在的努力是朝着将来的大目标的，失掉这个大目标，就不是共产党员了。然而放松今日的努力，也就不是共产党员。"② 这里强调的是党的理想信念和奋斗目标。1938 年 4 月 5 日，毛泽东同志在陕北公学讲话，"在你们开学那一天，我曾经讲过政治方向问题。这个政治方向就是指示全国人民要走的路。政治方向好像是一个人的头，有了头其他各部分才能动作。"③ 这里强调的是党的路线。

---

① 《新民学会文献汇编》，第 54 页。
② 《毛泽东选集》第一卷，人民出版社 1991 年版，第 276 页。
③ 毛泽东：《国共两党合作问题》，《党的文献》1995 年第 4 期。

方向决定道路，道路决定命运。习近平总书记强调："政治方向是党生存发展第一位的问题，事关党的前途命运和事业兴衰成败。"①政治方向是共产党的初心和本源，"我们干事业不能忘本忘祖、忘记初心。我们共产党人的本，就是对马克思主义的信仰，对中国特色社会主义和共产主义的信念，对党和人民的忠诚"②。在当代中国，中国共产党所要坚守的政治方向，主要是中国共产党的理想信仰，宗旨立场和党的基本理论、基本路线、基本方略。第一，共产主义的理想信念是中国共产党人的精神支柱和政治灵魂，马克思主义是中国共产党人的理论指南，中国特色社会主义是当代中国伟大旗帜，习近平新时代中国特色社会主义思想是当代中国马克思主义、21世纪马克思主义。第二，党的基本理论是党和人民历经千辛万苦、付出各种代价取得的宝贵成果，党的基本路线是党的思想路线指导下形成的党在社会主义初级阶段的基本路线，是党和国家的生命线、人民的幸福线。党的基本方略是在党的政治方向指引下，制定科学的政治纲领和实现纲领的政治方略。第三，人民立场是中国共产党的根本政治立场，代表人民利益，以人民为中心，既是中共的宗旨，也是使中共获得最广泛最可靠最牢固的群众基础和力量源泉的根本之策。

新形势下严肃党内政治生活，必须发挥政治指南针作用，高举思想旗帜、强化理论武装，凝聚党的成员的共识，形成全党共同的意志，进而把全国各族人民的智慧和力量凝聚到坚持和发展新时代中国特色社会主义伟大事业中来，形成磅礴力量，导演出波澜壮阔威武雄壮的活剧来。由此，本章主要围绕坚定党员干部的理想信念、学习党的基本理论、坚持党的基本路线和全心全意为人民服务的宗旨等共产党员的"本"

---

① 《把党的政治建设作为党的根本性建设为党不断从胜利走向胜利提供重要保证》，《人民日报》2018年7月1日。

② 习近平：《在全国党校工作会议上的讲话》，人民出版社2016年版，第7页。

而展开。

一、坚定党员干部的理想、信念和信仰

习近平总书记指出："对马克思主义的信仰，对社会主义和共产主义的信念，是共产党人的政治灵魂，是共产党人经受住任何考验的精神支柱。形象地说，理想信念就是共产党人精神上的'钙'，没有理想信念，理想信念不坚定，精神上就会'缺钙'，就会得'软骨病'。"① 新时代严肃和规范党内政治生活，党员、干部要把对马克思主义的信仰、对社会主义和共产主义的信念作为毕生追求，把马克思主义理论作为必修课，认真学习马克思列宁主义、毛泽东思想、邓小平理论、"三个代表"重要思想、科学发展观和习近平新时代中国特色社会主义思想，认真学习党章党规，不断提高马克思主义思想觉悟和理论水平。

（一）理想信念就是共产党人精神上的"钙"

"理想信念"作为一个综合性的概念在中国已被广泛使用，但并不是"理想"和"信念"的简单相加。理想是人类特有的一种精神现象，是人们在实践中可以实现的对未来社会的美好向往和对人生的幸福追求。信念同理想一样，也是人类特有的一种精神现象，是人们在一定认识基础上确立的对某种思想和理想坚信不疑并身体力行的精神状态。在社会实践活动中，当人们确信某种思想见解或理论主张并将其付诸实践时，就表明人们形成了一定的信念。理想信念作为一种特殊的人类精神，主宰着人的心灵世界，制约着人的价值取向和行为选择，它是人们

---

① 《习近平谈治国理政》第一卷，第15页。

世界观、人生观和价值观的集中体现，对于个人优秀品德的培育，对于国家民族的繁荣富强，具有方向指引和动力支撑的重要作用。

对于共产党员来说，理想信念宗旨决定了党的政治纲领和政治主张，是共产党人的灵魂。党员干部的理想信念问题，是关系党员干部政治目标和政治方向的大问题，是官德中的大德，是历代中国共产党领导人都首先强调的重要问题。"革命理想高于天。"坚定理想信念，坚守共产党人精神追求，始终是共产党人安身立命的根本。毛泽东同志要求共产党员在入党时，"心目中就悬着为现在的新民主主义革命而奋斗和为将来的社会主义和共产主义而奋斗这样两个明确的目标"①。邓小平同志指出："我认为，最重要的是人的团结，要团结就要有共同的理想和坚定的信念。我们过去几十年艰苦奋斗，就是靠用坚定的信念把人民团结起来，为人民自己的利益而奋斗。没有这样的信念，就没有凝聚力。没有这样的信念，就没有一切。"②习近平总书记强调："有了坚定的理想信念，站位就高了，眼界就宽了，心胸就开阔了，就能坚持正确政治方向，在胜利和顺境时不骄傲不急躁，在困难和逆境时不消沉不动摇，经受住各种风险和困难考验，自觉抵御各种腐朽思想的侵蚀，永葆共产党人政治本色。"③

1. 共产主义远大理想

习近平总书记多次从中华民族文明史、社会主义运动史、中国近现代史、中国共产党历史、改革开放史和新时代中国特色社会主义等六个维度，深刻论述了社会主义的人类意义、中国社会主义的世界意义、中国特色社会主义的历史必然性和新时代中国特色社会主义的新要求。他

---

① 《毛泽东选集》第三卷，人民出版社 1991 年版，第 1059 页。

② 《邓小平文选》第三卷，第 190 页。

③ 习近平：《关于坚持和发展中国特色社会主义的几个问题》，《求是》2019 年第7 期。

把从 1516 年英国人莫尔发表《乌托邦》提出社会主义理想到现在"差不多 500 年时间",定义为"世界社会主义 500 年运动史",并且把"新中国成立后我党对社会主义的探索和实践"和"我党做出改革开放的历史性抉择,开创和发展中国特色社会主义",作为世界社会主义运动史重要组成部分。① 习近平总书记对世界社会主义 500 年历史新的阐释和总结,从空想到科学、从理论到实践、从理想到现实,科学地揭示了社会主义是人类历史的必然归宿,揭示了只有社会主义才能救中国,只有中国特色社会主义才能实现民族伟大复兴的深刻道理。

在西方资本主义开始兴起后,产生了与资本主义剥削压迫"针锋相对之物"——社会主义思想,即幻想一个生产资料公有、共同劳动、平均分配和集体生活的幸福美满社会。从《乌托邦》到 1849 年欧文著《人类思想和实践中的革命》,是早期无产者革命斗争的最初的"理论表现"②,"这些著作抨击现存社会的全部基础。因此,它们提供了启发工人觉悟的极为宝贵的材料"③。当然,"不成熟的理论,是同不成熟的资本主义生产状况、不成熟的阶级状况相适应的"④。对于空想社会主义者来说,尽管他们是"社会主义创始人",但他们还揭示不了资本主义的根本矛盾和发展规律,不懂得阶级斗争,对无产阶级的历史使命也缺乏科学的认识。

经典作家马克思恩格斯在社会经济发展和自然科学取得巨大进步的条件下,继承了空想社会主义合理的理想因素和"天才的萌芽",又批判其空想的根本错误,创立崭新的科学体系——科学社会主义。他们揭

---

① 《习近平总书记系列重要讲话读本》,学习出版社、人民出版社 2016 年版,第 19—24 页。

② 《马克思恩格斯选集》第 3 卷,第 721 页。

③ 《马克思恩格斯选集》第 1 卷,第 304 页。

④ 《马克思恩格斯选集》第 3 卷,第 724 页。

示了人类社会发展的一般规律、资本主义社会发展的特殊规律和资本主义过渡到社会主义、共产主义的历史定律。他们一再强调：整个人类的文明史，在共产主义革命之前，其实质上都是阶级社会，作为最先进生产力产物的无产阶级政党，它的历史使命是经过"最后的斗争"，消灭人类历史上的剥削制度和剥削阶级，终极性的废除"虚假的""代表剥削阶级利益与要求"的意识形态，创造出与以前有本质区别的、代表生产力发展方向的、广大民众的思想文化。他们认为，社会主义根本特征是彻底消灭私有制，克服了社会生产无政府状态，实行按劳分配，广大劳动人民摆脱了被剥削的地位，真正实现了自由和平等权利。在《哥达纲领批判》一文中，马克思勾勒出替代资本主义的那个美好社会——共产主义社会的大致轮廓，他说："在共产主义社会高级阶段上，在迫使人们奴隶般地服从分工的情形已经消失，从而脑力劳动和体力劳动的对立也随之消失之后；在劳动已经不仅仅是谋生的手段，而且本身成了生活的第一需要之后；在随着个人的全面发展生产力也增长起来，而集体财富的一切源泉都充分涌流之后，——只有在那个时候……社会才能在自己的旗帜上写上：各尽所能，按需分配！"① 人们根据这一论述，对共产主义进行了经典概括：生产力高度发展，社会产品极大丰富，人们普遍具有高度的思想觉悟，劳动不再是谋生的手段而是生活的第一需要，生产资料实行全民所有制，社会财富实行各尽所能，按需分配，阶级和国家彻底消亡，人类获得全面而自由的发展，实现了从必然王国到自由王国的飞跃，完成了由"史前史"向"真正的人类历史"历史性的过渡。这是人类历史上最理想、最进步、最美好的社会，这个美好的社会目标一直激励着全世界无产阶级为之奋斗。

共产主义运动以共产主义者同盟建立为开端，不断地取得新突破，

---

① 《马克思恩格斯选集》第3卷，第305—306页。

随着《共产党宣言》的发表，列宁领导的十月革命胜利，苏联战胜法西斯德国，中国革命的胜利，东欧建立起一系列社会主义国家，社会主义呈现出了由空想到科学、由理论到实践，由理想到现实，由一国胜利到多国胜利的发展规律，共产主义运动取得了举世瞩目的伟大成绩。到了20世纪末，随着苏东剧变，众多的社会主义国家或分裂或改道资本主义，国际共产主义运动转入低谷。但是，资本主义的基本矛盾也不会消失，至今仍有少数国家仍在坚持社会主义，特别是中国特色社会主义欣欣向荣，新的国际共产主义运动高潮的必然还会再次到来，这是不以人的意志为转移的历史规律。

2. 中国特色社会主义共同理想

近代以来仁人志士的各种救国方案都试过了，都失败了，"康有为写了《大同书》，他没有也不可能找到一条到达大同的路"①。唯有中国共产党按照马克思主义的指导，把共产主义作为自己的旗帜和奋斗目标，经过28年艰苦卓绝的新民主主义革命，成立了中华人民共和国，造就这样一种道路："经过人民共和国到达社会主义和共产主义，到达阶级的消灭和世界的大同。"② 在中国这样的半殖民地半封建的落后的国家，需要经历一个"属于社会主义体系的和逐步过渡到社会主义社会去的过渡性质的社会"③——新民主主义社会。到1952年底，民主革命遗留任务，与国民经济的完全恢复相伴而来的是公营经济在整个国民经济比例上取得了压倒的优势，具备采取"实际的社会主义步骤"的条件了，中共中央遂正式提出"过渡时期总路线"。经过三年时间的社会主义改造，完成了从新民主主义到社会主义的历史性转变。选择社会主义制度，避免了出现贫富剧烈分化、社会动荡不安、经济命脉被外国控制等弊端，

---

① 《毛泽东选集》第四卷，人民出版社1991年版，第1471页。
② 《毛泽东选集》第四卷，人民出版社1991年版，第1471页。
③ 《中国共产党历史第二卷（1949—1978）》上册，第185页。

避免了发展中国家现代化进程中容易出现的产业结构单一、工业化进程滞缓、制造业基础薄弱，过多依赖初级产品和自然资源出口赚取外汇成等问题。

社会主义制度确立和发展，保障了基本民生的供给和共同富裕，使中国社会生产力获得迅速发展，新中国在短时间内初步建成了独立、比较完整的工业体系和国民经济体系，解决了工业化中"从无到有"的问题，其他各方面事业也取得突破性的大发展。由于在中国这样一个落后的东方大国建设社会主义，是社会主义发展史上从未遇到的新课题，在这种情况下，就是列宁所说的："必须以共产主义的一般理论和实践为依据，适应欧洲各国所没有的特殊条件，善于把这种理论和实践运用于主要群众是农民、需要解决的斗争任务不是反对资本而是反对中世纪残余这样的条件。"① 我们党及时提出要对"苏联模式"进行反思的要求，把马列主义的基本原理同中国建设的具体实际"进行第二次结合，找出在中国怎样建设社会主义的道路"②。在探索社会主义道路的过程中，取得了许多独创性的理论成果，也发生过许多失误和曲折，留下了深刻的历史经验和教训。

党的十一届三中全会以后，以邓小平同志为主要代表的中国共产党人，重新确立解放思想、实事求是的思想路线，彻底否定"以阶级斗争为纲"的错误理论和实践，以巨大的政治勇气和理论勇气进行改革开放，成功开创了中国特色社会主义。中国特色社会主义是改革开放以来一切理论与实践的主题。从党的十三大起，历次党的全国代表大会报告标题都有中国特色社会主义这个主题词。党的十三届四中全会以后，以江泽民同志为主要代表的中国共产党人，成功把中国特色社会主义推向21

---

① 《列宁选集》第 4 卷，人民出版社 1995 年版，第 79 页。
② 《毛泽东年谱（1949—1976）》第二卷，中央文献出版社 2002 年版，第 557 页。

世纪。党的十六大以后，以胡锦涛同志为主要代表的中国共产党人，成功在新的历史起点上坚持和发展了中国特色社会主义。习近平总书记反复强调："坚持和发展中国特色社会主义是一篇大文章，我们这一代共产党人的任务，就是继续把这篇大文章写下去。"①

理论一经掌握群众，也会变成物质力量。在中国特色社会主义指引下，我国创造了人类社会发展史上惊天动地的发展奇迹，经济实力、综合国力大幅提升，人民生活显著改善，国际地位空前提升，社会主义焕发出勃勃生机，迎来中华民族伟大复兴光明前景。马克思诞辰已经200多年了，科学社会主义从十月革命后传到中国也已经100多年，历史证明了只有社会主义才能救中国，只有中国特色社会主义才能发展中国。中国社会主义成就，开辟了一条在经济文化落后国家实现社会主义，实现现代化的独特发展道路。当今，社会主义中国是世界社会主义的中流砥柱。中国特色社会主义的巨大成功向世界宣告，科学社会主义方兴未艾，正焕发出蓬勃生机活力。中国将在中国共产党成立100年时全面建成小康社会，到新中国成立100年时建成富强民主文明和谐美丽的社会主义现代化国家。到那时中国就必能以自己示范作用和成功道路，更加坚定世界人民社会主义的信心，世界社会主义运动必将出现新的高潮。

3. 做远大理想和共同理想的实践者

2013年1月5日，习近平总书记在新进中央委员会的委员、候补委员学习贯彻党的十八大精神研讨班开班式上讲话时强调："共产党员特别是党员领导干部要做共产主义远大理想和中国特色社会主义共同理想的坚定信仰者和忠实践行者。"②远大理想指一定社会群体的最终奋斗

---

① 习近平:《关于坚持和发展中国特色社会主义的几个问题》,《求是》2019年第7期。

② 习近平:《关于坚持和发展中国特色社会主义的几个问题》,《求是》2019年第7期。

目标。共产主义代表了无产阶级和全人类的长远利益，工人阶级及其政党的远大理想是实现共产主义。中国现阶段的共同理想是，建设中国特色社会主义，实现中华民族的伟大复兴，即实现中国梦。共产主义只有在社会主义充分发展和高度发达的基础上才能实现，实现共产主义是一个非常漫长的历史过程，远大理想是现阶段共同理想的必然趋势和最终目的，现阶段共同理想是远大理想实现的必要准备和必经阶段。中国共产党自从诞生以后，所领导的革命运动从本质上是就是领导人民一直在进行共产主义运动，但是，中国共产党自从诞生至今都不是直接干共产主义，而是为共产主义准备条件，从这个意义上讲，中国共产党过去、现在和将来的革命和建设都是共产主义运动的重要组成部分。对于当代中国共产党人来说，既要立足我国正处于并将长期处于社会主义初级阶段这个实际，脚踏实地地为实现党在现阶段的奋斗目标和基本纲领而不懈努力，因为建设中国特色社会主义就是为实现共产主义打好基础，又要胸怀共产主义的崇高理想。中国特色社会主义就是共产主义的现实阶段，建设中国特色社会主义就是建设共产主义。忘记远大理想而只顾眼前，就会失去前进方向；离开现实工作而空谈远大理想；就会脱离实际，与此同时，必须清醒地认识到，我们干的事业，是为实现共产主义而奋斗的。共产党人是最高理想和共同理想的实践者。

总之，理想信念和信仰，"始终是党员、干部站稳政治立场、抵御各种诱惑的决定性因素"[1]。党内政治生活要把加强党员干部的理想信念作为首要任务，强调筑牢信仰之基、补足精神之钙、把稳思想之舵。要坚持理论联系实际，在改造客观世界的同时不断改造主观世界，深刻认识人类社会发展最终走向共产主义的历史必然性，深刻认识中国特色社

---

[1] 《习近平关于协调推进"四个全面"战略布局论述摘编》，中央文献出版社2015年版，第131页。

会主义的独特优势和强大生命力，真正把理想信念建立在对科学理论的理性认同上，建立在对历史规律的正确认识上，建立在对基本国情的准确把握上，真正把社会主义、共产主义理想信念内化于思想灵魂中，外化于实践活动中。

(二) 学习贯彻党的基本理论，坚定马克思主义的信仰

无产阶级政党作为无产阶级的先锋队，它以马克思主义的先进理论武装自己。马克思主义是无产阶级的世界观，是关于全世界无产阶级和全人类彻底解放的学说。无产阶级政党如果没有科学世界观的指导，如果不以先进理论武装自己，不能成为先进的党，也就不能完成自身担负的解放使命。正如列宁所说，"只有以先进理论为指南的党，才能实现先进战士的作用"①。列宁强调："现代历史的全部经验，特别是《共产党宣言》发表后半个多世纪以来世界各国无产阶级的革命斗争，都无可争辩地证明，只有马克思主义的世界观才正确地反映了革命无产阶级的利益、观点和文化。"②

1. 马克思主义是共产党人的理论基础

中国共产党是马克思主义政党，坚持马克思主义的指导地位是党的本质性规定。马克思主义自诞生之日起，中国共产党就把马列主义作为党的理论基础和行动指南。马克思主义最根本的特征是以实践为基础的科学性和革命性的统一的理论体系。由于实践是不断发展的，马克思主义需要紧密结合实际，不断研究和解决随着时代前进和实践发展所提出的新情况、新问题。中国共产党从自身的实践中深切体会到，只有将马克思主义的基本原理和中国革命与建设的实际情况相结合，独立自主地

---

① 《列宁全集》第 6 卷，第 24 页。
② 《列宁全集》第 39 卷，第 332 页。

探索适合本国国情的革命和建设道路，才能取得胜利。中国共产党在不断推进马克思主义中国化的进程中，先后实现了两次历史性飞跃。第一次飞跃发生在新民主主义革命时期，形成的理论成果是毛泽东思想。第二次飞跃发生在党的十一届三中全会以后，形成的理论成果是中国特色社会主义理论体系。

2. 当代马克思主义——中国特色社会主义理论体系

新中国成立后，我们党领导人民历经曲折取得的根本成就是中国特色社会主义的道路、理论、制度和文化。中国特色社会主义是以把马克思主义中国化作为基本遵循，以社会主义初级阶段的基本国情为总依据，以和平与发展为当今世界的时代主题，在实践的基础从理论上系统回答了在中国这样人口多、底子薄、发展不平衡的东方大国建设什么样的社会主义、怎样建设社会主义的根本问题。只有中国特色社会主义才能发展中国，才能实现民族伟大复兴。

"坚持和发展中国特色社会主义是一篇大文章，邓小平同志为它确定了基本思路和基本原则，以江泽民同志为核心的党的第三代中央领导集体、以胡锦涛同志为总书记的党中央在这篇大文章上都写下了精彩的篇章。"①坚持和发展中国特色社会主义这一主题，在不同的历史阶段有不同的表现方式。在改革开放之初，这一主题表现为"什么是社会主义、怎样建设社会主义"，之后又相继表现为"建设一个什么样的党、怎样建设党""实现什么样的发展、怎样发展"等主题形式。先后形成了"三个代表"重要思想和科学发展观。"三个代表"重要思想是面向 21 世纪的中国化的马克思主义，是新世纪新阶段全党全国人民继往开来、与时俱进，实现全面建设小康社会宏伟目标的根本指针。科学发展观是中国

---

①　习近平：《关于坚持和发展中国特色社会主义的几个问题》，《求是》2019 年第 7 期。

特色社会主义理论体系最新成果，是中国共产党集体智慧的结晶，是指导党和国家全部工作的强大思想武器，是党必须长期坚持的指导思想。

3. 习近平新时代中国特色社会主义思想

时代是思想之母，实践是理论之源。"国内外形势变化和我国各项事业发展都给我们提出了一个重大时代课题，这就是必须从理论和实践结合上系统回答新时代坚持和发展什么样的中国特色社会主义、怎样坚持和发展中国特色社会主义。"① 很显然，"新时代坚持和发展什么样的中国特色社会主义、怎样坚持和发展中国特色社会主义"就是坚持和发展中国特色社会主义主题在新时代条件下的具体表现形式。习近平新时代中国特色社会主义思想站在战略和全局的高度，从理论和实践的结合上，以一系列战略性、前瞻性、创造性的观点，深刻回答了"新时代坚持和发展中国特色社会主义的总目标、总任务、总体布局、战略布局和发展方向、发展方式、发展动力、战略步骤、外部条件、政治保证等基本问题"。为坚持和发展中国特色社会主义注入了时代内涵，提供了根本遵循。党的十九大强调：习近平新时代中国特色社会主义思想"是马克思主义中国化最新成果，是党和人民实践经验和集体智慧的结晶，是全党全国人民为实现中华民族伟大复兴而奋斗的行动指南，必须长期坚持并不断发展。"②

当前，党和人民在以习近平同志为核心的党中央领导下，正为实现中华民族伟大复兴的中国梦而奋斗。在新的征程上，我们一定要坚持把马克思主义同中国实际和时代特征相结合，满怀中国特色社会主义的道路自信、理论自信、制度自信，坚定不移沿着正确的中国道路

---

① 习近平：《决胜全面建成小康社会 夺取新时代中国特色社会主义伟大胜利》，《十九大以来重要文献选编》（上），第13页。

② 习近平：《决胜全面建成小康社会 夺取新时代中国特色社会主义伟大胜利》，《十九大以来重要文献选编》（上），第14页。

奋勇前进。在当代中国，用中国特色社会主义理论体系指导我们的实践，就能引领我们破除一切妨碍科学发展的思想观念和体制机制弊端，克服前进道路中的一切困难，排除历史的和现实的、自然的和社会的、国内的和国际的各种阻力，保障人民经济、政治、文化、社会权益，实现建成富强民主文明和谐的社会主义现代化强国的宏伟目标。

二、坚持社会主义初级阶段的基本路线

党的政治路线是实现党的最高纲领和最终奋斗目标在一定的历史阶段的具体体现，是党在一定历史阶段的行动纲领，决定着党在一定历史时期的行动方向，也为党的建设指明方向。

（一）党的建设密切联系着党的政治路线

党的建设密切联系着党的政治路线是毛泽东党建思想的一条重要原理。首先，党的建设从来不是离开党的政治路线孤立地进行的，正确的党的政治路线集中体现了人民的意志和根本利益，也是党在政治上成熟的重要标志。党的建设只有围绕正确的政治路线进行，才能把全党的意志和行动集中到一个共同的奋斗目标上，才能实现党的目标，才能得到人民的信任和支持，才能发展和壮大党的组织，也才能真正体现党的建设的价值和意义。历史经验表明，什么时候党的政治路线正确，革命事业就兴旺，党的组织就巩固和发展；反之，党的政治路线发生失误，革命事业就要遭受挫折，党的组织和力量就要削弱。与此同时，党的建设对党的政治路线的制定和执行有着积极的直接的影响。正确的政治路线的制定，离不开党在政治上的成熟和实事求是思想路线的形成，"政治

路线确定后，干部就是决定的因素"①。政治路线的贯彻执行，也离不开各级党的组织和大批优秀的赏和干部。因此，党的组织建设是制定和实行正确路线的保证。正确路线的实行，也离不开广大人民群众的支持和拥护，还必须保持和发扬党的群众路线、加强党的作风建设。也就是说，党内生活和党的路线政策、党风一样，都是党的建设和党的工作成败得失的关键因素，"只有一套正确的政治路线、政策是不够的，还要有一套正确的组织路线和好的党的作风。这两方面结合起来才能把我们的党搞好②。"

（二）社会主义初级阶段这一最大的国情

马克思根据生产力发展水平和社会物质财富的增长程度，将共产主义划分为第一阶段和高级阶段，指出这两个阶段实行不同的分配原则，即初级阶段是社会主义，实行按劳分配；高级阶段是共产主义，实行按需分配。我们通常说的共产主义就是指高级阶段，社会主义和共产主义在本质上是一致的，社会主义就是共产主义的初级阶段。为了找到建设社会主义的正确道路，从社会主义制度在我国建立之时起，我们党开始了对适合中国情况的社会主义建设道路的艰辛探索。以毛泽东同志为主要代表的中国共产党人提出了许多关于社会主义建设的重要思想和观点，涉及经济、政治、文化、国防、外交等各个领域和方面。历史是最好的教科书。从成功中吸取经验，从失误中吸取教训，不断开辟走向胜利的道路，这就是共产党人的历史进程。改革开放以来，以邓小平同志为主要代表的中国共产党人认为最重要的是搞清楚什么是社会主义，如何建设社会主义。最根本的经验就是必须把马克思主义基本原理同中国

---

① 《毛泽东选集》第二卷，人民出版社 1991 年版，第 526 页。

② 《胡耀邦文选》，人民出版社 2015 年版，第 250 页。

实际和时代特征结合起来，独立自主地走自己的路。以邓小平同志为主要代表的中国共产党人总结了历史经验和时代特点，进一步认清社会主义的本质，不断丰富社会主义的实现形式。由于社会主义新中国从半殖民地半封建社会中脱胎出来的，必须首先经过一个解放生产力、发展生产力，消灭贫穷和落后，实现现代化，社会历史阶段，即社会主义初级阶段。在这个阶段去实现经典作家所设想的在发达的资本主义国家进行社会主义革命时已经实现的工业化、经济的社会化、市场化和现代化的任务，建立和发展社会主义应有的发达的生产力基础。中国特色社会主义是共产主义的初级阶段，而我国现在处在社会主义的初级阶段。改革开放以来，我们党创立了社会主义初级阶段理论，提出了党在这个历史阶段的基本理论、基本路线、基本纲领、基本经验，到中国共产党一百年时，建成惠及十几亿人口的更高水平的小康社会；到新中国成立一百年时，人均国内生产总值达到中等发达国家水平，基本实现现代化。建成中国特色社会主义是我们的共同理想。

（三）党在社会主义初级阶段的基本路线

党的十一届三中全会以来改革开放事业的顺利发展，根本上是因为确立了"一个中心、两个基本点"的党在社会主义初级阶段的基本路线，并且毫不动摇地加以贯彻。这条基本路线，就是在系统总结新中国成立以来正反两方面经验教训的基础上形成的。

1. 以经济建设为中心

社会主义初级阶段最根本的一条就是生产力不发达，现代化还没有实现，必须把工作中心从阶级斗争转变到经济建设上面来。通过发展这个党治国理政的第一要务，实现人民对美好生活的向往，增强人民群众对党的信心、信任和信赖，有效巩固扩大党执政的阶级基础和群众基础，夯实党执政最根本的政治基础。党的十九大以来，我国社会主要矛盾已经转化为人民日益增长的美好生活需要和不平衡不充分的发展之间的矛盾。但社会主义初级阶段依然是我们的"最大实际"与"最大国情"。我们要继续坚持以经济建设为中心，着力推动我国经济高质量发展，与此同时，更好解决我国社会出现的各种问题，更好实现各项事业全面发展，更好地推动人的全面发展、社会全面进步。

2. 坚持四项基本原则

改革开放之初，党就强调要坚持中国共产党的领导和社会主义制度。邓小平同志指出："我们实行改革开放，这是怎样搞社会主义的问题。作为制度来说，没有社会主义这个前提，改革开放就会走向资本主义。"①"过去行之有效的东西，我们必须坚持，特别是根本制度，社会主义制度，社会主义公有制，那是不能动摇的。"② 中国特色社会主义，顾名思义，就是社会主义，其基本点还是科学社会主义基本原则。与此同时，这一社会主义具有中国特色，即根据中国国情和时代条件赋予鲜明的中国特色。照邓小平同志的说法，就是"没有丢马克思，也没有丢毛泽东。老祖宗不能丢！"③ 亦如习近平总书记指出的，科学社会主义基本原则不能丢，"丢了就不是社会主义"④。

3. 坚持改革开放

经济社会的发展根本动力是改革开放，是决定中国命运的关键一招。1978 年 12 月召开的党的十一届三中全会，重新确立了解放思想、实事求是的思想路线，停止使用"以阶级斗争为纲"的错误提法，确定把全党工作的着重点转移到社会主义现代化建设上来，作出实行改革开

---

① 《邓小平年谱（1975—1997）》（下），中央文献出版社 2004 年版，第 1317 页。
② 《邓小平文选》第二卷，第 133 页。
③ 《邓小平文选》第三卷，第 369 页。
④ 习近平：《关于坚持和发展中国特色社会主义的几个问题》，《求是》2019 年第 7 期。

放的重大决策，实现了党的历史上具有深远意义的伟大转折。① 习近平总书记强调："改革开放是当代中国最鲜明的特色，是我们党在新的历史时期最鲜明的旗帜。改革开放是决定当代中国命运的关键抉择，是党和人民事业大踏步赶上时代的重要法宝。"② 在一定意义上，改革开放就是在继承被实践证明是正确的中国社会主义建设的理论原则和基本经验的基础上，纠正被实践证明是不正确的理论观点及其指导下的影响生产力发展和社会进步的体制、道路和方法，从而开创了中国特色的社会主义。

（四）把基本路线统一于中国特色社会主义伟大实践

中国特色社会主义道路是实现中华民族伟大复兴的必由之路；封闭僵化的老路，改旗易帜的邪路，都是死路。这是党带领人民历经百年探索奋斗得出的结论。毫不动摇坚持党的基本路线，就是要深刻认识到党的基本路线是党和国家的生命线、人民的幸福线，把以经济建设为中心同坚持四项基本原则、坚持改革开放这两个基本点统一于中国特色社会主义伟大实践，任何时候都不能有丝毫偏离和动摇。坚定执行党的基本路线，要求我们思想和行动上，自觉同党的基本路线对标对表，坚决同一切违背、歪曲、偏离、否定党的基本路线的言行做斗争。"坚决抵制抛弃社会主义的各种错误主张，自觉纠正超越阶段的错误观念和政策措施。"③《关于新形势下党内政治生活的若干准则》对此强调："考察识别干部特别是高级干部必须首先看是否坚定不移贯彻党的基本路线。党员、干部特别是高级干部在大是大非面前不能态度暧昧，不能动摇基本

---

① 习近平：《在纪念邓小平同志诞辰 110 周年座谈会上的讲话》，人民出版社 2014 年版，第 5 页。

② 《习近平谈治国理政》第二卷，外文出版社 2017 年版，第 39 页。

③ 《习近平谈治国理政》第一卷，第 11 页。

政治立场，不能被错误言论所左右。"①

三、以人民为中心

代表人民利益、坚持人民立场、以人民为中心、奉行人民路线，是中国共产党的宗旨和初心。历史表明，我们党的根基在人民、血脉在人民、力量在人民，"我党没有人民，便等于鱼没有水，便没有生存的必要条件"②。只要我们始终把人民放在心中最高位置，全心全意为人民服务，发扬密切联系群众这个最大的政治优势，消除脱离群众这个最大危险，我们党的事业就会永远立于不败之地。在新的历史条件下，习近平总书记强调，加强党的建设，"要紧扣民心这个最大的政治，把赢得民心民意、汇集民智民力作为重要着力点"③。

（一）不忘初心、牢记使命

"时代是出卷人，我们是答卷人，人民是阅卷人。"④时代出的试卷是在亡国灭种的民族整体性危机和传统的文化资源受到根本的冲击前提下，如何实现人民幸福和民族复兴。对于近代中国而言，如果舍弃"民族复兴"的根本内容而谈为中华民族奋斗，那不是隔靴搔痒，就是文不对题。"中国共产党是为代表中国无产阶级及贫困农人群众的利益而奋斗的先锋军"。⑤中国共产党的宗旨是代表人民利益、坚持人民立场、以

---

① 《十八大以来重要文献选编》下，中央文献出版社 2018 年版，第 423 页。
② 《毛泽东年谱（1893—1949）》中卷，第 370 页。
③ 《习近平谈治国理政》第三卷，外文出版社 2020 年版，第 95 页。
④ 《习近平谈治国理政》第三卷，第 70 页。
⑤ 《中共中央文件选集》第 1 册，第 74 页。

人民为中心、奉行群众路线。既然近代以来实现中华民族整体利益和共同期盼的民族伟大复兴，中国共产党就应该以此为初心和奋斗目标。"中国共产党人的初心和使命，就是为中国人民谋幸福，为中华民族谋复兴。这个初心和使命是激励中国共产党人不断前进的根本动力。"①中国共产党把实现人民幸福和民族复兴作为自己的初心和使命，表达了中国共产党对历史和文化的深刻把握，表达了对国家、民族、人民的自觉责任。中国共产党从诞生时起，就把握了历史主题，找到了人心所向，这正是中国共产党先进性、纯洁性和人民性的生动体现，预示着中国共产党"作始也简，将毕也钜"的历史发展方向。

在半殖民地半封建的中国，人民幸福和民族复兴需要分两步走，第一步是实现民族独立和人民解放，在此基础上才是国家富强和人民幸福。毛泽东同志把这两个过程形象地比喻为"铲地基"和"起房子"，他说："如果完成了全国革命的任务，这是铲地基，花了三十年。但是起房子，这个任务要几十年工夫。"②"铲地基"是实现民族独立和人民解放的新民主主义革命，它从 1921 年中共正式成立开始到 1949 年 10 月中华人民共和国成立。党的基本任务是"消除内乱，打倒军阀，建设国内和平；推翻国际帝国主义的压迫，达到中华民族完全独立；统一中国为真正的民主共和国"③。经过艰苦卓绝的斗争，终于在 1949 年实现了民族独立和人民解放的伟大胜利。就是这样一个饱尝屈辱的民族，当领导人豪迈地说，中国人从此站起来了，"他的确抓住了他的那个时代痛苦的，无法平息的那种精神"④。

---

① 习近平：《决胜全面建成小康社会　夺取新时代中国特色社会主义伟大胜利——在中国共产党第十九次全国代表大会上的报告》，《人民日报》2017 年 10 月 28 日。

② 《毛泽东传（1893—1949）》（修订本），中央文献出版社 2013 年版，第 432 页。

③ 《中共中央文件选集》第 1 册，第 115 页。

④ ［英］肖特：《毛泽东传》，仝小秋、杨小兰、张爱茹译，中国青年出版社 2004 年版，第 493 页。

正如毛泽东同志强调的，中国共产党"是为民族、为人民谋利益的政党，它本身决无私利可图"①。如果说进行反帝反封建的新民主主义革命，"最根本的问题是生产力向上发展的问题。我们搞了多少年政治和军事就是为了这件事"②。那么，革命胜利后，中国共产党的主要任务就是"组织人民、领导人民、帮助人民发展生产，增加他们的物质福利，并在这个基础上一步一步地提高他们的政治觉悟与文化程度"③。也就是说，中国共产党全国执政后，主要任务是"起房子"——领导人民为实现国家富强和民族复兴而奋斗。新中国成立后，中国共产党顺应人民群众的根本利益和要求，完成了从新民主主义到社会主义的过渡，确立了社会主义制度。为了早日把我国建设成为一个社会主义强国，在中国共产党领导下，我国各族人民以前所未有的主人翁姿态和高涨的创造热情投入国家社会主义建设。在不长的时间里，我国社会就发生了翻天覆地的变化，一个贫穷落后的国家变成初步繁荣昌盛的社会主义国家，初步建立起独立的、比较完整的工业体系和国民经济体系，为全面实现农业、工业、国防和科学技术的现代化打下了坚实的基础。改革开放新时期，全党的工作的重心转移到现代化上来，一心一意搞社会主义现代化建设成为中国当前最大的政治，邓小平强调，这是人民"最大的利益、最根本的利益"④。40多年改革开放和现代化建设成就举世瞩目，中国一步步走向国家富强，经济繁荣，社会稳定，人民安居乐业，国际地位空前提升，社会主义焕发出勃勃生机，中华民族实现了"富起来"和迎来了"强起来"的伟大历史性飞跃。"现在，我们比历史上任何时期都更接近中华民族伟大复兴的目标，比历史上任何时期都更有信心、有能力

---

① 《毛泽东著作专题摘编》，中央文献出版社2003年版，第1877页。
② 《毛泽东文集》第三卷，第109页。
③ 《毛泽东文集》第二卷，第467页。
④ 《邓小平文选》第二卷，第3页。

实现这个目标。"①

（二）民心是最大的政治

习近平总书记指出："人民是历史的创造者，群众是真正的英雄。人民群众是我们力量的源泉。"② 人民群众的生产生活实践，体现着人类实践的本质和主流，是推动历史前进和社会变革的决定性力量。人民群众不仅是物质财富的创造者，也是精神财富的创造者，同时还是社会发展进程的决定者。我们党来自人民，失去人民拥护和支持，党就会失去根基。必须把坚持全心全意为人民服务的根本宗旨、保持党同人民群众的血肉联系作为加强和规范党内政治生活的根本要求。党的十八大以来，习近平总书记延续了党的历代领导人对群众路线的重视，并且就如何贯彻落实党的群众路线提出诸多富有创见的新思想、新观点。

其一，习近平总书记强调："人民对美好生活的向往，就是我们的奋斗目标。"③"我们的责任，就是要团结带领全党全国各族人民，继续解放思想，坚持改革开放，不断解放和发展社会生产力，努力解决群众的生产生活困难，坚定不移走共同富裕的道路。"④ 人民群众对党的认识，当然包括对党的性质和党的历史的认识，但也要看中国共产党对宗旨和初心的践行，即还要看是否能够兑现向社会和人民做出的庄严许诺。在当代中国，只有国家的现代化事业的巨大进步、人民生活的持续改善和提高、社会的公平正义、人民群众的安居乐业，党的领导才能赢得人民群众越来越深厚的信赖与支持。"发展才是硬道理"，必须通过发展这个党治国理政的第一要务，不断实现人民对美好生活的追求，增强

---

① 《习近平谈治国理政》第二卷，第 57 页。
② 《习近平谈治国理政》第一卷，第 5 页。
③ 《习近平谈治国理政》第一卷，第 4 页。
④ 《习近平谈治国理政》第一卷，第 4 页。

人民群众对党的信心和感情，有效巩固扩大党执政的阶级基础和群众基础，夯实党执政最根本的政治基础。

其二，习近平总书记强调："群众路线是我们党的生命线和根本工作路线，是我们党永葆青春活力和战斗力的重要传家宝。不论过去、现在和将来，我们都要坚持一切为了群众，一切依靠群众，从群众中来，到群众中去，把党的正确主张变为群众的自觉行动，把群众路线贯彻到治国理政全部活动之中。"① 中国共产党自建党伊始，就是从植根群众、依靠群众中成长起来的，在革命、建设和改革过程中，始终坚持发动群众、带领群众。党的群众路线是马克思主义的唯物史观和辩证唯物论的认识论相结合的产物，是我们党须臾不可离开的生命线。

其三，"任何政党的前途和命运最终都取决于人心向背。"② 中国共产党的性质和宗旨决定了中共立党为公、执政为民，不谋求任何私利和特权。党风关系党的形象，关系人心向背。"人心就是力量。"面对世情、国情和党情的诸多变化和考验，就更需要领导干部理想信念的坚定。他认为有些党员干部存在"四风"的问题，主要还是理想淡漠、信念动摇的问题。当前，"人民群众最痛恨各种消极腐败现象，最痛恨各种特权现象，这些现象对党同人民群众的血肉联系最具有杀伤力"③。必须坚定不移正风肃纪、反腐惩恶，着力解决人民群众反映最强烈、对党的执政基础威胁最大的突出问题，以党的清正廉洁赢得民心，使我们党的工作获得最广泛最可靠最牢固的群众基础和力量源泉。

其四，衡量一个党员干部的理想信念是否坚定，可以从四个方面来考量，那就要看他"能否坚持全心全意为人民服务的根本宗旨，能否吃苦在前、享受在后，能否勤奋工作、廉洁奉公，能否为理想而奋不顾身

---

① 《习近平谈治国理政》第一卷，第27页。
② 《习近平谈治国理政》第一卷，第28页。
③ 《习近平关于全面从严治党论述摘编》，第178页。

去拼搏、去奋斗、去献出自己的全部精力乃至生命。一切迷惘迟疑的观点，一切及时行乐的思想，一切贪图私利的行为，一切无所作为的作风，都是与此格格不入的"①。作为无产阶级政党的中国共产党，无论何时都必须坚持群众观点、站稳群众立场，使我们的理论和路线方针政策建立在人民群众的利益、愿望。新一届中央领导集体关于切实改进工作作风、密切联系群众的"八项规定"，开展群众路线和"三严三实"教育实践等活动，都是彰显"人民至上"的执政观，真正将人民置于心中最高位置、人民利益高于一切。

（三）革除"四风"之弊

在革命战争年代，用"延安作风"打败蒋介石的"西安作风"——毛泽东同志这句话，道出了共产党人夺取政权的奥秘：以优良作风赢得人心、赢得天下。改革开放开始后，邓小平同志最早指出："在目前的历史转变时期，问题堆积成山，工作百端待举，加强党的领导，端正党的作风，具有决定的意义。"②此后，历届中央领导都从不同角度强调了作风建设的重要性。习近平总书记指出，"在革命、建设、改革长期实践中，我们党始终要求全党同志坚持光荣传统、发扬优良作风，为党和人民事业不断从胜利走向胜利提供了重要保障"③。"我们党始终强调，执政党的党风关系党的形象，关系人心向背，关系党和国家生死存亡；加强和改进党的作风建设，核心问题是保持党同人民群众的血肉联系；马克思主义执政党的最大危险就是脱离群众。"④

---

① 《习近平谈治国理政》第一卷，第23—24页。
② 《邓小平文选》第二卷，第178页。
③ 《习近平谈治国理政》第一卷，第366页。
④ 《习近平谈治国理政》第一卷，第366页。

1. 扫除"四风"之弊

党的优良作风包括理论联系实际、密切联系群众、批评和自我批评以及艰苦奋斗、求真务实等作风，是党的事业不断取得胜利的法宝。改革开放时期，总体上看，从我们党内政治生活和党内政治生态是好的。但同时也要看到，我们面临着四大风险和四大考验，党的作风方面存在的突出矛盾和问题暴露得越来越充分。突出表现就是"四风"问题。所谓的"四风"具体如下：一是形式主义，群众反映最突出的是追求形式、不重实效，图虚名、务虚功、工作不抓落实。二是官僚主义，群众最不满意的是办事推诿扯皮多，效率低下，不作为、不负责任。三是享乐主义，基层和群众反映最多的是一些领导干部安于现状、贪图安逸，缺乏忧患意识和创新精神。四是奢靡之风，主要是条件好了，许多方面做过头，大手大脚、铺张浪费。

"四风"是违背中国共产党的性质和宗旨的，是当前群众深恶痛绝、反映最强烈的问题，也是损害党群干群关系的重要根源。习近平总书记解释说，作风问题本质上是党性问题，"四风"是违背我们党的性质和宗旨的，是当前群众深恶痛绝、反映最强烈的问题，也是损害党群干群关系的重要根源。党内存在的其他问题都与这"四风"有关，或者说是这"四风"衍生出来的。正是在这个意义上，习近平总书记尖锐地指出："我们党的执政基础很牢固，但如果作风问题解决不好，也有可能出现'霸王别姬'这样的时刻"。① 同样的道理，"四风"问题解决好了，党内其他一些问题解决起来也就有了更好条件。只有对作风之弊、行为之垢来一次大排查、大检修、大扫除，切实解决好"四风"问题，才能保持党同人民群众的血肉联系，使全党同志成为优良作风的榜样，把人民紧紧凝聚起来、团结在党的周围，为实现伟大的中国梦而共同奋斗。党的

---

① 《习近平关于党风廉政建设和反腐败斗争论述摘编》，第 7 页。

十八大之后，中央政治局首先抓改进工作作风，也是这个考虑。①

2. 贯彻"八项规定"要求

2012 年 12 月 4 日，中央政治局会议审议通过关于改进工作作风、密切联系群众的八项规定，要求从中央政治局做起，以良好党风带动政风民风，真正赢得群众信任和拥护。中央"八项规定"内容为：一是改进调查研究方式，"切忌走过场、搞形式主义"；二是要精简会议活动，切实改进会风；三是要精简文件简报，切实改进文风；四是要规范出访活动；五是要改进警卫工作，坚持有利于联系群众的原则；六是要改进新闻报道；七是要严格文稿发表；八是要厉行勤俭节约，严格遵守廉洁从政有关规定。② 中央出台"八项规定"，针对性非常明确：第一，针对党内不良作风尤其"四风"。改进工作作风的任务非常繁重，"八项规定"把"四风"作为突破口，切口很小、容易操作；容易抓好落实。第二，针对党脱离群众、甚至滑向群众对立面的危险。作风上的问题绝对不是小事，如果不坚决纠正不良风气，任其发展下去，就会像一座无形的墙把党和人民群众隔开，党就会失去根基、失去血脉、失去力量。第三，针对当前十分严重的腐败问题。不正之风是产生腐败的温床。八项规定每一条都非常明确具体，可以做什么，不可以做什么，界限非常清晰，尽管条数不多，但条条切中要害。

毛泽东同志就曾说过："世界上怕就怕'认真'二字，共产党就最讲'认真'。"作风是否确实好转，要以人民满意为标准。习近平总书记强调："规定就是规定，不加'试行'两字，就是要表明一个坚决的态度，表明这个规定是刚性的。……最重要的是要抓好落实，言必行、行必果。我们说了不是白说，说了就必须做到，把文件上写的内容一一

---

① 《习近平谈治国理政》第一卷，第 374 页。

② 《中共中央政治局召开会议，审议关于改进工作作风、密切联系群众的有关规定分析，研究二〇一三年经济工作》，《人民日报》2012 年 12 月 5 日。

落到实处。"① 他强调，要以踏石留印、抓铁有痕的劲头抓下去，善始善终、善做善成，防止虎头蛇尾，让全党全体人民来监督，让人民群众不断看到实实在在的成效和变化。2014 年 1 月 24 日中央政治局会议审议通过的《关于贯彻执行中央八项规定情况的报告》指出，"八项规定""取得了重要阶段性成果，在全党全社会形成了刹歪风、扬正气、树新风的强大声势，显著推动了党风政风转变，进一步密切了党群干群关系，赢得了全党全军全国人民衷心拥护和高度赞誉"。

---

① 《更加科学有效地防治腐败坚定不移把反腐倡廉建设引向深入》，《人民日报》2013 年 1 月 23 日。

第七讲

调节党内关系，解决突出问题

　　组织是权责分配关系构成的体系。任何一个组织，要实现自己的组织目标，都必须建构起保证行动一致的组织体系，形成具有向心作用的凝聚力和具有引擎作用的战斗力，保证组织成员"劲往一处使"。政党作为有政治目标的政治组织，都会按照一定的组织原则建立组织体系，从正向实现组织力量，同时一般也会有以外在强迫为特征的纪律约束，从反向保证组织的行动一致。无产阶级政党的力量，就在于组织，"能够成为而且必然会成为不可战胜的力量，就是因为它根据马克思主义原则形成的思想一致是用组织的物质统一来巩固的。"①

　　中国共产党是全体党员按照一定的组织形式和规则结合起来的统一体，这样的组织结构就产生了各种党内关系。首先是下级党委和上级党委的关系，其次是党委会内部的关系问题。中国共产党按照"四个服从原则"形成组织关系，即"党员个人服从党的组织，少数服从多数，下级组织服从上级组织，全党各个组织和全体党员服从党的全国代表大会和中央委员会"。其中，最关键、最核心的是全党服从中央。维护党中央权威、保证全党令行禁止是党和国家前途命运所系，是全国各族人民根本利益所在。为了保证党内正常关系，必须加强党的纪律建设。纪律

---

　　① 《列宁全集》第 8 卷，第 415 页。

严明是全党统一意志、统一行动、步调一致前进的重要保障。必须把纪律挺在前面，用铁的纪律管党治党。也就是说，党内生活的原则是遵循"四个服从"的组织原则和铁的纪律，借此保证党内部结构的有序和功能有效发挥。

一个时期以来，党的民主集中制在一些地方没有得到全面贯彻，存在"一把手说了算"现象，中央的精神和方针政策在一些地方得不到全面贯彻，产生所谓的"政令不出中南海"现象，尤为严重的是，"一些人无视党的政治纪律和政治规矩""有的人到了肆无忌惮，胆大妄为的地步"[①]。"这些问题，严重侵蚀党的思想道德基础，严重破坏党的团结和集中统一，严重损害党内政治生态和党的形象，严重影响党和人民事业发展。"[②]治理这些严重的政治问题，还是要靠严肃认真的党内政治生活。正如习近平总书记深刻指出的："严肃党内政治生活是一篇大文章。其中最重要的是围绕坚持党的政治路线、思想路线、组织路线、群众路线，坚持和完善民主集中制、严格党的组织生活等重点内容，集中解决好突出问题。"[③]"我们党通过坚持民主集中制、严明党的纪律、开展批评和自我批评等来发现和解决自身存在的矛盾和问题，是最主动、最有效的。"[④]

一、坚持民主集中制，发扬党内民主

1938 年 10 月 14 日，毛泽东同志在党的六届六中全会的报告中强调："整个党的领导机关，全党的党员和干部，高度地发挥其积极性"，

---

① 《习近平关于严明党的纪律和规矩论述摘编》，第 22 页。
② 《关于新形势下党内政治生活的若干准则》，《人民日报》2016 年 11 月 3 日。
③ 《习近平关于全面从严治党论述摘编》，第 37 页。
④ 习近平：《做焦裕禄式的县委书记》，中央文献出版社 2015 年版，第 63 页。

"这些积极性的发挥，有赖于党内生活的民主化。""为此缘故，必须在党内施行有关民主生活的教育，使党员懂得什么是民主生活，什么是民主制和集中制的关系，并如何实行民主集中制。"① 民主集中制是党内生活基本原则。"党内民主的集中制，照党章规定，即是在民主基础上的集中和在集中指导下的民主。它是民主的，又是集中的。它反映党的领导者与被领导者的关系，反映党的上级组织与下级组织的关系，反映党员个人与党的整体的关系，反映党的中央、党的各级组织与党员群众的关系。"② 民主集中制是中国共产党的最大制度优势、中国特色社会主义的最大制度特点，也是严肃党内政治生活的根本原则。开展党内政治生活，就是要在党内形成一种既有集中又有民主的局面。各级领导干部特别是主要领导干部要带头执行民主集中制。

（一）新形势下必须坚持"四个服从"的组织原则

坚持党的民主集中制，就是要贯彻"四个服从"要求，即必须坚持"个人服从组织，少数服从多数，下级服从上级，全党服从中央"的原则。在少数服从多数方面，表现为党内的平等关系，党内有讨论的自由、批评的自由、发表不同意见的自由；党内各级领导机关和领导人都必须经过选举产生。这是党内民主的基础。在个人服从组织方面，表明党员个人不能凌驾于组织之上，党员在组织内必须接受党的组织纪律约束，不能各行其是。在下级服从上级方面，表明党的全部组织是一个严密有序的组织体系。由于党的各级组织处于不同的国家和社会层面，下级服从上级还意味着局部服从全局和服从大局的意义。在全党服从党的全国代表大会及其选出的中央委员会的方面，体现了全党的统一意志、

---

① 《毛泽东选集》第二卷，人民出版社 1991 年版，第 529 页。
② 《刘少奇选集》上卷，第 358 页。

统一步调、统一行动。

（二）民主集中制的基础是党内民主

党内民主是党的生命。其主要的要求是：其一，党的各级领导机关，除它们派出的代表机关和在非党组织中的党组外，都由选举产生。其二，党组织讨论决定问题，必须执行少数服从多数的原则。决定重要问题，要进行表决。对于少数人的不同意见，应当认真考虑。其三，党的上下级组织之间要互通情报、互相支持和互相监督。党的上级组织要经常听取下级组织和党员群众的意见，及时解决他们提出的问题。党的下级组织既要向上级组织请示和报告工作，又要独立负责地解决自己职责范围内的问题。其四，党的各级委员会实行集体领导和个人分工负责相结合的制度。凡属重大问题都要由党的委员会集体讨论，作出决定；委员会成员要根据集体的决定和分工，切实履行自己的职责。其五，党禁止任何形式的个人崇拜。要保证党的领导人的活动处于党和人民的监督之下，同时维护一切代表党和人民利益的领导人的威信。

实行党委集体领导和集体决策制度，是中国共产党的组织优势和制度特色。集体领导和个人分工负责相结合是民主集中制的重要组成部分，是严肃党内政治生活、净化党内政治生态的重要保障。坚决反对和防止"一把手"个人说了算和凌驾于组织之上，防止和避免用领导者个人意图替代组织意图，是当前党委贯彻民主集中制的重点任务。"各级党委（党组）必须坚持集体领导制度，坚持科学民主依法决策，凡属重大问题要按照集体领导、民主集中、个别酝酿、会议决定的原则，由集体讨论，按少数服从多数作出决定，不允许用其他形式取代党委会及其常委会的领导。"①

---

① 刘云山：《严肃党内政治生活，净化党内政治生态》，《人民日报》2017年11月7日。

（三）当前，维护党的统一性和集中性尤为重要

全党服从中央，是维护党的集中统一的首要条件，是贯彻执行党的路线、方针、政策的根本保证。这就是党的政治优势和组织优势之所在。党正是依靠这样的优势，锻造起自己的先锋队组织，领导并动员人民大众为着共同的理想和事业奋斗。全党同志都要按照民主集中制办事，每个党员要把维护党的集中统一作为自己言论和行动的准则。每个共产党员特别是各级党委的成员，都必须坚决执行党委的决定。如果有不同意见，可以保留，或者向上一级党委提出声明，但在上级或本级党委改变决定以前，除了执行决定会立即引起严重后果的非常紧急的情况之外，必须无条件地执行原来的决定。

（四）切实维护党员的权利

在党内，每个党员都有知情权、选举权、言论自由权、申诉权和控告权等党内权利。党员的权利是党的生机和活力的体现，党员只有有权参加党的活动，共同管理党的事务，才能充分发挥自己的聪明才智、积极性和责任心，才能更好地提高党的政治能力，维护党的利益，保证党的事业健康发展。与此同时，党内民主的顺利开展，依赖党员权利的保障，保障党员权利，是发展党内民主的一项基础性工作和关键性环节。为此，《中国共产党章程》规定党员享有的权利："对党的工作提出建议和倡议。""在党的会议上有根据地批评党的任何组织和任何党员，向党负责地揭发、检举党的任何组织和任何党员违法乱纪的事实，要求处分违法乱纪的党员，要求罢免或撤换不称职的干部。""对党的决议和政策如有不同意见，在坚决执行的前提下，可以声明保留，并且可以把自己的意见向党的上级

组织直至中央提出。"①

按照党章的规定，《新形势下关于党内政治生活的若干准则》在制度，宣传，设施，程序等方面对切实维护好党员权利进一步具体化，明确规定了以下维护党员权利的要求："党的各级代表大会的代表和委员会的选举采用无记名投票的方式。""任何组织和个人不得以任何方式强迫选举人选举或不选举某个人。""党员有权向党负责地揭发、检举党的任何组织和任何党员违纪违法的事实，提倡实名举报。""对通过正常渠道反映问题的党员，任何组织和个人都不准打击报复，不准擅自进行追查，不准采取调离工作岗位、降格使用等惩罚措施。"②

二、坚决贯彻"两个维护"的要求

党内政治生活就是要确立和维护组织权威与领袖权威相统一的政治权威体系，就是坚决维护习近平总书记在党中央和全党的核心地位、维护党中央权威和集中统一领导。只有这样，才能把全党牢固凝聚起来，进而把全国各族人民紧密团结起来，形成万众一心、无坚不摧的磅礴力量，实现党的奋斗目标。坚持和加强党的全面领导，首要原则是维护党中央权威和集中统一领导。为此，中共中央提出"加强党的政治建设，首要的就是把坚持党中央权威和集中统一领导作为明确的政治准则和根本的政治要求"。与此同时，旗帜鲜明地强调："坚决维护党中央权威和集中统一领导，最关键的是坚决维护习近平总书记党中央的核心、全党的核心地位。"③

---

① 《中国共产党章程》，《人民日报》2017年10月29日。
② 《关于新形势下党内政治生活的若干准则》，《人民日报》2016年11月3日。
③ 《中共中央关于加强党的政治建设的意见》，《人民日报》2019年2月28日。

（一）维护党中央的权威和集中统一领导

对于无产阶级政党而言，"除了组织，没有别的武器。""能够成为而且必然会成为不可战胜的力量，就是因为它根据马克思主义原则形成的思想一致是用组织的物质统一来巩固的。"① 在经典作家看来，"机器大生产是无产阶级的物质和精神基础"②，由此锻造了无产阶级的高度的组织性和严格的纪律性。他们经常用"乐队"的规律来形容党的组织原则，强调没有领队的"指挥"，就不可能有一致的"合鸣"。马克思曾指出："一个单独的提琴手是自己指挥自己，一个乐队就需要一个乐队指挥。"③ 列宁也说过："党中央必须确切知道：什么人在什么地方拉什么提琴，过去和现在在什么地方学过什么乐器，学得如何；什么人在什么地方走了调，为什么走了调（音乐开始刺耳时），为了纠正不和谐的音调，需要调谁去，怎样调和调到什么地方，等等。"④ 他还指出：党的领导地位和作用，是同党的领袖们的作用分不开的，因为政党通常是由"最有威信、最有影响、最有经验、被选出担任最重要职务而称为领袖的人们所组成的比较稳定的集团来主持的"。⑤"中国共产党是按民主的集中制组织起来的，是以自觉的、一切党员都要履行的纪律联结起来的统一的战斗组织。"⑥ 维护党中央权威和集中统一领导，是中国共产党重大建党原则，也是我国革命、建设、改革的基本经验。党的建党原则和历史经验，都证明中国共产党的战斗力来源于组织功能的有效发挥，只有党中央权威，才能把我们这么庞大的党组织体系牢

---

① 《列宁全集》第 8 卷，第 415 页。
② 《列宁全集》第 41 卷，人民出版社 1986 年版，第 291 页。
③ 马克思：《资本论》第 1 卷，人民出版社 1975 年版，第 367 页。
④ 《列宁全集》第 7 卷，人民出版社 1987 年版，第 16 页。
⑤ 《列宁选集》第 4 卷，人民出版社 1995 年版，第 151 页。
⑥ 《中共中央文件选集》第 15 册，中共中央党史出版社 1991 年版，第 155 页。

固凝聚在一起。

党的力量来自组织。党的全面领导、党的全部工作要靠党的坚强组织体系去实现。党中央是大脑和中枢，党中央必须有定于一尊、一锤定音的权威。组织建设是全党统一意志、统一行动、步调一致前进的重要保障。坚决维护党中央权威、保证全党令行禁止，是党和国家前途命运所系，是全国各族人民根本利益所在。必须通过党内政治生活把全党思想行动凝聚起来、统一起来，坚决维护党中央权威、保证全党令行禁止，为坚持和加强党的全面领导、坚持和发展中国特色社会主义提供坚强组织保证。

（二）坚决维护习近平总书记党中央的核心、全党的核心地位

中央中国共产党的核心组织权威只能是党中央权威，与此同时，重视维护领袖的权威是马克思主义的一贯主张。毛泽东同志曾说："一个桃子剖开来有几个核心吗？只有一个核心。""要建立领导核心，反对'一国三公'。"[1] 中国共产党在历史上取得成功，有一个基本经验就是中央领导集体有成熟的领导核心。1935 年遵义会议后，逐渐形成以毛泽东同志为核心的党的第一代中央领导集体。在毛泽东思想指引下，中国共产党的力量和影响迅速壮大，取得了夺取全国政权的全面胜利和社会主义改造和建设的巨大成就。改革开放新时期，以邓小平同志为核心的党的第二代中央领导集体，开创了中国特色社会主义。邓小平同志在强调党的中央领导集体的时候说："任何一个领导集体都要有一个核心，没有核心的领导是靠不住的。"[2] 中国特色社会主义在发展过程中，"以江泽民同志为核心的党的第三代中央领导集体、以胡锦涛同志为总书记的党

---

[1] 《毛泽东文集》第三卷，第 69 页。
[2] 《邓小平文选》第三卷，第 310 页。

中央在这篇大文章上都写下了精彩的篇章"①。

党的十八大以来，以习近平同志为核心的党中央带领全党全军全国各族人民开创了中国特色社会主义伟大事业和党的建设新的伟大工程新局面，在改革发展稳定、内政外交国防、治党治国治军等方面取得了一系列具有重大现实意义和深远历史意义的成就，实现了党和国家事业的继往开来，赢得了全党全军全国各族人民衷心拥护，受到了国际社会高度赞誉。2019 年发布《中共中央关于加强党的政治建设的意见》旗帜鲜明地强调："坚决维护党中央权威和集中统一领导，最关键的是坚决维护习近平总书记党中央的核心、全党的核心地位。"② 这对维护党的团结和集中统一领导，对全党全军全国各族人民更好凝聚力量抓住机遇、战胜挑战，对保证党和国家兴旺发达、长治久安，具有重要的意义。

（三）增强"四个意识"

一个国家、一个政党，领导核心至关重要。维护党中央权威、保证全党令行禁止是党和国家前途命运所系，全国各族人民根本利益所在。全党同志必须紧密团结在以习近平同志为核心的党中央周围，必须自觉在思想上政治上行动上同党中央保持高度一致。行动的自觉来源于思想上的忠诚，贯彻党的政治建设的要求，就是要确保全党自觉在思想上政治上行动上同党中央保持高度一致，与党中央所统领的政治方向、政治原则、政治道路上一致，与党中央制定的党的理论和路线方针政策一致，与党中央的决策部署一致，这其中的关键在于党员特别是领导干部的思想自觉。这就要求全体党员尤其是领导干部要心中有党，以更高的党性意识、政治觉悟和组织观念要求自己，忠诚于党的理想信仰和宗旨

---

① 习近平：《关于坚持和发展中国特色社会主义的几个问题》，《求是》2019 年第7 期。

② 《中共中央关于加强党的政治建设的意见》，《人民日报》2019 年 2 月 28 日。

立场，忠诚于党的理论和路线方针政策，忠诚于党的组织原则和组织领导，做政治上的明白人。需要引导全党增强政治意识、大局意识、核心意识、看齐意识。

政治意识，主要是指从讲政治的高度认识问题，形成正确的政治鉴别力和政治敏锐性。党的全面领导是政治，民心是政治，关系到党和国家安全的大事是政治，关系到国家奋斗目标实现的大事是政治，等等，为此，都必须高度重视。

大局意识中的"大局"是指宏观的、战略的整体局面和全局形势，带有根本性、决定性和方向性的特征，"大局"意味着最重要、最突出、最急切解决的重大问题。大局意识强调的是站在党和国家根本利益、长治久安等战略地位，从"全国一盘棋"的角度想问题、看问题，用大局来规定和协调着各局部之间的相互关系，从而使各个局部形成互相配合、协调一致的整体。大局意识要求主要指自觉站在党和国家大局上想问题、看问题，坚持整体的、全局的观点，并且坚持两点论和重点论的统一，坚决贯彻落实中央决策部署，确保中央政令畅通。

核心意识，就是认识到实现党的全面领导需要党的团结一致、协调统一，而党的团结一致、协调统一需要服从党中央权威，因此要毫不动摇坚持党在国家治理体系中的最高政治力量的地位，坚决贯彻"两个维护"的要求。就中国特色社会主义事业而言，中国共产党是核心；就中国共产党而言，党中央是核心；就党中央而言，习近平同志是核心。所谓核心意识，就是要坚持中国共产党的领导，坚决听从党中央的决策部署，始终在思想上政治上行动上同以习近平同志为核心的党中央保持高度一致。

看齐意识，要求广大党员干部要始终在思想上政治上行动上同以习近平同志为核心的党中央看齐，确保全党与党中央制定的政治信仰、政治方向、政治立场、基本理论、基本路线等方面的同心同德，确保全党在政治上维护党中央的权威，在组织上服从党中央集中统一领导。

政治意识、大局意识、核心意识、看齐意识，是相互联系的有机整体，与《中国共产党章程》规定的"四个服从"一脉相承。"党员个人服从党的组织，少数服从多数，下级组织服从上级组织，全党各个组织和全体党员服从党的全国代表大会和中央委员会"①，这"四个服从"是党的民主集中制的基本原则之一，也是党的纪律建设的核心内容。树立政治意识、大局意识、核心意识，最终要落实到向核心看齐上。——"在思想上高度认同，政治上坚决维护，组织上自觉服从，行动上紧紧跟随"② 以习近平同志为核心的党中央不断增强政治敏锐性和政治鉴别力，自觉运用马克思主义立场观点方法分析判断形势，分清是非界限，澄清模糊认识，廓清思想迷雾，在大是大非问题、政治原则问题上态度鲜明、立场坚定，对各种错误言行敢于斗争、敢于亮剑。

三、严明党的政治纪律和政治规矩

毛泽东同志说过："路线是'王道'，纪律是'霸道'，这两者都不可少。"③ 党的政治方向确定后，需要党的纪律保证执行。纪律严明是全党政治统一、行动统一、步调一致前进的重要保障。我们党是靠革命理想和铁的纪律组织起来的马克思主义政党，党的各级组织和全体党员必须严格遵守党的纪律和规矩，这是党的光荣传统和独特优势，也是党不断克服困难和取得胜利的力量源泉和重要法宝。党的十八大以来，以习近平同志为核心的党中央在深刻总结党的建设历史经验，全面把握党

---

① 《中国共产党党章》（2017 年 10 月 24 日通过）。

② 《习近平谈治国理政》第三卷，外文出版社 2020 年版，第 84 页。

③ 《毛泽东文集》第二卷，第 347 页。

的建设面临的新形势新任务的基础上，把遵守党的纪律和规矩问题提到新高度。

（一）党的纪律与党的规矩

2015 年 1 月 13 日，在十八届中央纪委五次全会上，习近平总书记全面系统概括了党的规矩的基本内涵，深刻阐明了纪律与规矩的关系："党的规矩总的包括什么呢？其一，党章是全党必须遵循的总章程，也是总规矩。其二，党的纪律是刚性约束，政治纪律更是全党在政治方向、政治立场、政治言论、政治行动方面必须遵守的刚性约束。其三，国家法律是党员、干部必须遵守的规矩，法律是党领导人民制定的，全党必须模范执行。其四，党在长期实践中形成的优良传统和工作惯例。"他强调："纪律是成文的规矩，一些未明文列入纪律的规矩是不成文的纪律；纪律是刚性的规矩，一些未明文列入纪律的规矩是自我约束的纪律。党内很多规矩是我们党在长期实践中形成的优良传统和工作惯例，经过实践检验、约定俗成、行之有效，反映了我们党对一些问题的深刻思考和科学总结，需要全党长期坚持并自觉遵循。"[①]

1."党的规矩"组成部分之一："党的纪律（以党章为总规矩）"

党的纪律简称"党纪"，是党的各级组织和全体党员必须遵守的行为规范。党的纪律具有如下特点：

首先，具有不同的位阶高低。党的纪律主要包括党章、准则、条例、规则、规定、办法、细则等党内法规。这其中，党章是党的总章程，集中体现了党的性质和宗旨、党的理论和路线方针政策、党的重要主张，规定了党的重要制度和体制机制，是党的根本大法，是全党必须共同遵守的根本的行为规范。

---

① 《习近平关于严明党的纪律和规矩论述摘编》，第 7—8 页。

其次，从内容上看，党的纪律是多方面的，可分为党的政治纪律、组织纪律、群众纪律、经济纪律、保密纪律、宣传纪律、人事纪律和外事纪律。亦可按修订后于的《中国共产党纪律处分条例》，分为政治纪律、组织纪律、廉洁纪律、群众纪律、工作纪律、生活纪律等 6 项。但无论如何分法，政治纪律都是作为最重要、最根本的纪律，是打头、管总的纪律。遵守党的政治纪律是遵守党的全部纪律的重要基础。

第三，党的纪律形式为"成文的规矩"，即是通过组织程序产生，并且"写成了白纸黑字"，使之成为大家可以明确认知和执行的规范。

第四，党的纪律是"刚性约束""硬性的约束"。党的纪律是执行党的路线、方针、政策和决议，维护党的团结统一，巩固党同群众的密切联系，提高党的战斗力的重要保证。所有党员，不论职务高低都必须遵守党的纪律，党内不允许有凌驾于党的纪律之上的特殊党员。

2."党的规矩"组成部分之二："国家法律（以宪法为根本大法）"

法治是人类文明进步的标志。依法治国是当代中国基本国策，是坚持和发展中国特色社会主义的本质要求和重要保障。完备的法律制度是法治的基本前提。国家法律是由国家制定或认可的，靠国家强制力保证实施，对全体社会成员具有普遍约束力的行为规范。一般来说，国家法律包括两大部分：宪法和普通法律。宪法是根本大法，具有最高的法律效力，而普通法律是根据宪法制定的。《中华人民共和国宪法》是中华人民共和国的根本大法，拥有最高法律效力。

建设社会主义法治国家是中国共产党重要的奋斗目标。党领导人民执行宪法和法律，党也必须带头遵守宪法和法律，并在自身建设方面健全法制、厉行法治，在党内生活中落实法治精神。我国的国家法律是包括所有中国共产党党员在内的全体中华人民共和国公民必须遵循的行为底线。每个党员干部都必须服从和遵守宪法法律。"维护宪法法律权威就是维护党和人民共同意志的权威，捍卫宪法法律尊严就是捍卫党和人民共同意志的尊严，保证宪法法律实施就是保证党和人民共同意志的实现。"①

我国不实行判例法，国家法律系成文法，也就是说，国家法律是由国家机关依照一定程序制定颁布的，通常以条文形式表现出来的规范性文件，具有普遍性、明确性、规范性、统一性等特点。因此，与党的纪律一样，国家法律也是"成文的规矩"，也是"刚性约束"。

3."党的规矩"组成部分之三："党在长期实践中形成的优良传统和工作惯例"

把"党的优良传统和工作惯例"明确地说成是党的规矩的范畴，是习近平总书记重要的理论创新。党的十八大以来，党中央对违反"党在长期实践中形成的优良传统和工作惯例"的现象，有过许多阐述：诸如理想信念丧失、宗旨意识和党员意识丧失等；诸如对党不忠诚、不老实，搞阳奉阴违的两面派行为和阴谋诡计等；诸如"自行其是、该汇报的不汇报，超越权限办事；跑风漏气，泄露党和国家机密"等；又诸如结党营私、拉帮结派、搞人身依附关系，把党组织等同于领导干部个人，把对党尽忠变成对领导干部个人尽忠等；还诸如忘记共产党员的先锋模范作用，享受不应该有的"自由"，在官商交往中的"勾肩搭背"，搞封建社会那种"封妻荫子"、搞"一人得道，鸡犬升天"的腐败之道，等等，不一而足，但在性质上都是属于违背了"一种传统、一种范式、一种要求。"即违背了未明文列入纪律但领导干部"应该懂"的自我约束。因此，习近平总书记反复要求："如何防微杜渐，要从规矩抓起，要有这个意识。"②

任何一项事业的表象的背后，都有一种无形的、支撑这一事业的精

---

① 《中共中央关于全面推进依法治国若干重大问题的决定》，《人民日报》2014年10月29日。

② 《习近平关于严明党的纪律和规矩论述摘编》，第26页。

神力量！对于我们这样一个大党来讲，不仅要靠党纪国法，还得靠党的优良传统和工作惯例。党的纪律是党的各级组织和全体党员维护党的团结统一、完成党的任务的保证。国家法律体现国家意志，是全体公民的底线。这些党内规章制度和国家法律既然已经明确成文，自然也就成为硬性的约束。党的规矩强调的是未成文形式，靠党性修养、组织原则、思想觉悟等软约束，但这个更深刻，更重要，更具有基础性。因此，在强调那些明文规定的刚性约束的制度同时，也同样需要突出强调那些需要自觉遵循那些未成文形式，怎样遵守考验党员干部的党性。明确地提出"党的纪律"和"党的规矩"这两个概念，就在"党的理想、信仰、信念"和"党的纪律、规范和准则"之间搭建了一座桥梁，使得党的理想信念建设找到了落脚点。

（二）遵守党的纪律和党的规矩是党内政治生活的底线要求

党是政治组织，党规党纪是党为全体党员制定的必须遵守的党规党法中的各项规定，保证着党的理想信念宗旨，是执政的中国共产党党员的底线。大量的实践案例表明，党的建设不能过度依赖人性的自觉。如果只有道德约束，恐怕也会独木难支，必须一靠理想二靠纪律，既要靠自觉也要靠监督，既要靠加强党性修养，也要靠外在强迫，既要靠自律，也要靠他律，这就需要形成一个无产阶级革命政党全体成员都必须遵守的行为规范和规则体系，这就是党的纪律，"我们的党是一个战斗的党，我们在斗争中依靠的武器，唯一的就是纪律"。陈云同志说过："可否不要纪律呢？如果不要也可以，那就是毛主席讲的六个字：'亡党亡国亡头'，就一定不可避免。"① 中国特色社会主义进入新时代，在极为复杂严峻的外部环境下，更需要党的纪律。习近平总书记指出："我

---

① 《陈云文选》第一卷，第 275 页。

们提出那么多要求，要多管齐下、标本兼治来落实，光靠觉悟不够，必须有刚性约束、强制推动，这就是纪律。"① 遵守纪律是党章对党员干部的基本要求。开展党内政治生活必须遵守党章党规。"举头三尺有纲纪"，党员干部守纪律、讲规矩，才能有权不"任性"。

（三）党的纪律建设的新进展

党的十八大以来，党中央、中央纪委在党的纪律建设方面作了大量的探索，提出"纪法分开""纪严于法"，贯穿"全面"和"从严"的要求，意在严肃党的纪律、严格党的制度、纯洁党的组织。

1."党纪严于国法"

国法是指由国家权力机关制定的为全体公民必须共同遵守的宪法、法律和法令，是全体中华人民共和国公民必须遵循的行为底线。与此同时，党是政治组织，党规党纪是党为全体党员制定的必须遵守的党规党法中的各项规定，保证着党的理想信念宗旨，是执政的中国共产党党员的底线。一般而言，党规党纪与法律法规应该有机衔接。凡是法律已有明确规定的，党规党纪就应不再重复，至于党纪比国法要求从轻就更不应该了。任何一个组织的内部规则都比国家法律严格。中国共产党是肩负神圣使命的政治组织，党员是有着特殊政治职责的公民，对党员来讲，入党是建立在认同党的纲领、服从党的决议、遵守党的纪律、执行党的决议等体现实质内容的政党认同的自觉自愿行为。申请加入中国共产党，面对党旗宣过誓，就成了有组织的人，就意味着主动放弃一部分普通公民享有的权利和自由，就必须多尽一份义务，就要在政治上讲忠诚、组织上讲服从、行动上讲纪律。党的先进性与先锋队角色决定了对党员的高要求、严标准。为了充分发挥党作为"始终推动运动前进的部

---

① 《习近平关于严明党的纪律和规矩论述摘编》，第5页。

分"这一先锋作用，党规党纪对党员的要求严于国家法律对普通公民的要求。党员应该有更高的觉悟和要求，不仅要"模范地遵循国家法律法规"，还需要通过党的纪律来体现党的先进性和纯洁性。

任何一个组织的内部规则都比国家法律严格。党的先进性与先锋队角色决定了对党员的高要求、严标准，为了充分发挥党作为"始终推动运动前进的部分"这一先锋作用，党的十八大以来，一系列党内规范和制度固化了中央八项规定精神的落实，实现了对党内组织全规范、全覆盖，为9100多万党员确立了行为规范。修订的党纪处分条例重心放在对党员领导干部违法违规行为的惩处上，以"罚"贯穿全篇，涵盖所有党员，"党组织和党员违反党章和其他党内法规，违反国家法律法规，违反党和国家政策，违反社会主义道德，危害党、国家和人民利益的行为，依照规定应当给予纪律处理或者处分的，都必须受到追究"①。凡是严重危害党的形象，丧失党员条件，一律开除党籍。把那些不违法但违背道德的行为的软性约束变成了硬性要求，生活奢靡、贪图享乐、追求低级趣味、违背社会公序良俗也被纳入违反党的纪律的行为。

2."把纪律和规矩挺在前面"，"用纪律管住大多数"

依法治国，公民不能都踩到法律底线上，每个党员干部都必须服从和遵守宪法法律。国法制裁适用于一切触犯国家法律、法令的人，也包括触犯国法的党员。任何违纪违规违法现象都有一个从无到有、从小到大、从轻到重的演变过程。严惩腐败，让腐败分子在政治和经济上付出高昂代价，使那些利欲熏心、胆大妄为之徒心生畏惧、望而却步，是减少腐败存量、遏制腐败增量的有效手段，但它只适用于一小部分腐败分子。从查办案件情况看，党员干部"破法"者，无不从"破纪"始。对于更多的党组织和党员干部，还是要通过纪律的方式来约束。为此，必

---

① 《中国共产党纪律处分条例》，《人民日报》2018年8月27日。

须"把纪律和规矩挺在前面",以纪律从严治党。

出问题才关心不是真关心,动辄得咎就是为了防止,执行党的纪律体现"实事求是""惩前毖后、治病救人""与人为善""宽严相济","允许悔过自新"等原则,形成了提出监督执纪四种形态:"党内关系要正常化,批评和自我批评要经常开展,让咬耳扯袖、红脸出汗成为常态;让党纪轻处分、组织调整成为大多数,重处分的是少数,而严重违纪涉嫌违法立案审查的只能是极少数。"① 只有这样,才能真正实现全面从严治党。广大党员干部要清醒地认识到党规党法不是我们的"紧箍咒",而是我们的"保护伞"。

(四)第一位的是"党的政治纪律和政治规矩"

我们党是一个有自己特殊的宗旨和目标,肩负着特殊历史使命的政治组织,共产党整体战斗力对每个党员有着特殊的责任和义务要求。党员的政治立场、观点、态度、方向最为重要。党内处于打头、管总地位的纪律和规矩,就是规范党员干部政治方向、政治立场、政治言论、政治行动的政治纪律和政治规矩。"在所有党的纪律和规矩中,第一位的是政治纪律和政治规矩。"②"我们党作为马克思主义政党,讲政治是突出的特点和优势。没有强有力的政治保证,党的团结统一就是一句空话。""共产党不讲政治还叫共产党吗?'纪纲一废,何事不生?'在这里,我要十分明确地说,政治纪律和政治规矩这根弦不能松。"③

1. 关于党的政治纪律和政治规矩

党是政治组织,有其必须共同遵守的政治生活准则和言论、行动的

---

① 《全面从严治党　严明党的纪律　把握运用监督执纪"四种形态"》,《人民日报》2015年9月27日。

② 《习近平关于严明党的纪律和规矩论述摘编》,第28页。

③ 《习近平关于严明党的纪律和规矩论述摘编》,第23页。

规范。党的政治纪律，指各级党组织和党员在政治生活中必须遵守的行为准则。习近平总书记指出，政治纪律"更是全党在政治方向、政治立场、政治言论、政治行动方面必须遵守的刚性约束"①。"遵守党的政治纪律，最核心的，就是坚持党的领导，坚持党的基本理论、基本路线、基本纲领、基本经验、基本要求，同党中央保持高度一致，自觉维护中央权威。"②2015 年 1 月 13 日，在十八届中央纪委第五次全会上，习近平总书记提出重点要做到的"五个必须"。"必须"就是说在这些重大政治问题上不存在讨价还价的余地。具体内容是：必须维护党中央权威，决不允许背离党中央要求另搞一套；必须维护党的团结，决不允许在党内培植私人势力；必须遵循组织程序，决不允许擅作主张、我行我素；必须服从组织决定，决不允许搞非组织活动；必须管好亲属和身边工作人员，决不允许他们擅权干政、谋取私利。2015 年 1 月 16 日，习近平总书记主持召开中共中央政治局常务委员会会议强调，坚持党的领导，首先是要坚持党中央的集中统一领导，这是一条根本的政治规矩。2016 年 1 月 12 日，在十八届中央纪委第六次全会讲话，强调：各级干部特别是领导干部要善于从政治上看问题、站稳立场、把准方向。要始终忠诚于党，不折不扣执行党的路线方针政策。③

2.违反政治纪律和政治规矩的具体表现

党的十八大以来，习近平总书记对现实政治生活中存在违反党的政治纪律和政治规矩的表现进行了深刻地总结。综合起来，大致有如下类型：

其一，表现在原则立场上的主要有：与党离心离德，违反党的领导

---

① 《十八大以来重要文献选编》中，第 347 页。
② 《十八大以来重要文献选编》上，第 132 页。
③ 习近平：《在第十八届中央纪律委员会第六次全体会议上的讲话》，《人民日报》2016 年 5 月 3 日。

和党的基本理论、基本路线、基本纲领、基本经验、基本要求；不能自觉与党中央保持一致，在原则问题和大是大非面前立场摇摆，对涉及党的理论和路线方针政策等重大政治问题公开发表反对意见，口无遮拦，毫无顾忌；对中央方针政策和重大决策部署阳奉阴违，等等。

其二，表现在政治思想上的主要有：对共产主义心存怀疑；不信马列信鬼神，从封建迷信中寻找精神寄托；是非观念淡薄，原则性不强，正义感退化，稀里糊涂当官，浑浑噩噩过日子；向往西方社会制度和价值观念，对社会主义前途命运丧失信心；等等。

其三，习近平总书记反复论及的一个政治规矩，就是"组织"的重要性。那些缺乏组织纪律性的主要体现有：搞"团团伙伙""小山头、小圈子、宗派主义"；搞任人唯亲、排斥异己的、结党营私、拉帮结派；一门心思钻营权力，进而搞人身依附、培植私人势力或者通过搞利益交换、为自己营造声势等活动捞取政治资本；搞匿名诬告、制造谣言；以及"个人重大问题隐情不报"和"对抗组织审查"等。

其四，腐败问题与政治问题往往相伴而生。漠视政治纪律往往是一切腐败现象的源头。表面上是腐败，根子在党的观念淡漠、组织涣散、纪律松弛，任其发展，就会破坏政治生态，殃及民风社风，最终削弱党的执政能力、破坏党的执政基础。对党的最大威胁不过如此！同时，搞腐败的人需要靠腐败得到的物质利益搞收买人心，反过来，有腐败行为就会想着如何找保护伞，这样，他们就会去走向搞团团伙伙、搞利益输送，搞派系政治，等等。

上述问题，正如习近平总书记所说的："是关系党和国家政治安全的大问题，难道还不是政治吗？"①

3."政治规矩"突出强调了那些不诉诸文字的政治觉悟、党性修养、

---

① 《习近平谈治国理政》第二卷，第162页。

内在信仰和组织原则

　　党的规矩是刚性和软性的合集，既包括党章、党规、国法这样的硬性约束，也包括人们在长期实践中形成的并逐渐成为人们自我约束其行为的优良传统和工作惯例。按此理论逻辑，再加之习近平总书记在讲到政治规矩的时候，对那些不诉诸文字的政治觉悟、党性修养、内在信仰和组织原则的强调，我们可以推知，政治规矩应该包括硬约束和软约束两大部分，是刚性和软性的合集：第一，政治纪律，即以成文形式颁布，党的各级组织和所有共产党员在政治方向、政治立场、政治言论、政治行动方面必须遵守的刚性约束。第二，全党在理想信念、指导思想、宗旨目标、路线纲领、道路制度、立场方向、组织原则等方面，所必须具有的思想觉悟、优良传统和工作习惯。换言之，就是全党在党性修养、原则立场、政治规则和组织观念等重大政治问题方面体现出来的未成文的自觉意识和行为抉择。由此，可以将党的政治规矩定义为各级党组织和全体党员在政治问题上必须遵守的行为规范和应有的政治觉悟。政治规矩是对党员干部政治标准的总体要求和政治坚守的总体概括。其首要原则和核心内容就是——对党忠诚。

（五）强调党的政治纪律与政治规矩的根本原因

　　首先，"政治规矩"凸显了党的规矩的政治属性，与党的性质、组织原则紧密联系在一起，是党的性质、组织原则的具体表现。党的团结统一，党的战斗力、凝聚力、创造力，党的先进性、纯洁性，党自我净化、自我完善、自我革新、自我提高的能力，都要靠政治纪律和政治规矩来保证。为此，要求每一个党员干部坚决贯彻执行党的理论、路线、方针、政策和中央的决策部署。在思想和行动上始终同党中央保持高度一致，始终做到"立场坚定，头脑清醒"。

　　其次，党的政治规矩是我们党赖以生存的"生命线"。如前所述，党的政治规矩，是全体党组织和党员在党的信仰、信念、宗旨、目标等的要求，在党的基本路线、纲领、方针、政策上，在党的领导、党的团结和党的生命力方面，以及在党的重大原则问题上，必须具有的自觉的意识、鲜明的立场、正确的态度及其行为。这就要求党员干部，牢记自己担当的政治责任，自觉标明政治身份、增强政治归属感，增强为党工作，始终以党的利益为重，始终听党话、跟党走。

第三，政治规矩是党员在政治生活中，对党的事业、利益、组织的根本态度和观点，是内心深处对党的认同和挚爱，是由党员的世界观、人生观和价值观决定的。为此，就要求党员必须坚持"严以修身"，就是要加强党性修养，坚定理想信念，提升道德境界，追求高尚情操，在党言党爱党、在党忧党为党；自觉按照党的要求，规范和约束自己的行为。明确的纪律要求是保证行为有所遵循的重要条件。政治纪律的要求是无条件的，不允许讨价还价，党员不能在这点上和组织讲条件。但是，制度由人制定出来的，最终还靠人去执行。党员干部特别是各级领导干部的只有从内心深处敬畏和认同政治纪律，形成思想自觉，知大知小、知进知退、知荣知辱、知是知非，守纪律才能真正落实到行动上。政治规矩是党员干部在政治生活中，对党的事业、利益、组织的根本态度和观点，归根到底就是党员的世界观、人生观和价值观。正是靠这些未明文的规矩，支撑着和保证了党章等成文规矩的贯彻执行。理论上的清醒是政治上坚定的基础！这就要求党员要将政治纪律内化于心、外化于行，并以更强的党性意识、政治觉悟和组织观念要求自己，始终保持共产党人的本色，始终保持党的先进性和纯洁性，努力提高党的凝聚力和战斗力，不断巩固党的执政基础和执政地位。把政治纪律和政治规矩并列强调，就在强调全党要在言论和行动上必须遵循有关政治规范的同时，突出强调了全党在党的领导、理想信念、宗旨目标、立场方向、组织原则、重大考验等重大政治问题上所应该具有的不诉诸文字的党性修养和行为自觉。

第四，强调政治纪律和党的政治规矩的重大意义。政治纪律和政治规矩解决的是党员对组织政治上忠诚问题。邓小平同志早就深刻指出："中国要出问题，就出在共产党内。"① 党的十八大以来，习近平总书记反复强调："我们当前主要的挑战还是党的领导弱化和组织涣散、纪律松弛。不改变这种局面，就会削弱党的执政能力，动摇党的执政基础，甚至会断送我们党和人民的美好未来。"② 政治纪律和政治规矩始终与党的使命紧密联系在一起，始终与党在不同历史时期面临的形势和任务紧密联系在一起，始终与党的自身建设紧密联系在一起。在今天强调政治纪律和政治规矩，要求党员干部自觉把党中央的各项规定作为自身不可或缺的思想准则、不可逾越的纪律红线、不可偏差的行为指南，归根到底就是为了维护党中央权威、维护党内团结统一、重塑党组织的纪律性和约束力，净化党的政治生态。

没有规矩，不成方圆。党的纪律是一个无产阶级革命政党全体成员必须遵守的行为规范和规则。需要强调的是，我们要求服从党的纪律，是建立在党性原则和理论清醒的基础上的，"我们共产党人在任何时候，都不应该提倡盲目的服从。党反对没有纪律性的、向党闹独立性的倾向，但提倡与奖励每个党员在党的方针下独立思考问题、独立进行工作的创造精神。领导机关的决议、指示，应该允许下级和党员提出意见，提出怀疑，提出修改。"③

---

① 《邓小平文选》第三卷，第 380 页。
② 《习近平关于严明党的纪律和规矩论述摘编》，第 9 页。
③ 《刘少奇选集》上卷，第 368 页。

第八讲

发挥"熔炉"作用，锻炼党性修养

　　党员干部担负着党和人民的重托和期望，其一言一行关乎党的形象，共产党员只有做有政治觉悟的先锋战士，成为人们称道的模范和榜样，才能让人民群众感受到理想信念的强大力量，增强人民群众对党的信心、信任和信赖，才能为全国人民树立鲜明价值局向和政治导向，才能组织和带领人民群众为实现党的任务和主张而奋斗。这就需要每一个党员干部增强党性修养。一是加强学习，加强主观世界的改造。确定党员身份意识，解决世界观、人生观、价值观这个"总开关"问题。二是要加强社会实践活动。首要的是党内生活的实践。通过参加这些实践活动，能够增强党员的党性观念、执政意识和参与党内事务的能力。三是要自觉接受党内外监督。

　　由于中国共产党是一个特殊的政治组织，共产党员的党性修养还需要通过党内组织生活这个"熔炉"进行修炼，即通过党内正确、原则的思想斗争，批评和自我批评等组织生活提高党性修养。习近平总书记强调："党内政治生活是党组织教育管理党员和党员进行党性锻炼的主要平台。"①党员干部理想信念的确立、宗旨和奋斗目标的培养，对党的路线、纲领的执行，党员的政治意识、纪律意识、规矩意识的形成，党员

---

① 《十八大以来重要文献选编》中，中央文献出版社 2016 年版，第 95 页。

民主意识、民主精神、民主能力的养成，以及党员的团结精神和对党内斗争原则的把握，党内批评和自我批评意识习惯，党内风气的提升，等等都离不开党内管理教育。也就是说，中国共产党是一个特殊的政治组织，共产党员的党性修养还需要通过党内生活这个"熔炉"进行修炼，即通过党内正确、原则的思想斗争，批评与自我批评和党内监督等党内政治生活来提高党性修养。

新形势下党面临的复杂环境要求党内政治生活这个"共产主义熔炉"真正"热起来"，以锻炼党员党性，实现自我净化、自我完善、自我革新、自我提高。"如果炉子长期不生火，或者生了火却没有足够的温度，那是炼不出钢来的。"① 为此，必须坚持经常性教育和集中性教育相结合，有效地开展批评与自我批评，进行思想交锋，使咬耳朵扯袖子、红脸出汗成常态。要认真落实"三会一课"、民主生活会、领导干部双重组织生活、民主评议党员、谈心谈话等制度，加强经常性教育、管理、监督。

每一个党员，都应该牢记自己的共产党员是第一身份，一言一行、一举一动，直接影响到党在人民群众中的形象，必然应当接受组织的约束。由于领导干部的政治影响作用、道德表率作用和作风辐射作用，决定了党内政治生活的重点对象是领导干部这个"关键少数"。必须通过党内政治生活的组织原则、组织管理、党的纪律管理教育领导干部，贯彻落实党的自我监督要求，压实管党治党的"两个责任"，旗帜鲜明地反对腐败。

一、关键在党，关键在人

"我们党作为马克思主义执政党，不但要有强大的真理力量，而且

---

① 《习近平关于全面从严治党论述摘编》，第 27 页。

要有强大的人格力量；真理力量集中体现为我们党的正确理论，人格力量集中体现为我们党的优良作风。"①共产党员只有做有政治觉悟的先锋战士，成为人们称道的模范和榜样，才能让人民群众感受到理想信念的强大力量，增强人民群众对党的信心、信任和信赖，才能为全国人民树立鲜明价值观和政治导向，才能组织和带领人民群众为实现党的任务和主张而奋斗。反之，如果党员不以实际行动发挥先锋模范作用，人民群众就看不到推动社会主义事业的力量、信心。当前，我们党员干部主流是好的，但少数党内的蛀虫、腐败分子，对整个党的形象和威望就具有巨大杀伤力。严肃和规范党内政治生活，就是要加强党员的党性教育，强化党员意识和思想自觉，不断提高党员的质量。

（一）贯彻质量建党要求

无产阶级政党是由无产阶级中最觉悟、最先进的先进分子组成，是无产阶级的先锋队，具有先进性。这里的"先进分子"和"先锋队"就是相对于工人的"整个阶级"，特别是"落后分子"而言的。无产阶级先锋队的性质，要求无产阶级政党的建设必须贯彻质量建党的原则。

1.坚持质量建党，保持党的先进性与纯洁性

中国共产党是无产阶级政党，她应当在本阶级中有牢固的基础。因此，党特别要注意在自己的组织内加强工人的成分，注意吸收工人中的先进分子入党。与此同时，出于中国特殊国情和革命事业的迫切需要，要求中国共产党把各方面的优秀分子都集中在党的旗帜下，把承认党的纲领和章程、自觉为党的路线和纲领而奋斗、经过长期考验、符合党员条件的社会其他方面的优秀分子吸收到党内来，为着伟大而艰巨的中国革命和建设事业，为着共同的理想和目标而团结奋斗。我们党在长期的

---

① 《习近平关于严明党的纪律和规矩论述摘编》，第98页。

革命实践中认识到，对非无产阶级出身的革命群众入党问题，采取关门主义是不对的。但是，采取放任自流的方式也是不对的。正确的方针是在扩大党员数量、增强党的力量的同时，注重加强党员的党性教育，不断克服党内和党员队伍中各种非无产阶级思想，提高党员的质量。在长期的革命实践中，我们党走出了管党治党的新路子：通过着重思想建党、强调党性修养、把党变成共产主义大熔炉和严格党内政治生活等方式，确保党的质量。

2. 新时代加强党的质量建设的总目标

党的建设质量是历史的、具体的和动态的，受到多种因素的影响制约，既不是从来就有，也不是一劳永逸，而是需要在实践中努力保持和不断提高。中国特色社会主义进入新时代，中国共产党肩负着进行伟大斗争、建设伟大工程、推进伟大事业、实现伟大梦想的历史使命，只有不断提高党的建设质量，才能保证党顺利完成新时代的历史使命。

党是领导一切的最高政治力量，党的建设质量既直接关系到党的领导质量、党的执政质量，也直接关系到中国特色社会主义经济、政治、文化、社会、生态文明等各项事业建设的质量，进而关系到中华民族伟大复兴和人民美好生活的质量。现今中国共产党已是拥有 9100 多万党员、460 多万个基层党组织的世界第一大执政党。如果党的建设质量不高，即使党的规模再大，党的凝聚力、战斗力也难以保证，党的先进性、纯洁性也难以彰显。新时代加强党的质量建设的总目标是"把党建设成为始终走在时代前列、人民衷心拥护、勇于自我革命、经得起各种风浪考验、朝气蓬勃的马克思主义执政党"[1]，贯彻"控制总量、优化结构、提高质量、发挥作用"的要求。为此，应着眼于党的政治建设、思

----

① 习近平：《决胜全面建成小康社会 夺取新时代中国特色社会主义伟大胜利》，《十九大以来重要文献选编》（上），第 44 页。

想建设、组织建设、作风建设、纪律建设、制度建设、反腐败斗争这七大布局，以党的政治建设为统领，涵盖党员干部队伍建设和党组织建设这两条主线，发挥党的"大熔炉"作用，通过党的生活锻炼党员党性修养，提高动党员质量。

3. 新时代加强党的质量建设的实践要求

新时代加强党的质量建设，首先必须在两个方面发力。第一就要做到正本清源，从源头上抓起，把好发展党员、选拔任用干部的"入口关"，保持党的纯洁性的"源头活水"。只有对有可能产生"污染"的源头，扎实认真地进行了净化处理，才能有效保障党员队伍的身心健康，保持党的纯洁性。为此，必须坚持把新发展党员的质量放在首位，以控制总量为重点，使全国党员数量年均增长控制在适当速度，党员队伍保持适度规模；以优化结构为关键，不断优化党员队伍结构。第二是要贯彻全面从严治党的要求。把坚持全面从严治党作为基本方略之一，推动全面从严治党向纵深发展，这是我们党永葆青春活力、走在时代前列的根本之举。应该看到，党内存在的思想不纯、组织不纯、作风不纯等突出问题尚未得到根本解决。为此，必须拿起自我革命这一我们党解决自身问题的法宝，坚持正视问题的自觉、刀刃向内的勇气，不断增强党自我净化、自我完善、自我革新、自我提高的能力，保持肌体健康。在政治建设上，严肃党内政治生活，加强党性锻炼，履行党员的根本政治责任，维护风清气正的良好政治生态。在思想建设上，把坚定理想信念作为首要任务，着力针对党的观念淡薄的问题，拧紧党员干部理想信念这个"总开关"。在组织建设上，落实好干部标准，既要政治过硬，也要本领高强，改进推荐考察办法，坚持严管与厚爱结合、激励和约束并重。要探索建立正常的党员退出机制。在作风建设上，严格落实中央八项规定和实施细则精神。在纪律建设上，按照党纪要求，及时处置党内那些宗旨意识淡化、思想道德滑坡、组织纪律涣散、道德行为失范的不合格党员，疏通"出口"。

（二）时刻牢记第一身份是党员

党员是党的肌体细胞，只有细胞健康，才能保证肌体充满活力。对于每一个共产党员来说，选择加入中国共产党是正确的和光荣的，但更要有执着的坚守和主观世界的改造，做到不忘初心、不改初衷。只要每个共产党员都始终牢记和珍惜自己的第一身份，忠实地履行党员的第一职责，我们党就会以更加高大的形象出现，就能永远赢得人民的信赖，中华民族伟大复兴的中国梦就一定能够早日实现。2014 年 1 月 14 日，习近平总书记在第十八届中央纪律检查委员会第三次全体会议上的讲话强调："在全党同志要强化党的意识，始终把党放在心中最高位置，牢记自己的第一身份是共产党员，第一职责是为党工作，做到忠诚于组织，任何时候都与党同心同德。"①

1. 党员意识的内涵

当我们申请加入中国共产党，面对党旗宣过誓，成为党组织的一员，也就是从这一刻起，不管在何岗位，从事什么职业，在职还是退休，其第一身份都应是"共产党员"这四个大字。牢记自己的第一身份，不能成为置身组织之外成为所谓的"自由人"，也就意味着对共产党员应有的信仰、使命和责任的认同与践履。为此，必须做到以下几点：

第一，党员应该不断地用党员干部的标准要求自己，对共产党员来说，人生无小事，生活无小事。我们必须从小节、小事上开始严格要求自己，不仅在大是大非面前立场坚定，而且也要注意生活作风问题，包括在点滴小事上，对自己也应该高标准、严要求。见贤思齐，知是明

---

① 《强化反腐败体制机制创新和制度保障深入推进党风廉政建设和反腐败斗争》，《人民日报》2014 年 1 月 15 日。

非，自觉做到自重、自省、自警、自励。尤其要防微杜渐，管住小节。每一个共产党员，都要经常解剖自己的世界观、人生观、价值观，经常查找自身存在的不符合党和人民利益要求的缺点不足。

第二，党员身份意识表现为党员对政党的忠诚、"与党同心同德"。进了党的门，就是党的人，就要自觉把自己的一言一行与党的事业联系起来，必须从内心深处让党员的"身份意识"牢牢扎根，把对党忠诚、服从组织、遵守纪律、践行宗旨真正成为内心信念并内化于心、外化于行。按照党的要求履行一个党员的职责，维护党的利益。时时处处与党一条心，用一生的行动履行入党的誓言。

第三，坚定对马克思主义的信仰和对社会主义和共产主义的信念，牢记全心全意为人民服务的宗旨，经常想一想"为了谁、依靠谁、我是谁"问题，时时尊重群众，了解群众疾苦，事事维护和发展群众利益。注意发挥党员先锋模范作用、担当精神、奉献精神，带头发扬实干精神。真正做到"平时能看得出来，困难时能站得出来，危险时能豁得出来"。

第四，党员身份意识是共产党员的行为规范在党员的思想观念上的反映。每一个共产党员都严守党的纪律和规矩、模范地遵守国家法律。都要讲廉洁，清白做人、干净做事，坚持原则、以廉为荣。不搞自由主义，想怎么说就怎么说，想怎么干就怎么干。对于一些歪风邪气、错误言行不能听之任之，要敢于斗争、敢于批评，坚决抵制。坚守共产党人精神追求和道德情操，始终与党中央保持高度一致，牢牢把握政治方向，站稳政治立场，永葆共产党人的政治本色。

第五，党员身份意味着更高的标准、更严的要求。党员是有着特殊政治使命、受到严格组织约束的公民。身为党员，应该始终有一种"身份意识"，但这种"身份意识"，绝不是对群众的高高在上，也不是个人利益的特殊化，而是从道德标准、行为规范等方方面面的更严要求。有些言论，群众可以说，但党员不能说；有些事情，群众可以做，但党员不能做。正是在这些严格的高标准中，体现了党员的先进性、模范性和带头作用。

总之，共产党员的身份，要求每一个共产党员自觉以党员标准严格要求自己，时刻不忘自己党员身份，履行党员责任义务，发挥先锋模范作用，维护好党的良好形象，做一个新时代永不褪色的、名副其实的共产党员。

2. 形成思想自觉

党员头脑里真正形成了党员身份意识并用其指导自己的行动，是一个用无产阶级思想克服和战胜各种非无产阶级思想的过程，需要每一个共产党员和各级党组织经常的长期的努力。从每一个共产党员个人层面上看，具体要求如下：一是加强学习，加强主观世界的改造。确定党员身份意识，根本上说，需要解决世界观、人生观、价值观这个"总开关"问题，只有不断加强学习，真正做到学而信、学而用、学而行。二是要加强社会实践活动。践行党员义务。离开个人的社会实践，自我实现就无从谈起。投身于社会实践中，是党员自我责任和义务的体现，使得党员自身的价值得到更加充分的体现。为此，共产党员必须积极投身于党的实践活动，首要的是党内生活的实践。共产党员要积极参加党的组织生活方面的活动，如思想建设、组织建设、作风建设和制度建设等。通过参加这些实践活动，能够增强党员的党性观念、执政意识和参与党内事务的能力。三是要自觉接受党内外监督。广大党员干部，特别是领导干部一定要带头执行各项监督制度，尊重和维护广大党员和人民群众对党和社会事务的建议、批评、监督权，把自觉接受监督当作领导干部必备的基本条件来衡量。这不仅是对组织的负责、对党和人民事业的负责，同时也是对自己的负责。

二、抓住领导干部这个"关键少数"

领导干部身先士卒，方能一呼百应；以身作则，方能上行下效。领导干部的一言一行、一举一动，无形中在社会上营造一种风气、提倡一种追求、引导一种方向。领导干部的政治影响作用、道德表率作用和作风辐射作用，决定了党内政治生活的重点对象是领导干部这个"关键少数"。所谓"关键少数"，一般是事物的最关键部分，虽然数量少，但在发展过程中作用最大，是引领事物发展的最大优势。在整个社会群体中，领导干部作为执政兴国的骨干部分和中坚力量，毫无疑问是"关键少数"，发挥着十分重要的作用。习近平总书记强调："新形势下加强和规范党内政治生活，重点是各级领导机关和领导干部，关键是高级干部特别是中央委员会、中央政治局、中央政治局常委会的组成人员，高级干部特别是中央领导层组成人员必须以身作则，模范遵守党章党规，严守党的政治纪律和政治规矩，坚持不忘初心、继续前进，坚持率先垂范、以上率下，为全党全社会作出示范。"①

(一) 新时代好干部标准

中国特色社会主义最本质特征和最大优势是党的领导。党的领导能否实现，归根到底来说，取决于党的领导的正确性。历史和现实昭示，要保证党的正确领导，最重要的是必须坚持党的思想路线和政治路线。而党的思想路线和政治路线的贯彻执行，需要通过党的各级组织、党的干部和广大共产党员，组织和带领人民群众为实现党的任务和主张而奋斗。党的组织路线体现在选对人用好干部的要求上，以及通过党的组织

---

① 《习近平关于全面从严治党论述摘编》，第 46 页。

原则、组织管理、党的纪律管理党员干部。正是在这个意义上，毛泽东同志说，政治路线确定之后，干部就是决定因素。① 邓小平同志也指出，思想路线政治路线的实现要靠组织路线来保证。"政治路线确立了，要由人来具体地贯彻执行。由什么样的人来执行，是由赞成党的政治路线的人，还是由不赞成的人，或者是由持中间态度的人来执行，结果不一样。这就提出了一个要什么人来接班的问题。"② 知人，才能善任。选贤任能，关键在把好干部挑出来。什么样的干部是好干部？从大的方面说，就是德才兼备、以德为先，但在不同的历史时期，好干部的标准又有所不同。战争年代，对党忠诚、不怕牺牲的干部是好干部；社会主义革命和建设时期，政治坚定、又红又专的干部是好干部；改革开放初期，熟悉专业、锐意改革的干部是好干部。

新时代贯彻党的政治路线，实现党的奋斗目标，必须把德才兼备、年富力强、作风正派、锐意进取的干部，真正把那些想干事、能干事、敢担当、善作为的优秀干部推荐和输送到各级领导岗位上去。习近平总书记指出，好干部要做到"信念坚定、为民服务、勤政务实、敢于担当、清正廉洁"③。在党的十九大报告里，习近平总书记指出："坚持正确选人用人导向，匡正选人用人风气，要突出政治标准，提拔重用牢固树立'四个意识'和'四个自信'、坚决维护党中央权威、全面贯彻执行党的理论和路线方针政策、忠诚干净担当的干部，选优配强各级领导班子。"这些原则就是当前党政领导干部选拔依据的新标准。

1. 突出政治标准

政治标准基础是坚定政治方向。我们党是马克思主义政党，是以共产主义为最高理想，以马克思主义为思想指南的，理想信念是党的精神

---

① 《毛泽东选集》第二卷，第 526 页。

② 《邓小平文选》第二卷，第 191 页。

③ 《习近平关于全面从严治党论述摘编》，第 122 页。

旗帜，是党员的"政治灵魂"。理想的动摇是最危险的动摇，信念的滑坡是最致命的滑坡，该当警醒。好干部的第一标准，必须坚持"革命理想高于天"，做共产主义远大理想和中国特色社会主义共同理想的坚定信仰者，以人民为中心，为实现民族复兴的"中国梦"而奋斗。政治标准关键是坚持政治领导，就是要学习贯彻习近平新时代中国特色社会主义思想，自觉在思想上政治上行动上同以习近平同志为核心的党中央保持高度一致，坚决维护习近平总书记的核心地位，坚决维护党中央权威和集中统一领导。

2. 敢于担当、踏实做事、不谋私利

"敢于担当"，就是把责任稳稳扛在"肩"上。领导就是责任，当官必须尽责，权与责从来都是相依相随的。担当大小，体现一个干部的胸怀、勇气和格调，有多大担当，才能干多大事业。领导干部要带头勇担管党治党的政治责任，切实把治党作为自身义不容辞的分内之事，成为为党分忧的典范。"踏实做事"就是把发展紧紧抓在"手"中。一个干部发挥多大的能量、干出多大的成绩，是可以通过自己的努力来实现的。"一个行动，胜过一打纲领"。"不谋私利"就是把名利远远抛在"身"后。一个领导干部最后的成败，往往取决于是否恪守"清廉"二字，必须贯彻《党员干部廉洁自律准则》要求，增强党性修养，清白做人。

3. 本领高强、能力过硬

我们党既要政治过硬，也要能力过硬。要注重培养专业能力、专业精神，增强干部队伍适应新时代中国特色社会主义发展要求的能力。新时代干部要适应新时代要求，要注重增强适应新时代中国特色社会主义发展要求的本领，即"学习本领、政治领导本领、改革创新本领、科学发展本领、依法执政本领、群众工作本领、狠抓落实本领、驾驭风险本领"①。这是我们在新时代肩负伟大历史使命、实现伟大目标所迫切需要的本领。

（二）永葆清正廉洁的政治本色

风成于上，俗化于下。领导机关和领导干部肩负着制定和执行党的路线方针政策、领导和推动党的各项工作的神圣职责，其一言一行、一举一动，对下级党组织和党员、干部具有重要的示范导向作用。必须通过党内政治生活的组织原则、组织管理、党的纪律管理教育领导干部，贯彻落实党的自我监督要求，压实管党治党的"两个责任"，旗帜鲜明地反对腐败。对领导干部自身而言，要以更高的党性意识、政治觉悟和组织观念要求自己，忠诚于党的理想信仰和宗旨立场，忠诚于党的理论和路线方针政策，忠诚于党的组织原则和组织领导，模范地遵守和执行民主集中制，带头依法办事，做政治上的明白人。新形势下加强和规范党内政治生活，重点是各级领导机关和领导干部。根本举措是领导干部严以修身、廉洁自律，反对腐败和加强权力监督与制约。

1. 严以修身，廉洁自律

严以修身指的是"要加强党性修养，坚定理想信念，提升道德境界，追求高尚情操，自觉远离低级趣味，自觉抵制歪风邪气"。严以修身要把立德、修德、践德作为终身课题。立德，首先是理想信念这个"大德"。一个党员干部过得硬，首先理想信念过得硬，缺失精神之"钙"的干部迟早会出问题。这就需要党员干部自觉加强党性修养、增强政治定力，铸牢理想信念这个"主心骨"。其次，党的领导干部要严格按照党和人民的授权，忠实履行领导职责，始终做到秉公用权、不以权谋

---

① 习近平：《决胜全面建成小康社会　夺取新时代中国特色社会主义伟大胜利——在中国共产党第十九次全国代表大会上的报告》，《人民日报》2017 年 10 月 28 日。

私，依法用权、不假公济私，廉洁用权、不贪污腐败，始终保持共产党人的政治本色，形成上行下效的正向效应，营造一种风气、提倡追求、引导一种方向。党的领导干部廉洁自律的自我要求，具体体现在《中国共产党廉洁自律准则》里面对领导干部提出了不同于普通党员的更高要求：即廉洁从政，自觉保持人民公仆本色；廉洁用权，自觉维护人民根本利益；廉洁修身，自觉提升思想道德境界；廉洁齐家，自觉带头树立良好家风。

2. 旗帜鲜明地反对腐败

消极腐败现象是党和人民的大敌，"人民群众最痛恨各种消极腐败现象，最痛恨各种特权现象，这些现象对党同人民群众的血肉联系最具杀伤力。"[1] 然而，彻底铲除腐败这个破坏党和人民群众血肉联系的毒瘤，不是一件容易的事情。尤其是执政时间越久，越需要高度重视自身的廉洁问题。"大凡起初时聚精会神，没有一事不用心，没有一人不卖力，也许那时艰难困苦，只有从万死中觅得一生。继而环境渐渐好转了，精神也渐渐放下了，有的因为历时长久，自然得惰性发作，由少数演为多数，到风气养成，虽有大力，无法扭转，并且无法补救。也有为了区域一步步扩大，而它的扩大，有的处于自然发展，有的为功利欲所驱使，强于发展，到干部人才渐见竭蹶，艰于应付的时候，环境倒愈加复杂起来了，控制力不免趋于弱了。一部分历史'政怠宦成'的也有，'人亡政息'的也有，'求荣取辱'的也有，总之没有能跳出这周期率。"[2] 民主人士黄炎培在延安时期与毛泽东的这段著名的"窑洞对"，深刻揭示了一个政权由盛而衰的变化过程，至今仍发人深省。立党为公、执政为民，是密切党群关系的根本保证。而建设廉洁政治，坚决反对腐败，

---

① 《习近平关于全面从严治党论述摘编》，第 178 页。
② 《八十年来——黄炎培自述》，文汇出版社 2000 年版，第 204—205 页。

是加强和规范党内政治生活的重要任务。习近平总书记深刻指出："'物必先腐，而后虫生。'近年来，一些国家因长期积累的矛盾导致民怨载道、社会动荡、政权垮生，其中贪污腐败就是一个很重要的原因，大量事实告诉我们，腐败问题越演越烈，最终必然会亡党亡国！我们要警醒啊！"①"全党同志要深刻认识反腐败斗争的长期性、复杂性、艰巨性，以猛药去疴、重典治乱的决心，以刮骨疗毒、壮士断腕的勇气，坚决把党风廉政建设和反腐败斗争进行到底。"②

党的十八大以来，在以习近平同志为核心的党中央坚强领导下，各级党委深入推进惩治和预防腐败体系建设，筑牢拒腐防变的思想防线和制度防线，着力构建不敢腐、不能腐、不想腐的体制机制。党风廉政建设和反腐败工作取得明显成效。但是，反腐败斗争不能只是刮一阵风，而是必须作为一种常态持续进行下去。在十八届中央纪委五次全会讲话中，习近平总书记又再一次重申："保持高压态势不放松，查处腐败问题，必须坚持零容忍的态度不变、猛药去疴的决心不减、刮骨疗毒的勇气不泄、严厉惩处的尺度不松，发现一起查处一起，发现多少查处多少，不定指标、上不封顶。让那些想搞腐败的人断了念头、搞了腐败的人付出代价。"③反复重申零容忍态度不变，高压反腐不放松，实际上表达了中央对于严惩腐败的坚定决心。

3. 落实责任，强化监督

党内监督是永葆党的肌体健康的生命之源，历史和现实都证明，解决党自身存在的问题，根本要靠强化自我监督。我们是一党长期执政，最大挑战就是权力的有效监督，持续破解这一难题，党才能永葆先进性

① 《习近平关于全面从严治党论述摘编》，第175页。

② 《强化反腐败体制机制创新和制度保障深入推进党风廉政建设和反腐败斗争》，《人民日报》2014年1月15日。

③ 《习近平关于全面从严治党论述摘编》，第187页。

和纯洁性。党的执政地位决定，在党和国家各项监督制度中，党内监督是第一位的，党内监督缺失，其他监督必然失效。

党的十八大以来，明确了全面从严治党的"两个责任"，即"党委负主体责任，纪委负监督责任"。以问责倒逼责任落实，推动管党治党从宽松软走向严紧硬。首先，党委负"主体责任"：党要管党不是抽象的，它需要落实到一个组织，落实到一个具体执行者。所谓的党委主体责任，就是要求各级党委用从严的要求加强党的建设；明确党委（党组）书记管党治党第一责任人职责和领导班子成员"一岗双责"，要求无论是党委还是纪委或其他相关职能部门，都要对承担的管党治党责任包括全面从严治党责任进行签字背书，做到守土有责，出了问题，就要追究责任。党的各级领导干部一定要把责任扛在肩上，做到知责、尽责、负责，敢抓敢管，勇于监督。其次，纪委负"监督责任"。所谓"监督责任"，就是要各级纪委要严格执行党纪，承担执纪从严的责任。党内监督是党的建设重要方面，目的是坚持和加强党的领导。要把党内监督和人民群众监督结合起来，形成发现问题、纠正偏差的有效机制，不断增强向体内病灶开刀的自觉性，使积极开展监督、主动接受监督成为全党的自觉行动。推进治理体系和治理能力现代化。

党的十八大以来，党中央在加大监督执纪问责力度，坚决推动全面从严治党主体责任落实。一是强调抓好党建是本职，推动各级党委、各级纪检监察机关、各级领导班子和领导干部把全面从严治党的政治责任落到实处，形成一级抓一级层层抓落实的党建工作新格局。二是加大执纪审查力度，出了问题要问责。如果党委没有履行"主体责任"、纪委没有履行"监督责任"而导致单位或地区出现组织瘫痪，执行党的路线方针政策不力，给党的事业造成严重损害、违纪严重，就要追究党委书记和纪委书记的责任。三是综合发挥组织监督、纪检监督、巡视监督、信访监督、舆论监督、网络监督、群众监督的作用，形成强大监督合力。四是层层传导压力，督促党组织在日常监督检查中坚持把纪律挺在前面，全面掌握党内法规制度贯彻执行情况，坚决纠正那些有令不行、有禁不止的现象，"四风"和腐败问题多发频发、选人用人失察、任用干部连续出现问题、巡视整改不落实等问题。

三、用好党内政治生活这个党性修养的大平台

党内政治生活，就是要增强党的意识、党员意识、宗旨意识，坚守真理、坚守正道、坚守原则、坚守规矩，做到以信念、人格、实干立身。党员的党性修养和先锋模范意识，不是自然形成的，必须靠党组织经常不断的管理教育和严格组织生活的锻炼。这里主要强调的是通过党内各种思想教育、组织管理、党内选举、民主监督、执行纪律、开展批评和自我批评等政治生活，对党员进行党性锻炼，管理和监督党员与党组织，保持党的先进性和纯洁性、提高党的战斗力和工作水平，统一全党意志、统一全党步调。正如刘少奇同志所指出的，中国党的建设，起决定的方面，"是我们党的政治斗争与政治生活，是我们党的思想教育、思想领导与政治领导，而我们党的总纲及党的组织原则，则保障了无产阶级的思想和路线在党内占居统治地位。"①新形势下党面临的复杂环境，要求党内政治生活这个"共产主义熔炉"真正"热起来"以锻炼党员党性，实现自我净化、自我完善、自我革新、自我提高。"如果炉子长期不生火，或者生了火却没有足够的温度，那是炼不出钢来的。"② 一个时期以来，党内出现的庸俗化、随意化、平淡化，

---

① 《刘少奇选集》上卷，第 325 页。
② 《习近平关于全面从严治党论述摘编》，第 27 页。

失之于宽软等突出问题，说到底就是"大熔炉"变成了没有温度的"冷灶台。"

（一）通过党的政治生活增强党员党性修养

党员进行党性锻炼的主要平台，主要是指通过党内政治生活这个共产主义的大熔炉，不断提高广大党员的思想政治觉悟，把他们锻造成为坚定的共产党人。只有健康的党内政治生活，才能引导党员特别是领导干部筑牢信仰之基、补足精神之钙，建立和保持党同人民群众的血肉联系。这是因为党的组织生活开展的过程，也是实施党员教育的过程，通过党的组织生活净化党员的思想、道德，提升党员的素养、能力。党员只有主动自觉地接受党组织的教育和管理，坚决执行党的路线、方针、政策和上级党委的决议、指示，加强组织纪律，才能保证工作的正确方向，保持共产党员的纯洁性和先进性。譬如，借助组织学习会进行学习、交流、谈心等活动，可以巩固和提高党员的党性修养，进一步培养党员党的意识；借助"三会一课"，党员可明白党性修养的要求、途径，提升党性修养的自觉；借助民主评议党员，党员对照党章规定的党员标准和入党誓词，联系个人实际进行党性分析，认清自己的弱点和不足，并设法弥补和改正，以强化党员意识、增强党的观念、提高党性修养。同时，在党内政治生活中的批评和自我批评是我们党强身治病、保持肌体健康的锐利武器，也是加强和规范党内政治生活的重要手段。

（二）新形势创新党的组织生活制度

党的组织生活是党内政治生活的重要内容和载体，是党组织对党员进行教育管理监督的重要形式。党的组织体系本身就是党性的承载主体，也是一座铸造党性的熔炉。通过组织行为教育党员是党培育党员党性意识的一个基本方法。新形势下严肃党内政治生活、净化党内政治生态，必须坚持和创新党的组织生活各项制度，创新方式方法，增强党的组织活力。其一，新形势下坚持"三会一课"制度，要突出党的理论学习和党性教育，突出党性分析和思想交流。其二，坚持民主生活会和组织生活会制度，会前要充分准备，广泛听取党员干部意见，形成基本认识，会上要认真进行批评和自我批评，查摆问题、深刻剖析根源、明确整改方向，会后要形成落实整改的要求和反馈机制。其三，新形势下强化谈心谈话制度，要求党员之间开展经常性谈心谈话，彼此坦诚相见、交流思想、增进党内互相理解和团结。其四，落实民主评议党员制度，每年对党员进行民主评议，督促党员联系个人实际进行党性分析，使之真正成为党员强化党员意识、增强党的观念、提高党性修养的过程。对不合格党员，必须严肃党的纪律，按党章党规定的要求实事求是地给予组织处理。

（三）坚持开展严肃认真的批评和自我批评

党内政治生活是实现党的"自我净化、自我完善、自我革新、自我提高能力"基本方式。只有通过党内政治生活，才能消除那些局部地、暂时地沾染到的"病毒"，清除党内一些与党的性质不相容"杂质"，清除"党内存在的思想不纯、政治不纯、组织不纯、作风不纯等"，增强免疫力。

批评和自我批评是我们党区别于其他任何政党的显著标志，是严肃党内政治生活的有力武器，也是党发现问题、解决问题，增强党的纠错纠偏能力的根本途径。没有严肃的批评和自我批评，失去自律和他律，党员干部就不能提高、不能前进。如果都坚持表扬和自我表扬相结合，那我们就不能发现问题、更不能解决问题，我们的党就会失去生机活力。中国共产党在中国革命和建设的不同历史时期，正是通过开展形式多样的批评和自我批评，在同党内的各种错误思想、错误倾向、错误路线进行不断的斗争中巩固、发展和壮大起来的。

新形势下严肃党内政治生活，要认真贯彻"团结——批评——团结"的原则，把批评和自我批评这个武器用好用活。要经常对照党章党纪要求找不足，多从主观上深入剖析根源。坚决庸俗哲学和好人主义，坚决克服文过饰非、知错不改等错误倾向。

（四）通过党组织进行党性修养的"集体修炼"

从组织层面上看，党的各级组织应该加强思想教育、提高组织温暖、严格组织生活、加强制度建设等方面为党员党性锻炼提供条件和保障。具体说来如下：一是党员意识是先进的社会意识，不可能自发地产生，只能靠加强教育，从外面灌输，因此，党组织要组织党员系统地学习马克思主义基本理论，学习党的基本知识和基本路线，并把这种学习经常化、制度化。二是增强自我身份认同的感情基础。党员除了知道自己的身份角色，还应该有心灵寄托的港湾，就好比有了自己的"家"和亲人。这个"家"就是自己所归属的党组织，这就要党组织关心党员，使他们时刻感受到"家"的温馨，时刻感受到党组织和其他成员的关怀和激励。三是严格组织生活，提高组织生活的质量。党员的学习和监督的有效形式是开好组织生活会，开展有效地开展批评与自我批评，进行思想交锋，使咬耳朵扯袖子、红脸出汗成常态。四是健全激励约束机制，强化党员监督管理，把守纪律、讲规矩摆在更加重要的位置，上级领导要负起主体责任，主动提醒，及时教育。突出从小事小错抓起，跌倒后不易跌大跟头，真正体现对广大党员政治上的严格要求和关心爱护。

第九讲

营造风清气正的政治生态

　　党内政治生活就是指党内在一定的准则和要求下所产生的具有政治意义的活动总和，显然，这些活动是在一定的制度环境和行为空间下进行的。党内政治生态是党内行为主体（党员和党组织）、党内关系、制度规范、价值取向、行为方式、行为互动等要素在运行和交互中所形成和显示出的整体状态。无数行为主体的政治行为及其互动塑造了党内政治生态，而党内政治生态一旦相对稳态化，又会反过来深刻地影响和制约着每一个身临其境的行为主体的政治行为。

　　"自然生态要山清水秀，政治生态也要山清水秀"，党的建设最深厚的基础在于风清气正的良好政治生态。在生态学看来，只有保证每个"细胞"健康，才能实现肌体的健康。对于中国共产党这个政治组织而言，每个党员都是党肌体的细胞，只有始终保证这些"细胞"的健康，才能塑造党的健康肌体。另一方面，"蓬生麻中，不扶自直"。只有在良好的党内生态中，党的建设有了根基和环境，党员和党组织的政治健康才能得到有效的保障，政治作用才能得以充分发挥。反之，在一个被污染的政治生态里面，身处其中的党员干部会无所适从，就会出现彷徨、纠结、怀疑、消极，甚至会随着"潜规则"而行动。如果不去治理，任其蔓延下去，政治生态就会被破坏，那就会给党和人民前途命运带来根本的挑战。《关于新形势下党内政治生活若干准则》就是在列举一个时期以来，党内政治生活中也出现了一些突出问题后，强调："这些问题，严重侵蚀党的思想道德基础，严重破坏党的团结和集中统一，严重损害党内政治生态和党的形象，严重影响党和人民事业发展。"①

正是基于党内政治生活与党内政治生态密不可分，党内政治生态是党内政治生活呈现出来的总体结果，党的十八大以来，以习近平同志为核心的党中央十分重视党内政治生态建设，强调净化党内政治生态是"伟大斗争、伟大工程的题中应有之义"，将党内政治生态治理上升到了关乎党的团结统一和生死存亡的战略高度。以习近平同志为核心的党中央坚持继承与创新的统一，坚持问题导向，系统提出了党内政治生态建设基本要求、重要意义和顶层设计，营造健康洁净的从政环境，使党内正气充盈、政治清明，党的先进性和纯洁性得以提高，党组织的创造力和凝聚力得以提升，党的全面领导地位得以进一步巩固。

一、经典作家关于"党内政治生态"的思想

恩格斯曾经指出："历史从哪里开始，思想进程也应当从哪里开始。而思想进程的进一步发展不过是历史过程在抽象的理论上前后一贯的形式上的反映；这种反映是经过修正的，然而是按照现实的历史过程本身的规律修正的。"② 众所周知，理论是人们把在实践中获得的认识和经验加以概括和总结所形成的。科学的理论是从客观实际中抽象出来，又在客观实际中得到了证明的，正确地反映了客观事物本质及其规律。严肃党内政治生活，净化党内政治生态是无产阶级政党的本质要求，尽管

---

① 《关于新形势下党内政治生活的若干准则》，《人民日报》2016 年 11 月 3 日。
② 《马克思恩格斯选集》第 2 卷，第 14 页。

"党内政治生态"这一概念是在党的十八大以后正式提出的，但"党内政治生态"作为一种客观现象，从政党组织诞生之日起就开始存在，"党内政治生态建设"作为一种客观事实活动，伴随着中国共产党诞生、革命、改革过程的始终。

（一）从马克思主义哲学角度看党内政治生态

"生态"一词本源于古希腊，意思是指家（house）或者我们的环境。各种要素组成的自然条件构成人们生存和生活的生态环境。后来，生物学使用这一概念，通常是指生物在一定的自然环境下生存和发展的状态，主要是强调生物的生存状态是处于生物之间以及生物与环境之间的环环相扣的联系中。在现代社会科学研究中，"生态"一词往往是被用来说明人类社会生活中某一事物生存发展的状态及其内在系统。20世纪60年代以来，西方行政学尝试从生态学的新视野来研究行政行为与其周围环境的关系，从而产生了一门新兴科学——行政生态学。按照《布莱克维尔政治学百科全书》定义，行政生态学是"研究政治行为环境的一系列方法……从广义上讲，该术语主要被用来描述环境对政治行为的影响……政治生态学的特点在于试图测定不同的环境对于这些环境周围的、一种或多种被看成是特征相似的个人或团体所产生的影响"①。总体上看，该学派关注的焦点是"一定政治系统内各个政治行为体之间，以及政治行为体与政治环境之间相互作用而形成的政治运行的环境与状态"。20世纪80年代，中国部分知名政治学学者，开始运用生态学的观点和方法研究中国政治现象及其与周围环境的关系，关注的焦点是政治体系及其行为的环境影响，以及环境变化对政治的影响。有的也开始了从实践层面探索当代中国政治生态运行机制的结构、功能与特点等。

---

① 《布莱克维尔政治学百科全书》，中国政法大学出版社1992年版，第554页。

随着这些基础性研究的发展，以政党组织作为研究坐标的政党政治生态研究开始兴起。

行政生态学关注"一定政治系统内各个政治行为体之间，以及政治行为体与政治环境之间相互作用而形成的政治运行的环境与状态"，就这一方面而言，是符合马克思主义世界观和认识论。马克思主义经典作家从哲学的高度，认为世界是一个"由种种联系和相互作用无穷无尽地交织起来的"① 物质存在，"唯物辩证法的宇宙观主张从事物的内部、从一事物对他事物的关系去研究事物的发展，即把事物的发展看做是事物内部的必然的自己的运动，而每一事物的运动都和它的周围其他事物互相联系着和互相影响着。"② 马克思主义创立者马克思恩格斯虽然没有明确使用"党内政治生态"这一提法，但是，他们强调整个物质世界就是以多种形式相互联系、永恒发展的整体的世界观和方法论，成为党内政治生态的深刻内涵和理论渊源。道理很简单，物质世界是相互联系、发展及其相互作用的，中国共产党这个存在于一定的环境中的组织，系统内部各个要素相互间必然发生着复杂的联系和作用，组织内部与外部必然有着不可分割的关联。事实上，恩格斯晚年关于历史的发展是历史"合力"的理论，已经把"政治生态"内在机制揭示出来了。恩格斯在 1890 年 9 月 21 日致约·布洛赫的信中指出："无论历史的结局如何，人们总是通过每一个人追求他自己的、自觉预期的目的来创造他们的历史，而这许多按不同方向活动的愿望及其对外部世界的各种各样作用的合力，就是历史。""历史是这样创造的：最终的结果总是从许多单个的意志的相互冲突中产生出来的，而其中每一个意志，又是由于许多特殊的生活条件，才成为它所成为的那样。这样就有无数互相交错的力量，

---

① 《马克思恩格斯选集》第 3 卷，第 359 页。

② 《毛泽东选集》第一卷，人民出版社 1991 年版，第 276 页。

有无数个力的平行四边形，由此就产生出一个合力，即历史结果，而这个结果又可以看作一个作为整体的、不自觉地和不自主地起着作用的力量的产物。""每个意志都对合力有所贡献，因而是包括在这个合力里面的。"① 历史合力论以极为明确的方式揭示了联系和发展的唯物辩证法思想。历史合力论强调历史发展是由不同要素之间相互影响、相互作用而形成综合力量均衡的结果，任何一个个体力量都发挥着大小不一但都是不可忽略的作用，这种作用存在于朝着各个方向运动的力的整体之中，并处于彼此协调、抵充、互促等复杂的关系之中，为历史发展的合力贡献自己的力量，这就明白无误地告诉我们，人类社会历史发展的整体性和协调性，即系统性。

（二）党和国家领导人关于党内政治生态的基本思想

党的十八大之前，虽然并未明确提出并使用"党内政治生态"这一概念，但当我们将视野追溯到党的百年的历史长河中，会发现在党的领导讲话和党的重要文献中广泛存在着具有浓厚党内政治生态意蕴的命题和表述。党的几代中央领导集体及其主要代表经常使用的用诸如"政治空气""政治氛围""政治局面""政治状况""政治环境""政治空气""从政环境""政治气氛""政治形势""党内状况""政治状态""大气候""浓厚风气""深厚土壤"等词汇，都是将党视为一个具有不同行为主体、复杂的内部结构、进行着相互作用复合系统，即是由党员干部的理想信念、工作作风、精神状态，党的组织构成、组织原则，以及党内纪律、党内活动、党内关系等各种要素总和形成的状态，因此，这些术语和概念实质上也就是"党内政治生态"的意蕴。从理论内容的维度看，党的十八大之前，这些等同于"党内政治生态"的概念和思想，主要包括：

---

① 《马克思恩格斯选集》第 4 卷，第 697 页。

一是提出营造一个充满生机、精神昂扬、健康向上的党内气氛。二是提出在党内营造"敢于批评的"的组织氛围和组织环境。三是提出创造一个稳定有序、风清气正的党内政治环境。

(三) 习近平总书记关于党内政治生态建设的重要论述

"党内政治生态建设"是对的党的十八大以来全面从严治党的一个关键命题，也是推进党的建设新的伟大工程的新范畴、新表达。2013年1月22日。习近平总书记在十八届中央纪委二次全会上提出"净化政治生态"这个重大命题，指出"改进工作作风，就是要净化政治生态，营造廉洁从政的良好环境"①。此后，习近平总书记在一些重要会议上对如何加强党内政治生态建设作了一系统深刻的论述。纵观习近平总书记关于党内政治生态建设系列重要论述可以看到四个鲜明的理论特点：

第一，从理论创新的角度看，提出来一系列描述"党内政治生态"的概念体系。在许多重要文献的相关论述中，习近平总书记除了直接使用"政治生态"和"党内政治生态"范畴外，还过多次使用诸如"政治局面""政治空气""从政环境""政治气氛""政治形势""党内状况""政治状态""党内正气""党风""土壤""大气候"等词汇，形象地描述党内政治生态。

第二，从思想史角度看，党的十八大以来，习近平总书记主要是从"改进党的作风"为起点和抓手推动全面从严治党，以期实现党风、政风、社会风气好转，即通过党的作风转变带来政治生态改善的效果。在2014年6月中央政治局第十六次集体学习会上，习近平总书记强调通过"要营造一个良好从政环境"，建设"一个好的政治生态"，把建设营

---

① 《习近平关于党风廉政建设和反腐败斗争论述摘编》，中央文献出版社2015年版，第6页。

造良好的党内政治生态作为全面从严治党的重要目标和基础。到 2016年 6 月 28 日在中央政治局集体学习时的讲话，特别是在 2016 年 10 月党的十八届六中全会上的讲话，习近平总书记把"净化党内政治生态"与"严肃党内政治生活"并列一起强调，指明了党内政治生态是党的建设"题中应有之义"和"基础工程"，突出党内政治生活在党内政治生态建设的根本性作用。2017 年党的十九大，习近平总书记强调党的政治建设是党的根本性建设，营造风清气正的政治生态是党的政治建设重要内容。2018 年 6 月 30 日，在主持十九届中央政治局第六次集体学习时，习近平总书记把"涵养政治生态"作为加强党的政治建设的一个重要内容。2019 年 1 月，正式下发的《中共中央关于加强党的政治建设的意见》，提出"加强党的政治建设，必须把营造风清气正的党内政治生态作为的基础性、经常性工作"①。明确提出了"全面净化党内政治生态"和"营造风清气正的良好政治生态"的顶层设计和战略要求。

第三，从三个方面强调党内政治生态的重要性。其一，强调政治生态既是党风、政风、社会风气的综合体现，也是党员干部党性、觉悟、作风的综合体现。"风清气正的党内政治生态"，"是我们党区别于其他非马克思主义政党的鲜明标志"，是生成"党的优良作风"、保持"党的旺盛生机""保持党的先进性纯洁性、提高党的创造力凝聚力战斗力"的重要条件。其二，强调政治生态影响党风、政风，事关党心、民心。政治生态清明，从政环境就优良，党内风气正，人心就顺、正气就足；政治生态污浊，就会产生一系列问题，就会人心涣散、弊病丛生。风清才能气正、气正才能心齐，心齐才能事成。其三，形成良好政治生态不容易，污染政治生态则很容易。涵养政治生态不容

---

① 《人民日报》2019 年 2 月 28 日。

易，改造政治生态更难，让政治生态脱胎换骨更是难上加难。总之，习近平总书记深刻揭示了党内政治生态治理在党的建设新的伟大工程中的重要地位。

第四，以习近平同志为核心的党中央十分清晰地展示出了其推进党内政治生态治理的实践逻辑。这就是：以转变党的作风作为切入点，形成以党风带政风、社风的示范效应，营造廉洁从政的良好环境；以加强党的思想建设为基础，固本培元，筑牢思想根基；以加强和规范党内政治生活为平台，发挥党的"熔炉作用"；

持之以恒反腐败，铲除腐败这个党内政治生态"最大污染源"；以反对吏治腐败为重点，"扬选人用人之清"；坚持加强制度建设，巩固和强化党的十八大以来的理论和实践创新成果。

二、党内政治生态的基本内涵及其运行机制

党的十八大以来，随着党中央提出的构建良好政治生态的命题及其实践的进展，学界对党内政治生态的概念作了系列解读。这些解读基本理论预设是把政治生态看作是一个具有不同层级和复杂内部结构的复合系统，是党员干部的理想信念、工作作风、职业操守以及党内法纪水平、廉洁程度、治理效能在政党政治生活中的集中反映。

（一）党内政治生态的基本内涵

政党是一群具有共同信仰的人，为了共同的政治目标而集合在一起的政治组织集合体。中国共产党这个具有极为鲜明政治本质的政治组织，有其特定的理想信念、宗旨纲领、奋斗目标、行动方略、组织原则、价值文化、纪律约束等基本要素，如果失去了这些，党就不成其为

一个政治组织了！党内政治生态是指在特定的制度环境下和价值引导下，党员干部之间、党组织系统之间以及党员干部与各级党组织之间，交互作用、相互影响、相互制约，形成的政党组织运行的政治环境和整体状态。简单地说，党内政治生态是党内党员、组织和规范与政治环境构成的互相作用的系统。无数行为主体的政治行为及其互动塑造了党内政治生态，而党内政治生态一旦相对稳态化，又会反过来深刻地影响和制约着每一个身临其境的行为主体的政治行为。

（二）党内政治生态的要素与结构

生态系统是由要素与结构所构成，包括行为主体、制度环境、价值引导、行为模式四个子系统，每一子系统都有各自的系统结构和构成要素，由此形成了生态系统的整体状态和发展态势。生态系统的要素与结构是系统功能作用的内在根据和基础。党内政治生态作为一种生态系统，同样体现出一种结构化系统性特质，具有自己特定的构成要素和内在结构。

1.行为主体

党内政治生态主要分为个体行为主体和组织行为主体两个方面，即是由全体党员干部和各级党的组织构成的综合统一体。其中，行为个体即党员，因其特定要求的差异，可分为一般党员，领导干部（特别是党的高级领导干部）。党的领导干部是"关键少数"，必须模范地体现党员的要求，发挥"头雁效应"。《中国共产党党章》规定了全体党员的基本义务，对"党的干部"另行规定了更高标准的六项基本条件。《中国共产党廉洁自律准则》对全体党员规定了四条廉洁自律规范，而对党员领导干部又增加了四条廉洁自律规范。"加强和规范党内政治生活，加强党内监督，必须从领导干部特别是高级干部做起。这是由领导干部特别是高级干部执掌重要权力的特殊地位所决定的，也是由领导干部特别是高级干部发挥示范作用的特殊职责所要求的。"①

党组织根据作用与功能划分为党的基层组织、党的地方组织和党中央。在企业、农村、机关、学校、科研院所、街道、人民解放军连队和其他基层单位，凡是有正式党员三人以上的，都要成立党的基层单位。党的基层组织是党的基层组织是联系群众的桥梁和纽带，是党的全部工作和战斗力的基础。党的地方组织是指党的省、自治区、直辖市，设区的市、自治州、县（旗）、自治县、不设区的市、市辖区的代表大会和它们所产生的委员会。还包括经党代表大会选举产生的纪律检查委员会。党是无产阶级联合的最高形式，党的中央领导机关是党的全国代表大会和它所产生的中央委员会，中央委员会向党的全国代表大会负责并报告工作。在全国代表大会闭会期间，中央委员会执行全国代表大会的决议，领导党的全部工作，对外代表中国共产党，是全党的领导核心。

2. 制度环境

制度是"嵌入政体或者政治经济组织结构中的正式或者非正式的程序、规则和惯例"。制度的功能体现为确定界限、形成秩序、提供预期、营造环境等方面。确定界限是现实制度运行中最为基本的功能，制度通过一系列的规则为人的活动划定界限，告诉人们能做什么，不能做什么。这一界限既包括权利与义务的明晰，也包括活动空间和活动范围的确定。制度在为社会提供一个稳定性的框架，即形成秩序的同时，也造就了在此框架中人们行为的动力、规范及其独立存在的形式，这就营造了一种环境。

党内政治生态的制度环境主要包括：一是党内活动的行为边界，即政治实际运行中必须遵循的一系列程序和规则。行为边界构成了行为主体的约束机制，主体内容就是习近平总书记所说的"党的规矩"："其一，

---

① 《习近平关于全面从严治党论述摘编》，第 51 页。

党章是全党必须遵循的总章程，也是总规矩。其二，党的纪律是刚性约束，政治纪律更是全党在政治方向、政治立场、政治言论、政治行动方面必须遵守的刚性约束。其三，国家法律是党员、干部必须遵守的规矩，法律是党领导人民制定的，全党必须模范执行。其四，党在长期实践中形成的优良传统和工作惯例。"① 二是党内行为主体之间的稳定的关系模式，即组织结构和组织原则。就党内关系而言，党是按照民主集中制原则的"四个服从原则"形成组织关系，即"党员个人服从党的组织，少数服从多数，下级组织服从上级组织，全党各个组织和全体党员服从党的全国代表大会和中央委员会"。中国共产党的核心组织权威只能是党中央权威，必须确立和维护组织权威与领袖权威相统一的政治权威体系，也就是说，必须坚决维护党中央权威和集中统一领导、维护习近平总书记在党中央和全党的核心地位，以此来保证党内部结构的有序和功能有效发挥。三是保障政治秩序的强制力和监督、反馈系统。譬如党的十八届中央委员会第三次全体会议提出的落实党风廉政建设，党委负主体责任和纪委负监督责任，及其责任追究制度。又譬如党内监督执纪制度、党内巡视、巡察制度、问责制度、民主生活会的规定等。

3. 价值引导

行为主体总是在一定的思想倾向和价值观引导下进行活动的。政治生态的价值引导是指政治主体对政治体系、政治活动过程、政治产品等各种政治现象以及自身在政治体系和政治活动中所处的地位和作用的一种态度和价值倾向。价值系统不仅无形地塑造着每一个行为个体的价值观念和思维方式，而且深刻地影响着每个行为个体的沟通手段和行为方式。党内政治生态的价值引导包括两个方面的内容：一是根据党的指导思想和宗旨目标而确定的一套价值体系，是较为宏观的"显文化"。二

---

① 《习近平关于全面从严治党论述摘编》，第 108 页。

是党的成员在其政治活动中形成的普遍性的价值理念和价值取向，这是较为隐性的行为倾向。党员干部的思想意识和行为倾向在自觉不自觉中受到价值体系的统摄、制约和影响，不仅体现在价值观、思维、精神等理念层面的导向，而且体现在用人、政绩、工作等实践层面的导向。

4.行为模式

党内政治生态行为模式是指行为主体在制度环境和价值导向的双重影响和制约下，所表现出的一切行为选择、行为趋向和实际作为的综合。党内政治生态行为主体（党员和党组织）秉持自己的价值取向和行为偏好采取行动，但这种行动的选择又是特定的制度空间里面进行，即深刻受制于正式的规约、律令、程序、原则和意识形态要求等方面的约束。行为主体思想、目标、利益、处境等彼此互动，纠缠在一起。当逐渐确立起来的做法演变成习俗惯例、法规制度后，它们便在不同范围、程度和层次上成为人们共同接受的原则。人们按它们去思、去想、去行动、去生活，经过无数次重复后，这些做法便自然而然地演变为较为普遍、稳定的活动方式，即行为模式。

党内政治生态内部各要素之间以及政治系统与其他社会系统之间相互作用，所形成的党内政治生态是党内行为主体（党员和党组织）、党内关系、制度规范，价值取向、行为方式、行为互动等要素在运行和交互作用中所形成和显示出的整体状态。这种生态联动，循环往复，运动不息。

（三）党内政治生态的运行和演化机制

党内政治生态生成于一定的社会政治环境，是党员干部、各级党组织与其生存环境相互作用产生的合力性产物，党内政治生态的活动主体、价值系统和制度环境和行为系统的四个核心子系统之间存在着相互之间联系、沟通、制约、互动的作用机制，时刻发生着能量流动、信息传递、物质循环以及观念融合，通过这些机制，在一定的时间和空间中形成的系统内部相对稳定的组织形式和结合方式，各个层级的系统功能才能得以发挥，整体生态系统状态才能得以形成。由此，党内政治生态体现了"运动中的平衡"和"平衡中的运动"的辩证统一过程。

"自然生态要山清水秀，政治生态也要山清水秀"，政治生态与自然生态有很多相近的地方，都需要要素、规则和环境之间的协调、统一，而这种协调、统一的形成，非一朝一夕之功。从这个意义上讲，党内政治生态也可以分为"应然"状态和"实然"即"应该如此"。"应然"只是一种理想的可能性，"应该"朝我们预定的目标迈进。这种可能性并不会直接在现实制度运行中体现出来。与"应然"相区别，"实然"是事物的现实展开，是事物的具体时空的真实存在。

党内政治生态的"应然状态"，就行为个体即党员个体而言，党员是有着特殊政治使命、受到严格组织约束的公民，入了党就应该牢记自己的第一身份是共产党员，基本要求时刻不忘维护党的形象，始终要保持对党的绝对忠诚，与党同心同德，组织上讲服从、行动上讲纪律。对于党员领导干部这个"关键少数"来说更是如此，当干部就必须执行更高标准，付出更多辛劳，接受更严格的约束。在行为集体即党组织的维度上，主要体现为组织成为战斗堡垒，领导水平、工作效能、清廉状况、协调状态、服务水平等都达到一个先进政党的程度。在行为规范方面，遵循组织严密、民主集中制原则和"似铁的纪律"，必须思想统一、步调一致。而就党内关系而言，是形成"清清爽爽的同志关系，规规矩矩的上下级关系"。这些政治生态的要素相互影响、协调配合，形成一种较为稳定状态，产生出一种风气，就是良好的党内政治生态。

事物总是处于运动变化之中，正如马克思在《资本论》中指出的，现实的社会不是坚实的结晶体，而是一个能够变化并且经常处于变化过程中的有机体。就党内政治生态而言，行为主体的价值取向和制度环境也是处于一个发展变化的状态中。一旦出现制度变迁和价值变迁，就会导致行为主体的行为发生变化，因为行为主体的价值取向与制度环境这两组关键变量的组合，构成了行为主体的行为选择的生成机制，即行为方式。制度环境、价值取向和行为主体行为方式这三个方面的变化，势必引起其他相应系统的联动效应和连锁反应，导致整个系统的不平衡、不稳定。然后，系统内部要素又经过动态调整、反复互动，形成要素协调和结构重组，使系统趋向并达到新的平衡状态。党内政治生态状况就是这样随着社会政治环境和时代条件的变迁而不断发生着新的动态调整的，这就是党内政治生态的"实然状态"。从总体上看，党内的制度环境的主体框架和价值体系基本原则没有根本变化，行为主体的行为选择也是边际改进的，党内政治生态尽管处于运动不息、不断调整中，但总体上保持相对稳定。但是，由于制度变迁具有路径依赖的特征，而且还存在着报酬递增和自我强化的机制，这种机制在往后的发展中还会得到自我强化。而人们的行为策略其中蕴含的制度知识观有深厚文化和传统的支撑，已经内化为人们的心理认同，而且经过无数次的试错和重复博弈的经验积累，具有极强的实用性和低成本特点。制度变迁和制度知识这些特点，决定了靠外在力量干预，引导政治生态系统向预期的方向发展，需要付出极大的努力。实现政治生态状态的整体改善和优化不是即时性的，政治生态受到恶化相对容易，而要得到修复和净化，则需要一个长期的治理过程。习近平总书记指出："政治生态和自然生态一样，稍不注意，就很容易受到污染，一旦出现问题，再想恢复就要付出很大代价。"① 这一论述阐明了政治生态修复的复杂性和长期性。党风和社会风气的根本好转，良好政治生态的营造，要靠全党上下不懈努力。

---

① 《习近平关于全面从严治党论述摘编》，第33页。

（四）党内政治生态"受到污染"的成因分析

党内政治生态建设的目标是"实然状态"符合"应然状态"，即形成"风清气正的党内政治生态"。我们往往把偏离应有的理想状态的政治生态形容为党内政治生态"被污染"。上文说过，行为主体的行为是在价值引导和制度约束双重条件下形成的，如果党内政治生态"制度失灵"和"价值失范"，就会导致行为主体的行为偏离了正规的要求，而这些生态要素的变化，又使得整个系统朝着乱象丛生的方向发生变化，久而久之，就会出现"正气不彰、邪气不祛；'明规矩'名存实亡，'潜规则'大行其道，"；"求真务实、埋头苦干的受到排挤，好大喜功、急功近利的如鱼得水。"① 一言蔽之，就是党内政治生态受到污染了。

所谓的"制度失灵"，是指制度形同虚设，应该有的功能不能体现出来，不能朝向预定功能目标，甚至相反的方向运行的情形。比如，明明存在制度，却起不到什么作用，人们也不去遵守制度。制度失灵的主要原因在于时过境迁，制度相对于实际的滞后性，以及制度的不完整性和不规范，制度边界和制度约束的模糊和混乱，导致程序上和操作上不规范。研究表明，在刚性制度体系及其运行环境尚未真正确立，监督主体缺乏有效的监督检查的条件下，人的行为选择就会"存在很大的随机性"。当人不遵守制度的预期效用超过遵守制度的预期效用时，或者是制度的实施机制效用不高，不具有权威的强制性，人违反制度的成本和代价比较低，人们想的往往不是如何去认同制度、服从制度，而是千方百计利用各种可能去争取制度的"豁免权"，造成制度失灵。一般而言，在党的正式规则还没有得到党员普遍尊重或遵循情态下，非正式制度

① 习近平：《在第十八届中央纪律检查委员会第六次全体会议上的讲话》，《人民日报》2016 年 5 月 3 日。

（非正式约束）和潜规则就会大行其道。党内政治生态的"制度失灵"，主要表现在是党的规矩得不到严格遵循，失之于宽、失之于松，失之于软，党内政治生活庸俗化、随意化、平淡化，党的纪律和规范不被行为主体所奉行。

所谓"价值失范"，就是传统的世界观与价值规范都已动摇而失去旧有的文化功能，人们对体制的理念基础、程序和规则的有效认同动摇，主导价值不被行为主体所尊崇。思想观念发生了扭曲，行为主体就会存在逆向选择和道德风险问题。由于正式的制度、规约、程序和原则等有着强有力的激励和惩罚机制，是一种硬约束而不是软约束。在这种情况下，人们会选择表面上会都表示奉行主流价值观即"显文化"，以规避风险，但在心理认同，更倾向于非正式制度和潜规则。党内政治生态的"价值失范"，主要表现信仰缺失、信念动摇、精神懈怠、意志衰退、道德水准下降，党内出现的个人主义、分散主义、自由主义、本位主义、好人主义等价值取向。

党内政治生态一旦出现"制度失灵"和"价值失范"，就会为行为主体的行为选择提供了充满弹性的空间，行为主体的行为就存在会偏离了正规的要求的可能。一个时期以来，一些党员干部违法乱纪、跑官、买官、卖官，搞两面派、做两面人；一些领导干部出现独断专行、任人唯亲、弄虚作假、滥用权力、慵懒无为、作风腐化、生活腐化等行为现象。一旦这些行为因为党内政治生活不够严肃，管党治党"宽松软"而得不到及时的清理、反对和制裁，导致一些党员干部产生了侥幸心理；在缺乏有效制约监督的情况下，这种违背党的原则的行为尝试就会不断继续下去，这些制度知识就可能通过示范效应而扩散出去，其他的人也会模仿。久而久之，党内就会出现诸如"潜规则"暗流涌动，"劣币驱逐良币"的逆淘汰，"拜金主义、形式主义、官僚主义、享乐主义、奢靡之风"等不正之风滋长，"宗派主义、圈子文化、码头文化"兴起等种种乱象，政治生态和社会环境就随着受到污染和破坏，并且产生"削弱党的执政能力，动摇党的执政基础"等严重政治后果。

三、对症下药，净化党内政治生态

党的十八大以来，以习近平同志为核心的党中央以对党、国家、人民、历史极端负责的精神，深刻总结党的建设历史经验，全面把握党的建设面临的新形势新任务的基础上，就严明纪律、改进作风、固本培元、建规立制、净化生态、职责担当、惩治腐败等管党治党的方面提出一系列新的思想理论和新的实践要求，"经过几年努力，全面从严治党取得重要阶段性成果，党内正气在上升，党风在好转，社会风气在上扬。这些变化，是全面深刻的变化、影响深远的变化、鼓舞人心的变化，为党和国家事业发展积聚了强大正能量"①。

（一）营造风清气正的政治生态原因分析

1. 马克思主义政党的"天经地义"

中国共产党作为一个先进的马克思主义政党，其先进性通过党的理论、纲领、根本宗旨、路线、方针、政策、阶级基础、队伍构成、执政绩效等多方面表现出来。净化党内政治生态是党保持自己的先进性纯洁性的必然要求，必须始终把准政治方向、坚持政治领导、夯实政治根基、涵养政治生态、防范政治风险、永葆政治本色、提高政治能力。

"蓬生麻中，不扶而直；白沙在涅，与之俱黑。"人在一定的环境和风气下生活，受到周围环境、风气深刻的影响，特别是受他所在的群体

---

① 《习近平关于全面从严治党论述摘编》，第17—18 页。

环境影响。如果环境坏了，也就是说所处大生态出问题了，具体环节、个体活动只会变本加厉变化而不可能自我修复，即便是出现荷花出淤泥而不染的例子也是凤毛麟角。党员是党内政治生态的要素，他们所受到的各种影响中，最大的是来自党内。党的历史和现实反复证明，"政治生态好，人心就顺、正气就足；政治生态不好，就会人心涣散、弊病丛生。"[①]

2. 党的基本历史经验

党内政治生态风清气正、党内团结统一，充满生机活力，党的事业就蓬勃发展；反之，就弊病丛生、人心涣散，给党和人民事业造成严重损失。当年，"延安作风"之所以能够打败"西安作风"，就在于延安形成了全党廉洁奉公、富于理想和献身精神，"没有一事不用心，没有一人不卖力。"[②]而国民党失败，一个极其重要的原因在于"国民党是一个老党，一个大党，却从来不是一个具有严密组织和高度内聚力的政党"[③]。正如当时"现在国民党党员的全体，大多数是腐化，次多数是恶化，再次多数是软化，余则不问党事的消极化。说到精锐的党员，直是凤毛麟角，求之不得"；"盖以国民党的各级党部，数年来，因为领导人的不良，在各地方实是引起人民的反感不少，痛快地说，简直就是深恶痛恨！"[④]

新中国成立后，在党长期执政的条件下，必须营造一个良好从政环境，也就是要有一个好的政治生态，党的形象和能力发挥的好坏，取决

---

① 习近平：《在第十八届中央纪律检查委员会第六次全体会议上的讲话》，《人民日报》2016年5月3日。

② 《八十年来——黄炎培自述》，文汇出版社2000年版，第204—205页。

③ 王奇生：《党员、党权与党争：1924—1949年中国国民党组织形态》，上海书店出版社2003年版，自序。

④ 孙佐齐、平凡、杨公达：《关于党部组织简单化》，《时代公论》第13号，1932年6月。

于从政环境的好坏，而从政环境又取决于党内政治生态。

3. 解决突出矛盾和问题，确保党的全面领导地位

我们正在从事的中国特色社会主义事业是人类历史上辉煌灿烂的事业，是前无古人的伟大事业，与此同时，世情国情党情发生深刻变化，我们党面临的执政环境是复杂的，影响党的先进性、弱化党的纯洁性的因素也是复杂的。党所面临的执政考验、改革开放考验、市场经济考验、外部环境考验是长期性和复杂性，党所面临的精神懈怠危险、能力不足危险、脱离群众危险、消极腐败危险也具有尖锐性和严峻性。进行好"具有许多新的历史特点的伟大斗争"、有效应对各种风险和挑战，顺利实现"两个一百年"奋斗目标和中华民族伟大复兴的中国梦，必须进行营造风清气正的政治生态。习近平总书记语重心长地说："做好各方面工作，必须有一个良好政治生态。政治生态污浊，从政环境就恶劣；政治生态清明，从政环境就优良。"[①] 如果党内政治生态受到污染和破坏，党就会丧失创造力、凝聚力、战斗力，就会严重脱离人民，就会削弱党的执政能力，动摇党的执政基础。

党的十八大以来，"从制定和执行中央八项规定破题，解决了新形势下作风建设抓什么、怎么抓的问题，进而推动了全面从严治党，推动了党风、政风、社会风气好转"[②]。经过几年努力，全面从严治党取得重要阶段性成果，党组织的创造力和凝聚力得以提升，党的领导执政地位得以巩固。党风党貌为之焕然一新，风清气正的党内政治生态开始形成，为开创党和国家事业新局面提供了重要保证。但是，应该看到，党内存在的思想不纯、组织不纯、作风不纯等突出问题尚未得到根本解决，党内政治生态存在的问题主要表现在：一是在组织的建设和发展

---

① 《习近平关于全面从严治党论述摘编》，第 33 页。

② 《中共中央政治局召开会议》，《人民日报》2017 年 9 月 19 日。

中，一些党组织队伍涣散，精神懈怠，组织生活不健全；二是一些地方民主集中制难以真正贯彻落实；三是在干部的选拔和培养上，一些部门未能把握和坚持正确的用人导向；四是"不作为"现象和"官僚主义、形式主义"现象有所滋长。这些问题严重损害党内政治生态和党的形象，严重影响党和人民事业发展，必须坚持问题导向，必须保持战略定力，推动全面从严治党向纵深发展，营造优良的政治生态。

（二）净化党内政治生态基本举措

党内政治生态关键是人，关键是行为主体的行为选择，而行为选择是在一定的制度环境和价值取向下进行的。为此，必须从这些方面入手，对症下药，净化党内政治生态。

1. 强化思想文化的塑魂作用，增强行为主体的行为自觉

中国传统文化历来把个人思想修养看作做人、做事、做官的基础和根本，推崇的修身齐家、治国平天下，修身是第一位的。我们共产党人也是这样，理想信念是共产党人的"魂"和"钙"，一个时期以来，党内政治生活、政治生态出现这样那样的问题，根子是一些党员、干部理想信念这块"压舱石"发生了动摇，世界观、人生观、价值观这个"总开关"出现了松动。习近平总书记强调："立明规则，破潜规则，必须在党内形成弘扬正气的大气候。大气候不形成，小气候自然就会成气候。"[①] 构建风清气正的政治生态，必须从影响着党员干部的价值取向和从政行为的因素入手，塑造执政党健康肌体的。主要是筑牢党员干部的政治灵魂，坚定政治信仰，增强政治免疫力，促进党员干部的心理自律向行为自觉转化、法纪他律向政治自觉转化，调动广大党员干部积极性和推进事业发展，确保党的路线、方针、政策得到贯彻，不断培厚良好

---

① 《习近平关于全面从严治党论述摘编》，第 54 页。

政治生态的土壤。

理想信念源自坚守、成于磨砺；加强思想教育和理论武装，是保证全党步调一致的前提。中国共产党作为一个政治组织，也有自己的党内政治文化，这个文化具有导向、激励、约束功能，通过浸润、扩散的形式，发挥着潜移默化的影响作用，引导党员逐步形成共同的政治认识、政治信念、政治情感、政治态度和政治价值观念，并且形成一定的舆论环境和心理态势，从而深刻影响党员的政治行为和党的政治建设。必须通过努力建设先进、健康、富有生机活力的党内政治文化，把马克思主义政党的政治本色、理想信念、价值追求内化为全体党员日用而不觉的思想认同、行为准则，使党内风清气正、正气充盈。不断培厚良好政治生态的土壤，为党的政治生态建设提供深沉持久的熏陶和滋养。

第一，通过先进党内政治文化的涵养，促使党员、干部筑牢信仰之基、补足精神之钙、把稳思想之舵，解决一些党员干部理想信念这个"压舱石"发生动摇，世界观、人生观、价值观这个"总开关"出现偏差的问题。第二，"倡导和弘扬忠诚老实、光明坦荡、公道正派、实事求是、艰苦奋斗、清正廉洁等价值观，旗帜鲜明抵制和反对关系学、厚黑学、官场术、潜规则等庸俗腐朽的政治文化。"① 第三，党员、干部要牢固树立"四个意识"，自觉在思想上政治上行动上同党中央保持高度一致，坚决维护党中央权威和集中统一领导。第四，修身自律。"一个人能否廉洁自律，最大的诱惑是自己，最难战胜的敌人也是自己。"② 近年来，有一些领导腐化堕落，甚至走向犯罪深渊干部，最主要的还是放松了自身思想改造，人生观、价值观扭曲，心理失衡；私心贪欲作祟。

---

① 《习近平关于全面从严治党论述摘编》，第 74 页。
② 《习近平关于全面从严治党论述摘编》，第 181 页。

党员干部特别是领导干部，要强化自我修炼、严以修身、自我约束、严以律己，当然，共产党人修的是党性修养，是戒除贪欲、摒弃私心，永远保持共产党人的为国为民的浩然正气。

2. 抓好严肃党内政治生活这个基础性工程，发挥党组织教育管理党员和党员锻炼党性"熔炉"的作用

习近平总书记强调："有什么样的党内政治生活，就有什么样的党员、干部作风。"① 中国共产党作为一个有特定信仰的特殊的政治组织，就应该有自己的党内活动，就应该经常开展批评和自我批评来发现和解决自身存在的矛盾与问题，让咬耳扯袖、红脸出汗成为常态。如果党内政治生活出现不正常，存在庸俗化、随意化、平淡化等现象，就会一些党组织治党不严，管理不善，导致一些党员干部党性观念淡薄，组织纪律松懈，乱了纲纪、坏了风气，这也是党内政治生态被污染的重要原因。一旦党内政治生活和党内政治文化出现问题，党内的政治生态也就会出现问题，严重时甚至会导致直接威胁到党的政治生命之安危。因此，《关于新形势下党内政治生活的若干准则》指出，一个时期以来，党内政治生活中出现了一些突出问题，不仅严重破坏党的团结和集中统一，严重侵蚀党的思想道德基础，还"严重损害党内政治生态和党的形象，严重影响党和人民事业发展"②。

注重加强和规范党内政治生活，就是要固本培元、立规明矩，烧热锤炼党性的"大熔炉"、开启纯洁党风的"净化器"，为良好政治生态厚植土壤。而面对新形势、新情况，通过"自我净化、自我完善、自我革新和自我提高"的党内政治生活来调节党内关系和解决党内矛盾，需要依据时代的变化而不断丰富党内政治生活的内容和形式。为此必须"增

---

① 《习近平关于全面从严治党论述摘编》，第 31 页。
② 《关于新形势下党内政治生活的若干准则》，《人民日报》2016 年 11 月 3 日。

强党内政治生活的政治性、时代性、原则性、战斗性"。

新形势下严肃和规范党内政治生活，需要坚持党的组织生活各项制度，把严格党的组织生活、开展批评和自我批评作为严肃党内政治生活、净化党内政治生态的重要载体和手段，不断强化党组织对党员的教育、管理、监督，持续用力，创新方式方法，解决党内政治生活不正常、不规范、不经常、不认真、不严肃问题。久久为功，努力形成一个"又有集中又有民主，又有纪律又有自由，又有统一意志、又有个人心情舒畅、生动活泼，那样一种政治局面"。①

3. 发挥领导干部垂范作用，形成上行下效的氛围

"政者，正也。子率以正，孰敢不正？"公道正派才能出清风正气，廉洁自律才能塑良好形象。习近平总书记指出，"营造良好从政环境，要从人抓起，从人做起，也就是要从各级领导干部首先是高级干部做起"②。领导机关和领导干部肩负着制定和执行党的路线方针政策、领导和推动党的各项工作的神圣职责，其一言一行、一举一动，对下级党组织和党员、干部具有重要的示范导向作用。

抓住"关键少数"，形成上行下效的正向效应，一是要发挥领导干部的模范作用，营造一种风气、提倡一种追求、引导一种方向。党员干部带头践行社会主义核心价值观，保持清正廉洁的政治本色，必须立正身、讲修养、讲原则、讲道德、讲诚信、讲廉耻，带头弘扬正气、抵制各种潜规则和歪风邪气，激浊扬清，扶正祛邪，真正成为下属和党员效仿的典型和对象，调动广大党员干部积极性和推进事业发展，确保党的路线、方针、政策得到贯彻。二是领导干部要加强自律，"各级领导干部要带头执行《准则》、《条例》，把好用权'方向盘'，系好廉洁'安全

---

① 《邓小平文选》第一卷，人民出版社1994年版，第306页。

② 《习近平关于严明党的纪律和规矩论述摘编》，第98页。

带'。"① 同时要敢抓敢管，绝不搞逃避责任、明哲保身那一套，严肃纲纪、疾恶如仇，对一切不正之风敢于亮剑，为净化政治生态尽好责。三是强化他律，加强对干部特别是党员领导干部的监督管理，彻底改变对干部失之于宽、失之于软现象，重点破解好"一把手"监督难题。

4. 加强作风建设，铲除腐败这个最致命的"污染源"

习近平总书记强调："我们党作为马克思主义执政党，不但要有强大的真理力量，而且要有强大的人格力量；真理力量集中体现为我们党的正确理论，人格力量集中体现为我们党的优良作风。"② 一个政党，一个政权，其前途命运最终取决于人心向背。一个立党为公、执政为民的政党不应该谋求任何私利和特权，是由中国共产党的宗旨和性质决定的。"党的作风是党的形象，是观察党群干群关系、人心向背的晴雨表。党的作风正，人民的心气顺，党和人民就能同甘共苦。"③ "如果不坚决纠正不良风气，任其发展下去，就会像一座无形的墙把我们党和人民群众隔开，我们党就会失去根基、失去血脉、失去力量。改进工作作风，就是要净化政治生态，营造廉洁从政的良好环境。"④

党的十八大以来，抓作风问题首先是针对危害最烈的"四风"问题。这是因为"四风"是违背我们党的性质和宗旨的，是当前群众深恶痛绝、反映最强烈的问题，也是损害党群干群关系的重要根源。"四风"问题解决好了，党内其他一些问题解决起来也就有了更好条件。⑤

人民群众最痛恨各种消极腐败现象，最痛恨各种特权现象，这些现象对党同人民群众的血肉联系最具杀伤力。一个时期以来，一些领域腐

---

① 《习近平李克强张德江俞正声刘云山张高丽分别参加全国人大会议一些代表团审议》，《人民日报》2017年3月9日。

② 《习近平关于严明党的纪律和规矩论述摘编》，第98页。

③ 《习近平关于党风廉政建设和反腐败斗争论述摘编》，第8页。

④ 《习近平关于党风廉政建设和反腐败斗争论述摘编》，第5—6页。

⑤ 《习近平关于全面从严治党论述摘编》，第151页。

败现象多发易发，大案要案令人触目惊心，一些地方发生大面积、塌方式腐败，发生在群众身边的腐败现象直接损害党的政治威信；有时甚至成为加剧社会矛盾冲突的催化剂和导火线。清除腐败这个"污染源"。严惩腐败分子是保持政治生态山清水秀的必然要求。习近平总书记指出："党内如果有腐败分子藏身之地，政治生态必然会受到污染。"，必须"坚持激浊和扬清两手抓"，"首先要铲除腐败这个最致命的'污染源'，最大限度压缩党内不良行为的生存空间。"① 着力解决人民群众反映最强烈、对党的执政基础威胁最大的突出问题，做到有腐必反、除恶务尽，下大气力拔"烂树"、治"病树"、正"歪树"，着力构建不敢腐、不能腐、不想腐的体制机制，营造风清气正的良好政治生态，确保党和国家长治久安。

5. 抓好选人用人这个导向

选人用人是党内政治生活的风向标，选人用人导向正确，党内政治生活就会正气充沛，干部就会见贤思齐、心齐气顺；用人不公，就会出现"劣币驱逐良币"的逆淘汰，就会邪气横生，人心涣散。习近平总书记指出："有的人在忏悔录里讲，他们那个地方从政环境不好，特别是官场风气不好，跑官要官极为普遍，就是多数人并不看好的个别人，却常常成为杀出来的'黑马'。买官卖官为什么屡禁不止？一手交钱、一手交货，这多容易啊！一些德才平平、投机取巧的人屡屡得到提拔重用，踏实干事的干部却没有进步的机会。这是搞逆淘汰，伤害了多少好干部的心！"② 因此，净化党内政治生态，必须端正用人导向，要落实好干部标准，真正把忠诚、干净、担当的好干部选拔出来，严把政治关、品行关、作风关、廉洁关，健全制度、完善政策、规范程序，真正让忠

① 《习近平关于全面从严治党论述摘编》，第41页。
② 《习近平关于严明党的纪律和规矩论述摘编》，第47—48页。

诚干净担当、为民务实清廉、奋发有为、锐意改革、实绩突出的干部得到褒奖和重用，实现"用一贤人则群贤毕至，见贤思齐就蔚然成风"，调动广大党员干部积极性。与此同时，大力整治选人用人上的不正之风，以用人环境的风清气正促进政治生态的山清水秀。

6.构筑净化政治生态的制度结构

前文分析了，制度的功能体现为确定界限、形成秩序、提供预期、营造环境等方面。行为主体的行为选择最大的制约因素是制度环境，营造风清气正的政治生态必须在制度建设上下功夫，把思想的影响力转化为制度规则的约束力，主要是明确界限、强化秩序、形成尊崇制度、执行制度的氛围。

一是明确界限。制度设计的逻辑只能以"实然"为依据，甚至设计制度时要把问题考虑的要更为严重复杂一些，这样的制度才能发挥作用。没有规矩，不成方圆。党的纪律是一个无产阶级革命政党全体成员必须遵守的行为规范和规则。必须加强党的纪律建设，挺在前面，用铁的纪律管党治党，明确政治纪律建设的主体责任和监督责任；解决怎么做的问题，遵循党章，坚持问题导向；完善党内巡视，督查党的重大决策部署的执行情况。

二是通过体制机制改革和制度创新促进政治生态不断改善。习近平总书记强调："破除潜规则，根本之策是强化明规则，以正压邪，让潜规则在党内以及社会上失去土壤、失去通道、失去市场。"① 法规制度带有根本性、全局性、稳定性、长期性，必须通过制度治党解决治理规则、行为规范、监督追究等问题，以强制手段规范党员行为，充分发挥他律的力量。为此，"要建立健全相关制度，用制度管权管事管人。要突出重点，重在管用有效，全方位扎紧制度笼子，更多用制度治党、管

---

① 《习近平关于全面从严治党论述摘编》，第28页。

权、治吏。"①

三是制度意识的培育、健全制度的设计以及制度执行力的提升。强化党员、干部的制度意识、敬畏意识，推动党员、干部严格遵守制度，贯彻"有权必有责、用权必担责、滥权必追究"理念，用制度引导党员、干部加强党性修养，坚定制度自信，增强制度意识，为制度权威奠定社会基础，让严格执行制度、自觉尊崇制度蔚然成风。

总之，党内政治生态被污染，其实质是信仰不立、有规不守、有禁不止。净化党内政治生态最根本的举措一靠理想二靠纪律，理想是抵抗不良风气侵蚀的"抗体"，纪律是维护政治生命健康的"疫苗"。"浇风易渐，淳化难归。"营造良好政治生态是一项艰巨和长期任务，"必须浚其源、涵其林，养正气、固根本，锲而不舍、久久为功。"②"全党同志要严守清正廉洁的政治本色，以良好党风带动政风民风，用实实在在的行动赢得人民群众信任和拥护，从而凝聚起推动党和人民事业不断从胜利走向胜利的强大力量。"③

---

① 《习近平关于严明党的纪律和规矩论述摘编》，第 59—60 页。

② 《把党的政治建设作为党的根本性建设　为党不断从胜利走向胜利提供重要保证》，《人民日报》2017 年 7 月 1 日。

③ 习近平：《在纪念胡耀邦同志诞辰 100 周年座谈会的讲话》，《人民日报》2015 年 11 月 21 日。

第十讲

基本方略：思想建党和制度治党共同发力

中国共产党是有思想信仰和理论指南的政治组织，通过思想建党是中国共产党党的建设基本方略，所谓思想建党就是用马克思主义理论和工人阶级的世界观教育武装全体党员，统一全党的思想，永葆党的工人阶级和中华民族先锋队性质。思想建党一直是我们党的"根""魂"和"钙"。

制度是一种规范，制度治党的意义表现为保持党的性质的规范遵循。制度治党，顾名思义，就是中国共产党依据一系列科学合理、有机统一的制度规范来实现管党治党的目标。党的制度建设发挥着调整党内关系、指导党内生活、规范党员行为、解决党内问题、维护党内秩序、集中并实现党的意志等重大作用。中国共产党党的建设发展的历史，本身是一个随着党的事业发展和形势变化而不断地把建党、管党、治党的要求、原则、惯例和范式进行制度化、具体化、体系化的过程，是一个不断把释放制度优势、转化为治理效能的过程。建立和执行制度规章始终伴随着党的历史实践，靠制度管党、治党，是我们党抓好自身建设的又一优良传统。

党的十八大以来，以习近平同志为核心的党中央积极回应从严治党的现实需要，坚持思想建党和制度治党相统一，既要解决思想问题，也要解决制度问题，把坚定理想信念作为根本任务的同时，强调"必须向制度建设要长效"，把制度建设贯穿到党的各项建设之中，加大力度从严治党、制度治党、依规治党，着力用制度治党、管权、治吏，通过制度治党解决治理规则、行为规范、监督追究等问题，以强制手段规范党员行为，充分发挥他律的力量，进一步夯实了全面从严治党的制度基石。

严肃党内政治生活，归根结底是要党组织和党员的思想、行为合乎党的意志、党的要求。制度是改变党员干部行为模式的根本之策，制度既能管事也能管人，既能管现在也能管未来。新形势下加强和规范党内政治生活的根本出路在于通过科学严密的制度安排，实现党的政治生活的基本要求常态化、制度化。具体而言，就是要把党员的党性修养的根本标准进行制度化、具体化，就是要对党章所规定党内政治生活、组织生活的重大原则问题细化和具体化，就是要把权力关进制度的笼子里，加强对权力运行的制约和监督，夯实不搞特权、远离腐败的制度基础。

一、思想建党的新实践

注重思想建党、理论强党，解决党员的理性认识、价值追求、理想信念问题，以说服力、劝导力、感召力提高广大党员的政治觉悟，是中国共产党把马克思列宁主义建党学说与中国革命、建设和改革的具体实际相结合的伟大创造，是我们党的鲜明特色和光荣传统，是党的建设的中心环节，是我们党的"传家宝"和"生命线"。

（一）理想、信念和信仰是我们党的"根""魂"和"钙"

中国共产党是由具有共产主义觉悟的无产阶级先进分子组织起来的为最终实现共产主义而奋斗的政治组织，马克思主义信仰、共产主义远大理想和中国特色社会主义共同理想，是共产党人的"初心"之源、立身之本。

一个人树立什么样的理想信念，直接决定他的政治立场、政治追求和工作方式。习近平总书记指出："形象地说，理想信念就是共产党人精神上的'钙'，没有理想信念，理想信念不坚定，精神上就会'缺钙'，就会得'软骨病'。"① 历史和现实一再证明，"理想信念动摇是最危险的动摇，理想信念滑坡是最危险的滑坡，如果理想信念淡漠，搞政治虚无主义，党必然失去坚定正确的政治方向，党的领导就会被削弱"②。然而，崇高信仰、坚定信念不会自发产生，只有通过思想教育和实践斗争，才能坚定共产党人政治信仰和信念的需要。

没有革命理论就不会有坚强的社会主义政党。"只有以先进理论为指南的党，才能实现先进战士的作用。"③"没有革命的理论，就不会有革命的运动。"④ 马克思主义政党的先进性，首先体现为思想理论上的先进性。但是，作为无产阶级斗争的理论表现的社会主义，不可能自发产生，自发的工人运动只会产生工联主义意识，而科学社会主义理论是有教养的知识分子中的代表人物总结概括出来的，需要灌输到工人运动中去。

（二）着重思想建党是中国党的建设的"传家宝"和"生命线"

在一个无产阶级人数很少而战斗力很强，农民和其他小资产阶级占人口大多数的国家，建设一个具有广大群众性的、马克思主义的无产

---

① 《紧紧围绕坚持和发展中国特色社会主义学习宣传贯彻党的十八大精神》，《人民日报》2012 年 11 月 19 日。

② 《紧紧围绕坚持和发展中国特色社会主义学习宣传贯彻党的十八大精神》，《人民日报》2012 年 11 月 19 日。

③ 《列宁全集》第 6 卷，第 24 页。

④ 《列宁选集》第 1 卷，人民出版社 1995 年版，第 311 页。

阶级政党，是极其艰巨的任务。"因此，我们党的建设中最主要的问题，首先就是思想建设问题，就是以马克思列宁主义——无产阶级的科学思想去教育与改造我们的党员、特别是小资产阶级革命分子的问题，就是和党内各种非无产阶级的思想进行斗争并加以克服的问题。"①毛泽东根据马克思列宁主义的党建理论，紧密联系中国革命斗争的实际，形成了一套完整的党建学说，他着重强调了从思想上建设党，要把思想教育和思想领导放在党的领导的第一位，经常注意以无产阶级思想改造和克服各种非无产阶级思想。1929年古田会议决议，是毛泽东党建思想初步形成的标志。毛泽东强调在中国特殊的革命条件下，必须通过大力加强党的思想教育和党内生活，来壮大党的组织和实现党的先进性和纯洁性。1935年12月瓦窑堡会议明确提出，要把党变成一个共产主义的大熔炉，通过党组织这个大熔炉不断提高广大党员的思想政治觉悟，把他们锻造成为坚定的共产党人。延安整风是一场普遍深刻的马克思主义自我教育、自我改造的运动。"经过马克思列宁主义的教育，使党内小资产阶级出身的分子实行思想上的彻底改造，改变其原来小资产阶级的本质，使他们具有无产阶级先进战士的性格。"②中共七大的党章，在总纲上确定毛泽东思想作为我党一切工作的指针，并且在党章的条文上明确规定：努力地领会马克思列宁主义、毛泽东思想的基础，是每一个共产党员的义务。

改革开放以来，党始终坚持马克思主义的指导地位，坚持全心全意为人民服务的根本宗旨，不断解决中国问题，引领中国发展方向；始终用正确的纲领章程、方针政策、宗旨目标、价值取向等教育、熏陶广大党员，赢得广大党员和人民群众的政治认同、情感认可，引导广大党员

---

① 《刘少奇选集》上卷，第327页。
② 《刘少奇选集》上卷，第325页。

和人民群众坚定信心跟党走、坚定信念不动摇。改革开放以来，我们党先后开展了整党、"三讲"教育、保持共产党员先进性教育、深入学习实践科学发展观活动等。整党是从 1983 年冬季至 1987 年，对党的作风和组织进行的一次全面整顿，根本任务是统一思想、整顿作风、加强纪律、纯洁组织。"三讲"教育是从 1998 年 11 月至 2000 年 12 月，在县级以上党政领导班子、领导干部中开展的以讲学习、讲政治、讲正气为主要内容的党性党风教育。保持共产党员先进性教育是从 2005 年 1 月至 2006 年 6 月，在全党开展的以实践"三个代表"重要思想为主要内容的保持共产党员先进性教育活动。该教育活动涉及全党 7000 多万党员、350 多万个基层党组织。深入学习实践科学发展观活动是从 2008 年 9 月至 2010 年 2 月，在全党开展的以县级以上领导班子和党员领导干部为重点，全体党员参加的深入学习实践科学发展观活动。

（三）新时代必须坚持思想建党、理论强党

要始终不渝地坚持党的这个先锋队性质，永葆先进性、高尚性和纯洁性，就必须在任何情况下都要加强思想建党。我们正在从事的中国特色社会主义事业是人类历史上辉煌灿烂的事业，是前无古人的伟大事业，也是没有现成经验可以借鉴的开创性的伟大事业。中国特色社会主义事业是向着共产主义远大目标奋斗的事业，在这一过程中，要克服各种难以想象的困难，要与传统的落后观念和因素进行斗争，也要与新形势下产生的腐朽的思想观念进行斗争。当前，领导干部的权力面临着经济、政治、社会、文化上的多重诱惑，极易使干部的世界观、人生观和价值观出现动摇甚至混乱。一个时期以来，党内政治生活、政治生态出现这样那样的问题，根本原因在于一些党员、干部理想信念这个"压舱石"发生了动摇，世界观、人生观、价值观这个"总开关"出现了偏差，说到底是信仰迷茫、精神迷失。

思想理论上的坚定清醒是政治上坚定的前提。坚定理想信念，必须加强学习。党内政治生活，包括党的各级组织的会议、党的宣传、学习、教育活动、党内讨论和批评与自我批评、为党服务、缴纳党费等，是提高全党思想认识、增强党性修养、增进团结统一重要途径。《关于新形势下党内政治生活若干准则》规定："必须高度重视思想政治建设，把坚定理想信念作为开展党内政治生活的首要任务。坚持和创新党内学习制度。以党委（党组）中心组学习等制度为主要抓手，各级党组织要定期开展集体学习。党员、干部每年要完成规定的学习任务，领导干部要定期参加党校学习。坚持开展党内集中学习教育。各级党组织要加强督促检查，把学习情况作为领导班子和领导干部考核的重要内容。"①

（四）新时代面对广大党员干部进行主题教育

全面从严治党，必须把加强思想理论建设和教育作为首要任务，铸牢理想信念宗旨这个政治灵魂，把中国特色社会主义道路自信、理论自信、制度自信、文化自信真正确立起来，保持党的团结统一的思想基础。党的十八大以来，以习近平同志为核心的党中央先后在党内开展了四大主题教育。第一次是 2013 年开展的党的群众路线教育活动，第二次是 2014 年开展的"三严三实"专题教育，第三次是 2015 年初开展的"两学一做"学习教育，第四次是 2019 年开展的"不忘初心、牢记使命"主题教育活动。

1. 党的群众路线教育活动

2013 年 4 月 19 日，中国共产党中央政治局召开会议，决定从 2013 年下半年开始，用一年左右时间，在全党自上而下分批开展党的群众路线教育实践活动。中央政治局带头开展党的群众路线教育实践

---

① 《关于新形势下党内政治生活的若干准则》，《人民日报》2016 年 11 月 3 日。

活动。2013 年 5 月 9 日，中共中央下发了《关于在全党深入开展党的群众路线教育实践活动的意见》。党的群众路线教育实践活动紧紧围绕保持和发展党的先进性和纯洁性，以"为民、务实、清廉"为主题，按照"照镜子、正衣冠、洗洗澡、治治病"的总要求，以县处级以上领导机关、领导班子和领导干部为重点，自上而下在中共全党深入开展的加强全体党员马克思主义的群众观点和党的群众路线教育。深入开展党的群众路线教育实践活动，对于教育引导党员干部牢固树立宗旨意识和马克思主义群众观点，改进工作作风，赢得人民群众信任和拥护，夯实党的执政基础，提高为人民服务的本领，具有十分重大而深远的意义。

2. "三严三实"专题教育

开展的"三严三实"专题教育，是党中央在落实八项规定、聚焦反对"四风"进入新的阶段作出的新的重大部署，先破后立、逐步深入，具有很强的针对性和指导性，是加强作风建设的新启程、再出发，是推进党的建设和改革发展各项工作的重要保障。2014 年 3 月 9 日，习近平总书记在参加十二届全国人大二次会议安徽代表团审议时，在关于推进作风建设的讲话中，提到"既严以修身、严以用权、严以律己，又谋事要实、创业要实、做人要实"的重要论述。2014 年 10 月 8 日，在党的群众路线教育实践活动总结大会上，习近平总书记再次强调：对领导干部提出"三严三实"要求，这是"共产党人最基本的政治品格和做人准则，也是党员、干部的修身之本、为政之道、成事之要"。①

3. "两学一做"学习教育

2016 年 2 月，中共中央办公厅印发了《关于在全体党员中开展"学

---

① 习近平：《在党的群众路线实践活动总结大会上的讲话》，《人民日报》2014 年 10 月 9 日。

党章党规、学系列讲话，做合格党员"学习教育方案》，并发出通知，要求各地区各部门认真贯彻执行。通知指出，开展"学党章党规、学系列讲话，做合格党员"学习教育，"是面向全体党员深化党内教育的重要实践，是推动党内教育从'关键少数'向广大党员拓展、从集中性教育向经常性教育延伸的重要举措。"①

4."不忘初心、牢记使命"主题教育

党的十九大决定以县处级以上领导干部为重点，在全党开展"不忘初心、牢记使命"主题教育。这是在新时代把党的自我革命推向深入，用习近平新时代中国特色社会主义思想武装头脑、指导实践，推动全党更加自觉地为实现新时代党的历史使命不懈奋斗的重大决策部署。党的历次集中教育活动，都以思想教育打头，着力解决学习不深入、思想不统一、行动跟不上的问题，推动全党思想上统一、政治上团结、行动上一致。

二、弘扬党的政治文化，筑牢思想建党的根基

以文化人是文化最重要的功能。党作为政治组织，有其特定的政治文化。一般而言，党内政治文化包括两个方面的内容：一是政党根据党的指导思想和宗旨目标而确定的一套价值体系，是较为宏观的"显文化"。二是党的成员在其政党政治活动中形成的普遍性的价值理念和价值取向，是行为倾向，是较为微观的"潜文化"。党员总是基于一定的政治价值观而加入党组织，党内政治文化是每一个党员个体的价值观

---

① 《关于在全体党员中开展"学党章党规、学系列讲话，做合格党员"学习教育方案》，《人民日报》2016 年 2 月 28 日。

念、思维方式和行为方式所综合构成，每一个个体价值观、思维、精神又影响着整体的党内政治文化。与此同时，党员总是处于一定的党内文化的熏陶下，党员干部的思想意识和行为倾向在自觉不自觉中受到其统摄、制约和影响。正气充盈的党内政治文化是正常党内政治生活的重要基础，而庸俗腐朽的党内政治文化则是党内政治生活出现问题的重要推因。党的十八届六中全会对党内政治文化的建设提出了要求。习近平总书记指出："党内政治生活、政治生态、政治文化是相辅相成的，政治文化是政治生活的灵魂，对政治生态具有潜移默化的影响。"① 因此，只有从建设政治文化入手，铲除不良作风和腐败现象滋生蔓延的文化土壤，才能实现干部清正、政府清廉、政治清明，才能涵养健康纯洁的政治生态。

总体上看，目前党内政治文化是健康纯洁、积极向上的，体现了党的先进性和纯洁性。然而，文化从来就是多元的，党内政治文化不可避免地受到数千年传统文化中一些糟粕垃圾的影响，也不可避免地受到资本主义金钱至上价值观的熏染和渗透。一个时期以来，由于党内政治生活出现一些问题，党内政治生态在一些地方"被污染"，导致各种关系学、厚黑学、官场术、"潜规则"等不好的政治文化仍有一定市场，这些混淆是与非、正与邪界限的有害政治文化，对党员干部坚定理想信念造成很大冲击，严重败坏了党内政治生态。新的长征路上，我们要夺取具有许多新的历史特点的伟大斗争新胜利，必须坚持讲政治，用先进政治文化战胜有害政治文化，固本培元、激浊扬清，不断培厚良好政治生态的土壤。

修身立德是为政之基，要依靠党内政治文化坚定理想信念，正如习近平总书记所指出的："没有中华优秀传统文化、革命文化、社会主

① 《习近平关于全面从严治党论述摘编》，第 74 页。

义先进文化的底蕴的滋养，信仰信念难以深沉而执着。"①

（一）马克思主义是党内政治文化的"魂"

马克思主义是无产阶级的世界观。是关于全世界无产阶级和全人类彻底解放的学说。无产阶级政党如果没有科学世界观的指导，如果不以先进理论武装自己，不能成为先进的党，也就不能完成自身担负的解放使命。正如列宁强调："现代历史的全部经验，特别是《共产党宣言》发表后半个多世纪以来世界各国无产阶级的革命斗争，都无可争辩地证明，只有马克思主义的世界观才正确地反映了革命无产阶级的利益、观点和文化。"②

（二）中华优秀传统文化是党内政治文化的"根基"

源远流长、博大精深的中华优秀传统文化，积淀着中华民族最深层的精神追求，包含着中华民族最根本的精神基因，是社会主义核心价值观的深厚源泉。习近平总书记在纪念孔子诞辰 2565 周年国际学术研讨会上发表的讲话中，列举了中华优秀传统文化一些主要内容，他指出："关于天下为公、大同世界的思想，关于自强不息、厚德载物的思想，关于以民为本、安民富民乐民的思想，关于为政以德、政者正也的思想，关于苟日新日日新又日新、革故鼎新、与时俱进的思想，关于脚踏实地、实事求是的思想，关于经世致用、知行合一、躬行实践的思想，关于集思广益、博施众利、群策群力的思想，关于仁者爱人、以德立人的思想，关于以诚待人、讲信修睦的思想，关于清廉从政、勤勉奉公的思想，关于俭约自守、力戒奢华的思想，关于中和、泰和、求同存异、

---

① 《全面贯彻落实党的十八届六中全会精神　增强全面从严治党系统性创造性实效性》，《人民日报》2017 年 1 月 7 日。

② 《列宁全集》第 39 卷，第 332 页。

和而不同、和谐相处的思想，关于安不忘危、存不忘亡、治不忘乱、居安思危的思想，等等。"① 这些是五千余年政治发展的文明结晶，是历代前贤薪火相传的政治智慧。这些文化精神不仅可以为中国共产党认识和改造世界提供有益启迪，更可以为治国理政提供有益启示，是党内政治文化最丰富的精神宝库。

没有根脉的文化是没有生命力的。五千年的文明史是我们独一无二的优势。当然，中国传统文化里面也有一些糟粕。先进政治文化和有害政治文化两者是此消彼长的，倘若先进的、积极的、健康的政治文化不去占领党内政治文化的高地，那么落后的、消极的、腐朽的政治文化就会去占领。习近平总书记曾指出："对历史文化特别是先人传承下来的价值理念和道德规范，要坚持古为今用、推陈出新，有鉴别地加以对待，有扬弃地予以继承，努力用中华民族创造的一切精神财富来以文化人、以文育人。"② 要把中华优秀传统文化作为党内政治文化的基础，做好创造性转化、创新性发展工作。

（三）革命文化是党内政治文化之"源头"

中共党史是中国近代史以来最为可歌可泣的篇章，中国革命历史是最好的营养剂，革命文化是最可宝贵的精神优势。党内政治文化必须有一种精气神，而这一源头就是革命文化。革命文化包括党在革命战争时期形成的优良传统和作风，培育形成的各种革命精神，加强党内政治文化，就要不忘初心，永远保持革命时期中国共产党人的奋斗精神。

党在长期实践中形成的革命文化主要包括：一是党的优良传统作风，我们党在长期的革命斗争中，形成了与党的性质、宗旨、不同时期

---

① 习近平：《在纪念孔子诞辰 2565 周年国际学术研讨会暨国际儒学联合会第五届会员大会开幕会上的讲话》，《人民日报》2014 年 9 月 25 日。

② 《习近平谈治国理政》，第 164 页。

的历史使命和共产党员先锋模范作用相适应的一系列优良传统作风，这些传统深刻反映了我们党的性质和宗旨、理想与信念，是无数革命先烈用鲜血和生命凝结而成的。他们的无私奉献精神，为着中华民族的复兴，前仆后继，流血牺牲，不屈不挠、艰苦奋斗，创造了辉煌的业绩，做出巨大的贡献。如理论联系实际的作风、密切联系群众的作风和批评与自我批评的作风等。二是在特定历史时期形成的革命精神如井冈山精神、延安精神、西柏坡精神等，包含着"革命理想高于天"、艰苦奋斗、坚忍不拔、自力更生、谦虚谨慎、不骄不躁等精神风尚。"那些在革命实践中积淀下来的红色基因，都是中国共产党党内政治文化须臾不能缺的精气神，是不忘初心的主心骨，是永不变色的护身符。"① 三是共产党员先锋模范作用所体现出的革命品质和优良作风，如"全心全意为人民服务""对党忠诚""大公无私""毫不利己""一不怕苦、二不怕死""为有牺牲多壮志，敢教日月换新天"的伟大革命精神等，又如雷锋精神、"铁人"精神、焦裕禄精神、"两弹一星"精神等。四是党的工作中形成的优良惯例。如坚忍不拔的"钉钉子精神"、服从组织安排的"革命砖头精神"，又如在选人用人上，坚持五湖四海，德才兼备，等等。②

　　我们党在复杂的国际国内环境中领导人民进行革命、建设、改革，从事的是人类历史上极其伟大而又空前艰巨的事业，在艰辛探索的历程中，党的实践辉煌和理论创造是党的历史的主流，也难免会发生这样那样一些失误和曲折。"这其中有危难之际的绝处逢生，有挫折之后的毅然奋起，有失误之后的拨乱反正，有磨难面前的百折不挠，有艰难困苦带来的玉汝于成，有党带领人民在应对各种困难和风险的考验中披荆斩棘、不断开辟胜利道路所展示出来的巨大勇气、巨大智慧和巨大力

① 辛鸣：《论党内政治文化》，《北京日报》2017 年 1 月 16 日。
② 梁柱：《党的优良传统永远不会过时》，《红旗文稿》2014 年第 15 期。

量。"① 革命文化全面展示了党的历史的主题和主线、主流和本质,深刻揭示了历史事件、历史现象背后深层次的文化原因,蕴含着党团结统一、纯洁先进、成功发展的秘诀。一切伟大的成就都是接续奋斗、接力探索的结果,一切伟大的事业都需要在承前启后、继往开来中推进。因此,从革命文化中可以明辨荣辱,学习党史能够增强党员的使命感和责任感,从中体会革命道路的曲折和胜利的来之不易,感受革命先烈崇高的精神境界和理想追求,从中获取精神鼓舞,升华思想境界,陶冶道德情操,完善优良品格,培养浩然正气,不断强化内心信仰,牢记党的宗旨,坚定永远跟党走的理想信念。②

(四)社会主义先进文化是党内政治文化之"主体"

社会主义文化是反映社会主义经济、政治的文化,是为社会主义革命和社会主义建设服务的。党内政治文化建设离开了社会主义先进文化,就会成为无源之水、无本之木。社会主义是建立在彻底批判资本主义基础上的。社会主义文化建设的根本要求是中国共产党的领导和马克思主义的指导,普及马克思主义的宇宙观、方法论和价值观。马克思主义是社会主义先进文化的指导思想,也是党内政治文化的指导思想。毛泽东同志指出:"十月革命一声炮响,给我们送来了马克思列宁主义。十月革命帮助了全世界的也帮助了中国的先进分子,用无产阶级的宇宙观作为观察国家命运的工具,重新考虑自己的问题。"③"这个理论一经传到中国来,就在中国思想界引起了极大的变化"。④ 我们党一开始就把

---

① 中共中央党史研究室:《正确看待改革开放前后两个历史时期——学习习近平总书记关于"两个不能否定"的重要论述》,《人民日报》2013年11月8日。
② 习近平:《领导干部要注重学习中国近现代历史》,《学习时报》2011年9月5日。
③ 《毛泽东选集》第四卷,人民出版社1991年版,第1471页。
④ 《毛泽东选集》第一卷,人民出版社1991年版,第304页。

马列主义鲜明写在自己的旗帜上，实现共产主义是我们党的最高理想。作为共产党，如果放弃共产主义的追求，就不成其为共产党。坚持和发展中国特色社会主义是今日中国共产党人的最大政治，不断增强中国特色社会主义道路自信、理论自信、制度自信、文化自信，是党内政治文化题中应有之义。社会主义核心价值观是社会主义先进文化的价值追求，也是党内政治文化的价值追求；以爱国主义为核心的民族精神，以改革创新为核心的时代精神，同样贯穿党内政治文化。

以党内政治文化涵养良好政治生态，是一项深入持久的系统工程。只要始终保持政治定力，坚持不懈从源头抓起，坚定不移从基础做起，就一定能让党内政治文化正气充盈，让党内政治生态风清气正，为各项事业发展提供更加坚强的政治保证。

三、制度治党、依规治党是新时代党的建设重要方式

制度带有根本性、全局性、稳定性和长期性，加强制度建设作为严肃党内政治生活、净化党内政治生态的根本保障。"向制度建设要长效"，把制度建设贯穿到党的各项建设之中，靠制度管党、治党，是党的十八大以来以习近平同志为核心的党中央管党治党的重要的新理念新实践。加强党内政治生活制度建设，对于促进党内政治生活正常化、规范化，解决好不经常、不认真、不严肃问题，提高党内政治生活质量、净化党内政治生态，具有重要作用。

（一）制度带有根本性、全局性、稳定性和长期性

制度是在一定历史条件下形成的政治、经济、文化等方面的体系，是要求大家共同遵守的办事规程或行动准则。制度作为"稳定的、受尊

重的和周期性发生的行为模式"，是概括性和稳定性较强的规范体系，"现代制度的重要作用就是以规则下的行为替代个人自发的行为"。

政党的特性要求政党不仅有一套从上而下的组织系统，以动员本阶级阶层社会大众为党的纲领目标进行有效的斗争，而且通过一定的党内规章和组织纪律来约束其成员，以维系自身的团结和统一，提高自身的战斗力。中国共产党作为马克思主义政党，制度建设在党的建设中不可或缺。从党的建设角度看，党的制度建设就是把长期以来党的领导工作中和党内生活中的经验教训加以总结和概括，形成党的成员必须共同遵守的党内法规、条例、规则等党的制度，并狠抓贯彻落实。其主要任务是建立健全以党章为根本、以民主集中制为核心的党的制度体系，包括把党员的党性修养的根本标准进行制度化，对党章所规定党内政治生活、组织生活的重大原则问题细化和具体化，加强对权力运行的制约和监督等。党的制度发挥着调整党内关系、指导党内生活、规范党员行为、解决党内问题、维护党内秩序、集中并实现党的意志等重大作用。对于我们党这个整体来说，制度是使党的组织得以正常、有效运行的根本支撑。对于党员个体来说，制度是使党员、干部的积极因素得到充分调动、消极因素得到有力抑制不可或缺的强制性力量。

（二）靠制度管党、治党，是我们党抓自身建设的重要内容

不同于俄国十月革命，中国革命的胜利不是在一个城市暴动迅速走向胜利的，在摧毁旧政权的几十年革命暴力期间，新国家和新社会的胚胎已经逐渐成长起来。在长期的武装割据的革命战争，由于条件所限，在共产党领导的地区实行的是管党治党方式，很大程度上采取原则要求、命令、布告、党内规定和惯例等方式进行。在新中国即将诞生前夕，面对党的工作重心即将由农村转向城市、从战争转向生产建设的情况，我们党在中共中央驻地西柏坡"立规矩"，最重要是的关于党的领

导方面"建规立制"。新中国成立后，党创造性地建立和形成了保障工人阶级及其政党掌握国家政权的政治制度和党内制度。

十一届三中全会以后，中国共产党在总结国内外正反两方面经验教训的基础上，邓小平同志提出："领导制度、组织制度问题更带有根本性、全局性、稳定性和长期性。这种制度问题，关系到党和国家是否改变颜色，必须引起全党的高度重视。"① 在邓小平同志的倡导和推动下，我们走上了注重法制建设，依靠制度的完善和改革推动全面从严治党的新路子。1992 年邓小平同志在南方谈话中，对党的制度建设时间表做出谋划，他说："恐怕再有三十年的时间，我们才会在各方面形成一整套更加成熟、更加定型的制度。"② 这一理论设想在党的十四大得到具体确定。以江泽民同志为核心的党中央和以胡锦涛同志为核心的党中央在党的十五大、十六大、十七大，都对制度建设提出明确要求。党的十七大确立了思想建设、组织建设、作风建设、制度建设和反腐倡廉建设"五位一体"的党的建设总体布局，第一次把制度建设纳入党的建设的基本内容。

（三）新时代突出强调制度治党、依规治党

党的十八大以来，以习近平同志为核心的党中央高度重视坚持制度治党、依规治党，保持常态化、形成长效机制。努力构建系统完备、科学规范、运行有效的制度体系，把全面从严治党提升到一个新的水平。

1. 反复强调制度治党的重要意义

习近平总书记对制度治党提出了一系列重要思想，作出了一系列重要论述。这些重要论述丰富和发展了马克思主义党的建设理论，对于加

---

① 《邓小平文选》第二卷，第 333 页。
② 《邓小平文选》第三卷，第 372 页。

强以全面从严治党为目标的制度建设具有重要指导意义。习近平总书记深刻地总结历史经验，认为制度缺失是作风问题抓而不禁的真正原因，"这么多年，作风问题我们一直在抓，但很多问题不仅没有解决、反而愈演愈烈，一些不良作风像割韭菜一样，割了一茬长一茬。症结就在于对作风问题的顽固性和反复性估计不足，缺乏常抓的韧劲、严抓的耐心，缺乏管长远、固根本的制度"①。他强调，制度不完善，潜规则就会盛行，就无法防范和解决党内出现的矛盾和问题，"破除潜规则，根本之策是强化明规则，以正压邪，让潜规则在党内以及社会上失去土壤、失去通道、失去市场"②。不仅如此，在中国特色社会主义进入新时代的历史条件下，通过制度来约束和规范党组织和党员干部是管党治党的可靠路径，"加强党内法规制度建设，是全面从严治党、依规治党的必然要求，是推进国家治理体系和治理能力现代化的重要保障"③。由此，习近平总书记提出："推进全面从严治党，既要解决思想问题，也要解决制度问题。""全方位扎紧制度笼子，更多用制度治党、管权、治吏。"④

基于对制度治党基本方略的重要认识，党的十八大、十八届三中全会把党的建设制度改革与经济体制、政治体制、文化体制、社会体制、生态文明体制改革一道作出重要部署，将制度建设放在更加突出的位置上。十八届四中全会明确提出形成完善的党内法规体系，并作为全面推进依法治国总目标的重要内容。"全面从严治党"的战略部署，也是强调必须以改革精神推进党的制度建设，以法治思维和法治方式建制度、明法度、严约束，不断提高管党治党水平。

---

① 习近平：《在党的群众路线教育实践活动总结大会上的讲话》，《人民日报》2014年10月9日。

② 《习近平关于严明党的纪律和规矩论述摘编》，第54页。

③ 《十八大以来重要文献选编》（下），中央文献出版社2018年版，第509页。

④ 《当好改革开放排头兵创新发展先行者为构建开放型经济新体制探索新路》，《人民日报》2015年3月6日。

2.加强统筹谋划、强化顶层设计上着力，扎实推进党内法规制度建设

制度的构建的构成要件是党内法规及配套机制，党内法规即是党的组织制定的，规范党组织的工作、活动和党员行为的党内规章制度的总称，包括党章、党规，也包党纪、党内惯例。相对于党内其他制度、规矩、传统、工作惯例而言，党内法规更加侧重"法规"。制度治党、依规治党的基础工程是建章立制。党的十八大以来，以习近平同志为核心的党中央把党内法规制度建设是全面从严治党的长远之策、根本之策。其主要原则如下：

一是以《党章》为根本遵循，把党章的原则和要求具体化、制度化、程序化。党内法规包含许多种类，适应不同层次、不同范围、不同对象，都有相应的规则、规章、条例、制度。党章和其他规章制度的关系是：党章是基础，是具有最高权威的党内法规，它确定党内一切规章制度的指导原则；其他规章制度是对党章的具体化和必要补充，并对全面执行党章起保证或补充作用，同时必须服从或从属于党章。以党章为核心的党内法规体系不断完善，基本形成涵盖党的建设和党的工作主要领域。

二是提出了体系建设的基本路线图，即"把阶段性任务与战略性目标结合起来，按照急用先立原则，抓住核心、关键、亟须制定的党内法规项目，集中力量推进，努力在主要方面和关键环节上取得突破"。① 此外，还出台了"党内立法法"和备案程序，编制党内法规制定工作5年规划，并对党内法规和规范性文件进行集中清理——这些均为党史上的第一次。

① 《中共中央发布党内法规制定工作五年规划纲要》，《人民日报》2013年11月28日。

　　三是坚持使命引领和问题导向相统一，在解决人民群众最不满意的问题上下功夫，把一些行之有效的好做法上升为制度。习近平总书记强调，制度不在多，而在于精，在于务实管用，突出针对性和指导性。党的十八大以来，以习近平同志为核心的党中央，坚定不移地推进全面从严治党，把管党治党的创新成果转化为法规制度，特别是将党的十八大以来关于作风、纪律等方面新要求转化为党内法规，例如，制定了关于改进工作作风、密切联系群众的八项规定，以此为切入口，形成改进作风常态化制度。又例如，2017 年 10 月党的十九大明确将党的纪律和纪律检查等新内容写进党章，强调以党的政治建设为统领，严明"两个维护"的政治纪律和政治规矩，使党内法规体系进一步健全完善。

　　四是废止不适用的制度。党内法规清理是党内法规制度建设迈向科学化、规范化的关键转折，针对制度存在的问题，对党内制度进行了进一步修改和完善；通过清理工作全面掌握了党内法规制度建设的基本数据，对客观评估党内法规制度建设和发展现状提供了客观依据。

　　五是以领导干部为重点，咬住"责任"二字，抓住"问责"这个要害。全面从严治党必须抓住领导干部这个"关键少数"，推进制度治党关键也在领导干部。党要管党、从严治党，首先要管好治好领导干部；制度治党、依规治党，也要求领导干部带头遵守党章党规、做遵纪守法的模范。特别是高级干部必须以身作则，坚持率先垂范、以上率下，为全党作出示范。党的十八大以来，坚持行使权力和担当责任相统一，真正把落实管党治党政治责任作为最根本的政治担当。中央全面深化改革委员会办公室专门成立了督察局，对重点改革文件执行情况进行督察。把党内法规执行纳入党委督察重要内容，建立健全党内法规执行检查常态化机制，坚决维护制度的严肃性和权威性。建立党内政治生活考核评价体系，健全权力约束制度，健全完善巡视、巡察制度，充分发挥巡视利剑作用。进一步加大对党员干部的监督力度，对违纪违法行为从严惩处；

对主要领导、掌管人财物关键岗位的同志要重点监督；出台操作性强的办法。加强监督执纪。巡视威力进一步彰显的同时，中央印发实施"三个提名考察办法"，落实纪委双重领导体制，加强了党对反腐败工作的领导，成为推进党的纪律检查体制改革的重大举措。

党的十八大以来，党内法规制度建设全面发力、多点突破，呈现"板块式"推进的良好态势。从"八项规定"开始，通过修订党章，制定或修订一系列准则、条例、规则、规定、办法、细则、意见。2013年5月27日，《中国共产党党内法规制定条例》和《中国共产党党内法规和规范性文件备案规定》发布；2015年10月18日，中共中央印发《中国共产党廉洁自律准则》和《中国共产党纪律处分条例》；2016年6月28日，中共中央政治局审议通过《中国共产党问责条例》；2016年10月27日，十八届六中全会审议通过《关于新形势下党内政治生活的若干准则》和《中国共产党党内监督条例》……一系列具有标志性、关键性、引领性的法规制度陆续出台，各项制度不断完善。以党章为根本、以民主集中制为核心的党的制度体系初步建立健全，制度笼子越扎越紧、越扎越密，全面从严治党更加有规可循、有据可依，保障了依规从严管党治党。

3. 狠抓全面从严治党制度的执行，强化制度权威

没有规矩，不成方圆。刚性是制度的生命。制度的全部灵魂与精髓就在于"制度面前人人平等，执行制度没有例外"。制度治党，关键在于提高制度执行力。习近平总书记明确提出"不能让党规党纪成为纸老虎、稻草人，造成'破窗效应'"[①]，必须保障和加强制度与法律的严肃性与权威性，提升制度权威。制度权威确立的关键是制度的执行是否到位。习近平总书记多次强调制度执行力问题，指出法规制度的生命力在

---

① 《习近平关于严明党的纪律和规矩论述摘编》，第79页。

于执行，从严治党就要从严格执行制度入手，"现在，我们有法规制度不够健全、不够完善的问题，但更值得注意的是已有的法规制度并没有得到严格执行"，"要增强制度执行力，制度执行到人到事，做到用制度管权管事管人"。① 制度绝不是摆设，在制度的制约下，任何人都没有"丹书铁券"，也没有"铁帽子王"。

党的十八大以来，全面从严治党重要特征就是狠抓制度执行，坚持制度面前人人平等，做到用制度管权管事管人、执行制度没有例外，以一板一眼的实劲、钉钉子的硬劲和咬定青山不放松的韧劲，在严格执行制度、切实依规治党上动真碰硬，出实招、谋实策、求实效，不留"暗门"、不开"天窗"，坚决防止"破窗效应"，坚决纠正有令不行、有禁不止的行为，切实避免法规制度形同虚设、依规治党"打滑空转"。随着以依规治党的强大声势和正向传导，尊崇制度、遵守制度、捍卫制度的良好氛围越来越浓厚。

总之，党内法规的制定、执行都取得了令人瞩目的成绩，为制度治党奠定了坚实基础。制度治党的思路正在逐步转化为全面从严治党的有效机制，制度治党机制开始形成。

四、进一步推进思想建党和制度治党

党的十八大以来，我们勇于面对党面临的重大风险考验和党内存在的突出问题，进一步推进思想建党和制度治党，党内风气、党内政治生活和党内政治生态气象更新，党的创造力、凝聚力、战斗力显著增强，

---

① 习近平：《在党的群众路线教育实践活动总结大会上的讲话》，《人民日报》2014年10月9日。

党的团结统一更加巩固，推动了为党和国家事业的发展。

（一）思想建党与制度治党共同发力

习近平总书记指出，新形势下从严治党要坚持思想建党和制度治党紧密结合，"要使加强制度治党的过程成为加强思想建党的过程，也要使加强思想建党的过程成为加强制度治党的过程"①。这一重要论述，科学阐明了思想建党和制度治党的辩证统一的关系。

1.制度治党离不开思想建党

首先，思想是制度的魂魄，任何由规则所构成的制度，不可能不带有深厚的价值追求。制度建设离不开正确的思想引领，否则不仅难有成效，甚至会迷失方向。其次，制度终究要靠人来执行。制度的执行首先需要理解制度原则和制度精神。制度是"死"的，而人是"活"的，同样的制度，不同素质的人来执行，其结果常常会不一样，有时甚至大相径庭。"思想上松一寸，行动上就会散一尺。"这就告诉我们，没有人的自觉认同和主观努力，制度实施就会缺乏基础，制度治党就容易流于形式。最后，只有思想水平提高了，制度建设重要性的认识也随之加深，制度的完善、丰富和创新才有可能。因此，制度治党，必须增强执行主客体的认知理性，使广大党员在思想根源上尊重、敬畏和认同相关制度法规，升华思想境界，才能增强自律力量，强化制度自觉，形成按制度办事的良好习惯。

2.思想形成成果需要制度的支撑

首先，任何思想要对人的行为起规范作用，必然以一定的制度规则的形式呈现出来，在党的建设伟大实践上，思想建党的成功经验不断地

---

① 习近平：《决胜全面建成小康社会　夺取新时代中国特色社会主义伟大胜利——在中国共产党第十九次全国代表大会上的报告》，《人民日报》2017 年 10 月 28 日。

升华、固化为制度体系，不断地化理想为现实目标、化宗旨为行为规矩、化理论为具体制度。其次，由于现实社会生活的复杂性，决定了不可能所有党员干部在任何时候都能够靠党性修养和道德自律克服利用公权谋求私利的倾向，在强调思想建党的同时，也要认识到通过制度治党来解决治理规则、行为规范、监督追究等问题的重要性，认识到必须以强制手段规范党员行为，充分发挥他律的力量。最后，巩固思想建设成果，必须把党员思想教育的实效和成果体现在经验规范上，落实到制度规章上，使思想教育从务虚转化为务实，从一时转化为长效，从举措转化为机制。依靠制度对党员行为的刚性规范作用，巩固教育成果，形成常态长效。

3. 思想建党与制度治党相结合的生动实践——构建不敢腐、不能腐、不想腐的有效机制

习近平总书记指出："一体推进不敢腐、不能腐、不想腐，不仅是反腐败斗争的基本方针，也是新时代全面从严治党的重要方略。"①"不敢腐、不能腐、不想腐"是相互依存、相互促进的有机整体，体现了他律与自律、监督与信任、惩处与教育、严管与厚爱、法治与德治的辩证统一，是一体推进思想建党和制度治党的最生动的实践。

腐败是公共权力异化的结果，异化的根源来自人性的贪婪，以及制度的缺失。抵制腐败，保持清廉，首先需要权力行使者具有高尚的德行，不断加强自身修养，对于党员干部来说，加强党性修养更是基本要求。但是党性修养的锤炼是个长期而复杂的过程，良好的党性修养不是一蹴而就、一劳永逸的，也不会像年龄一样自然增长的。"权力是最大的腐蚀剂"，在市场经济的条件下，权力的腐蚀剂加进了金钱、利益的润滑剂，腐蚀的力度更大、作用更普遍。与此同时，处于经济体制转轨

---

① 《习近平谈治国理政》第三卷，外文出版社 2020 年版，第 549 页。

的急剧变革时期，社会上出现某些体制、法制漏洞，以及权力配置不科学，权力运行不规范，权力制约不到位，使行政行为、市场行为、企业行为没有得到严格规范和有效调控，从而为腐败的滋生蔓延留下了空间。从目前查处的案件看，诱发腐败的原因有理想信念动摇、外部"围猎"的原因，更有是日常管理监督不力、制度存在"牛栏关猫"的漏洞，领导干部手中的权力，尤其是单位"一把手"的权力太大。因此，防止腐败，既要依赖于党性修养的提高，也要加强制度规范的外部约束。

在十八届中央纪委二次全会上，习近平总书记提出要加强对权力运行的制约和监督，让人民监督权力，让权力在阳光下运行，"把权力关进制度的笼子里"，形成不敢腐的惩戒机制、不能腐的防范机制、不易腐的保障机制。首先，"不想腐"是反腐败根本。"不想"即思想自觉，自觉地远离腐败、抵制腐败和与腐败现象斗争。实现"不想腐"的目标，基础在于思想建党，通过加强理想信念教育、改造主观世界、提高党性修养、涵养廉洁文化，筑牢拒腐防变的思想堤坝，达到"内无妄思，外无妄动"境界，形成"慎独"的自觉和接受监督和约束的习惯。只有心中有敬畏，知道什么是高压线，才能对那些充满诱惑、可能掉入陷阱形成条件反射般的免疫力，从思想源头上与贪腐之念绝缘。其次，"不能腐"是反腐败是关键，"不能"即在制度的边界范围内行为，不逾刚性的制度规矩。实现"不能腐"的目标，根本在于"把权力关进制度的笼子"，通过不断完备的制度体系、严格有效的监督体系，压缩腐败现象生存土壤，压减权力行使的任性空间，形成对权力运行的制约和监督，让意欲腐败者无机可乘。最后，"不敢腐"是反腐败前提，"不敢"是形成"莫伸手，伸手必被捉"的思想意识，实现"不敢腐"的目标主要通过制度体系的完备和严格执纪执法，提高腐败成本，形成有腐必反、有腐必惩的制度效果，消除侥幸心理。在全面从严治党的实践过程中，让党员、干部得到教育，矫正党员干部行为模式。从害怕被查处的"不敢"

走向思想上敬畏党和人民、敬畏党纪国法。

与思想建党和制度治党需要共同驱动、同向发力一样，"不敢、不能、不想"也是统筹联动、共同发力的，只有这样，才能达到标本兼治的总体效果。

（二）推进党内政治生活制度建设的路径

严肃党内政治生活，归根结底是要党组织和党员的思想、行为合乎党的意志、党的要求。制度是改变党员干部行为模式的根本之策，制度既能管事也能管人，既能管现在也能管未来。加强制度建设、依法依规治党，是最可靠、最有效、最持久的治党方式。新形势下加强和规范党内政治生活的根本出路在于通过科学严密的制度安排，实现党的政治生活的常态化、制度化。具体而言，就是要把党员的党性修养的根本标准进行制度化、具体化，就是要对党章所规定党内政治生活、组织生活的重大原则问题细化和具体化，就是要把权力关进制度的笼子里，加强对权力运行的制约和监督，夯实不搞特权、远离腐败的制度基础。

经过党的十八大以来的党内政治生活相关制度建设，应当说，大的制度和要求都有了。但仍然存在制定程序上不尽科学、执行不充分、监督不到位、形式不明确等问题；必须抓住新时代全面从严治党和推进中国特色社会主义制度体系建设的历史机遇，汇聚各方面智慧和力量，加快推进相关党内法规制度体系建设。各级党组织要结合实际完善具体制度，严格抓好制度落实。通过完善和落实制度，把党内政治生活加强和规范起来，充分发挥制度治党中的支柱作用和基础性保障功能。

1. 形成更为完备的制度规范

制度都是人定的，人是最重要的因素。物质世界的客观形势总是处于不断发展中，经济社会发展会不断出现新情况新任务，因而，制度不可能是一成不变的，国家或组织要适应新情况新变化，针对一些容易出现问题的环节和工作中存在的漏洞提出新要求，健全完善更加科学合理、具体实在、切实可行的制度。

毋庸置疑，就党内政治生活而言，我们已经初步形成了指导思想明确、规范效力清晰、结构相对完整、门类比较齐全的党内法规制度体系，党内法规制度体系的"四梁八柱"已经搭建起来，但从完善形成成熟的党内政治生活制度的角度看，现在的问题在于相关党内法规还存在一些需要进一步完善的地方，制度体系建设存在空缺、薄弱之处，现有的制度监督体系功能没有得到充分有效发挥。主要表现在：一是需要进一步加大党的思想建设方面的党内法规建设。党内政治生活一个重要方面是思想建设，主要是坚定理想、信念、宗旨，以及基本理论和基本路线等。当前这一方面的制度体系结构尚未完备，存在一些领域制度相对健全、另外一些领域制度还不充分的状况。例如，党的工作、思想、作风等方面法规建设相对滞后，体系尚未成型。二是党的组织法规制度、党的自身建设法规制度、党的监督保障法规制度、党内运行规则等板块，还有不少任务需要攻坚克难。把"四个服从"基本原则上升为法规制度，尚未制定出台。三是规范党员行为，防范决策失误，监督一把手，形成容错纠错等党内急需的制度规范还需要进一步努力。党员干部财产公示制度、权力运行的制约和监督体系、党内选人用人机制、科学有效的巡视工作制度体系以及党员干部的考核体系等，都在进一步的改革与完善之中。

为此，应突出工作重点，坚持目标导向和问题导向相统一，制度建设要及时对一些不合时宜的制度进行修订和完善，建立党内政治生活考核评价体系，健全权力约束制度，健全完善巡视、巡察制度，充分发挥巡视利剑作用。进一步加大对党员干部的监督力度，对违纪违法行为从严惩处；对主要领导、掌管人财物关键岗位的同志要重点监督；出台操作性强的办法。随着党的建设的进展，特别是党的政治建设的进展，要把使之具体化为党内法规，把"维护党的团结统一""紧密团结在党中央周围"等政治纪律细化、具体化。对成熟的、一贯的政治规矩，要上升为制度规定，固化为明确的纪律条文。

2. 注重制度的系统性

制度很重要的一个特点是要有系统性。制度讲究方方面面，讲究相互连接，讲究制度配套。制度之所以能发挥作用，不在于制度之多，重要的是形成有机的制度体系，发挥制度的整体效应。就内容而言，既需要一系列规范主体行为的法规、规章、政策等，也需要建构一个合理的制度结构、体制机制。党内法规制度体系内部相互衔接、联动、配套和集成还有大量工作需要久久为功，还有待进一步提高，党内法规与党内规范性文件的统一性还有待建立科学合理的监督制度加以保障。必须坚持"于法周延，于事简便"的原则，找准切口、完善党内法规制定体制机制。一是进一步修订和完善一些不合时宜的制度，及时解决党内已有法规和规范性文件存在的不适应、不协调、不衔接、不一致问题。二是制度建设要从根本上避免或减少无权制定、越权制定、重复制定等无序制定现象，确保党内法规制度体系的统一性和权威性。三是要注重不同制度之间的协调与配合，形成制度之间有效衔接，构成有机的制度体系，发挥整体效应。

3. 健全相关法规制度的实施机制，完善党内法规的解释体系

制度是否有效，不仅取决于规则本身是否完善，而主要取决于制度实施机制是否健全。离开了实施机制，制度就形同一纸空文，不具有真正的制度价值。目前，推进党内政治生活建设方面仍不同程度存在着主干党规制度缺位、配套党规制度缺失、党规运行空转虚置、党规国法交叉重叠等不系统、不科学、不协调等问题；党内法规适用实际生活的法规解释体系还有待进一步建立。

《关于新形势下党内政治生活如果准则》作为党内阶位较高的法规，

多使用"不许""严禁""必须"等论断性语言，没有也不可能有较为详细的具有操作性的程序性规定。如该《准则》第一条规定："全体党员必须永远保持建党时中国共产党人的奋斗精神，把理想信念的坚定性体现在做好本职工作的过程中。"但对于"奋斗精神"和"理想信念的坚定性"如何"体现在做好本职工作的过程中"，没有做出详细具体的规定。又如《准则》第七条规定，"任何党组织和党员不得侵害党员民主权利"。但未提出关于违反的具体处理办法，使《准则》的效力打了折扣，在党内政治生活中还没有完全起到令行禁止的作用。还如《准则》第八条规定："建立容错纠错机制，宽容干部在工作中特别是改革创新中的失误。"同样也是也未提出科学的机制去提高实现这一目标。因此，当前完善中国共产党党内政治生活的党内法规解释体系，需合理借鉴法律解释的方式方法、参考法律解释的工作程序，通过合理的应用转化以及系统的机制整合，推动党内法规解释体系长效建设发展。特别是要强化行为规范的范围界定、尺度要求等细节，增加制度执行的罚则配套、程序刚性和解疑释义，加大党内法规备案审查和解释力度，做到要义明确、易懂易记、便于执行。

4. 提高制度的执行效力

没有规矩，不成方圆。制度就其属性而言，在静态层面要求一个完善的、密切关联的制度体系；在动态层面则要严格执行与落实相关制度、规范，做到"有法必依、执法必严、违法必究"。制度治党，关键在于提高制度执行力。而制度的执行力来源于其威慑力。"徒法无以自行"，习近平总书记强调，"不明确责任，不落实责任，不追究责任，从严治党是做不到的。"[①]

---

① 习近平：《在党的群众路线教育实践活动总结大会上的讲话》，《人民日报》2014年10月8日。

从《关于新形势下党内政治生活的若干准则》执行监督方面来看，还需要进一步推进长期有效的党内监督制度建设，来保障其效力的发挥。《准则》在结尾规定："各级党委和党的纪律检查委员会要定期检查本准则的执行情况，由纪律检查委员会向党的代表大会或党的委员会提出报告。"①此规定虽明确了各级党委和纪律检查委员会在执行过程中监督和反馈的职责，但如果没有相应的程序性安排，执行效果是难以保证。《准则》在最后强调："落实党委主体责任和纪委监督责任，强化责任追究。党委（党组）主要负责人要认真履行第一责任人责任。党的各级组织要强化对党内政治生活准则落实情况的督促检查，建立健全问责机制，上级党组织要加强对下级党组织的指导监督检查，各级组织部门和机关党组织要加强日常管理，各级纪律检查机关要严肃查处违反党内政治生活准则的各种行为。"②贯彻这些目标，需要的支撑条件是党内监督机构和监督机制的完善。为此，必须建立起党内政治生活常态化的检查监督制度，健全责任追究机制，以责任追究制度保障执行，形成监督合力同时，健全评价反馈机制，及时发现新问题、解决新问题的过程中，提升党内监督的科学性和时代性，形成完善和落实党内政治生活的规定的责任制度。党委要把严格执行党内政治生活制度作为党建工作的经常性任务，把执行党内政治生活制度的情况作为评判全面从严治党责任是否落实的重要标准，层层压实执行制度的领导责任。各级党组织、党的各个机构部门、每个党员和干部都有责任，工作抓具体、抓深入。

5.形成维护制度权威、严格遵守制度的氛围

要提高党内法规的执行效力，必须增强执行主客体的认知理性。制度是用来遵守和执行的。制度能否发挥作用，能否被严格地执行和积极

---

① 《关于新形势下党内政治生活的若干准则》，《人民日报》2016 年 11 月 3 日。
② 《关于新形势下党内政治生活的若干准则》，《人民日报》2016 年 11 月 3 日。

地遵守，重要的是看它能否为人们所接受和拥护，即取决于公众对制度的心态、思想、观念以及评价等制度信仰，关键是看社会公众对制度的一种心悦诚服的认同感和依归感。制度实施最佳效果的获得，不在于人们消极的不作为，而在于人们积极地依法行事。只有人们发自内心对制度信仰，才能唤起人们积极遵从制度的热情，自觉地维护制度的权威和尊严，并以之作为自己行动的准则。才能保证制度实施的最佳效。全党必须强化制度意识，自觉尊崇制度，严格执行制度，坚决维护制度，健全权威高效的制度执行机制。

"党的十八大以来，我们党把制度建设摆到更加突出的位置，不失时机深化重要领域改革，坚决破除一切妨碍科学发展的思想观念和体制机制弊端，构建系统完备、科学规范、运行有效的制度体系，使各方面制度更加成熟更加定型。"[①] 接下来树立制度权威便成为当务之急。如何形成维护制度权威、严格遵守制度的氛围，目前还有许多工作要做，必须要在制度理念、体制机制、治理体系、治理实践等诸多方面进行更深入的探索。为此，要使广大党员在思想根源上尊重、敬畏和认同党内法规。需要加大制度学习、宣传、教育力度，发挥思想政治工作的教育和导向功能，将学习党内法规的立场、精神和观点作为思想政治工作的出发点，注重以良好的党内政治文化提升法规制度的执行力影响力。各级党组织及其领导班子要提高制度执行能力，善于用制度推进全面从严治党，用制度防范和解决党内存在的突出问题，善于依法规制度谋事、依法规制度管人、依法规制度用权，以保障制度权威地位以及制度的有效实施，在这个过程中强化人们制度权威理念，遏止人为对制度权威的损害，维护制度尊严，促进制度的有效实施。

---

① 习近平：《关于〈中共中央关于坚持和完善中国特色社会主义制度推进国家治理体系和治理能力现代化若干重大问题的决定〉的说明》，《人民日报》2019 年 11 月 6 日。

　　总而言之，新时代严肃和规范党内政治生活，制度建设是基本方略，而制度建设的根本在于制度设计科学、制度规范的完备、制度体系的健全、制度意识的涵养，以及制度执行力的提升。因此，必须大力推进制度建设，形成以《党章》为根本，内容科学、程序严密、配套完备、运行有效的制度体系，为更高水平的党内政治生活提供更加坚守的制度支撑。

主要观点和基本结论

中国共产党是一个具有特殊政治本质的组织，党内的个体行为主体（党员）和行为群体（党的各级各类组织）为了实现特定的党的目标，在特定的政治要求和关系框架下，进行着各种形式的政治活动，并且产生着种种联系和互动，党内这种在一定政治原则和关系准则下所进行的具有政治意义的活动，称之为"党内政治生活"。本研究以马克思主义经典作家的论述特别是习近平系列重要讲话为根本遵循，在充分占有材料的基础上，提炼出党内政治生活的本质特征、核心要义、根本准绳和实践要求，总结中共严肃党内政治生活的历史演进中的内在规律和基本经验，研究新形势下严肃党内政治生活的生动实践和理论创新，进而提出进一步推进党内政治生活的理论思考和政策建议，为新时代党的建设伟大实践服务。具体地说，本研究试图从党内政治生活的理论逻辑、历史逻辑和实践逻辑三个角度，探讨这一重大课题。

一、基本理论研究：研究对象质的规定性

（一）党内政治生活的基本理论内涵

马克思主义经典作家和中共党内文献所提及的"党的生活""党内生活"和"党内政治生活"等三个概念，在基本内涵上并没有实质上的区别，都是表述这样一个主题：党内基于政治需要而在一定原则要求和关系准则下而进行的活动的总和。不过，认真考察这两个术语的概念发展史，就会发现，随着时间的发展，中国共产党越来越较多地采用"党内生活"一词。这一变化，与中国共产党越来越多地强调党的自身建设的语境有关。"党内"顾名思义，含有"自我"的意蕴，本身就是为了精确地描述党的生活的特定范围，就是中国共产党这个政党的内部。强调"党内生活"含有"自我革命"的意蕴，体现的是我们党在自身建设上的高度思想自觉和行动自觉。

党内生活就本质而言是一种政治生活，对于中国共产党而言，尤为如此。中国共产党的一切活动，或曰一切生活也总是围绕一定的政治目的，政治性就成为党的生活的核心和根本，决定着党内生活的根本方向。在"党内生活"一词前郑重地加上"政治"，是为了强调了党内生活的政治内涵和政治意义，凸显党内生活的重要性、严肃性和针对性。

作为马克思主义指导下的无产阶级政党，中国共产党的一切活动，或曰一切生活也总是围绕一定的政治目的，处于一定的原则和规范下，处在一定的党内关系中，带有极其鲜明的政治性、思想性、组织性、纪律性。

（二）党内政治生活的主要内容和基本要求

党内政治生活的内涵和外延，可以表述为"一个根本遵循"（党章），"六大基本规范（实事求是、理论联系实际、密切联系群众、批评和自我批评、民主集中制、严明党的纪律）""围绕四条路线（思想路线、政治路线、组织路线和群众路线）"和"十二个方面的准则"。首先，党内政治生活就是围绕党章所规定的党的性质、宗旨、理想、信念、基本路线、党员义务权利、党员先锋模范、党的纪律规矩等基本方面而展开。其次，"四条路线"和"六大基本规范"是对党内政治生活原则要求的不同表述，具有内在统一性：实事求是、理论联系实际是党的思想路线。政治路线是在思想路线下形成的一定历史阶段的基本准则和奋斗纲领。密切联系群众是党的群众路线的具体体现。民主集中制、严明党的纪律、批评和自我批评则是党的组织路线的根本要求。最后，"十二个方面"是立足新的实际，从内容、形式、载体、方法等方面对党内政治生活的"基本规范"和"四条路线"的时代化、具体化。

本研究对党内政治生活与"四条路线"的关系，以及党内政治生活十二方面的准则，做了比较有新意的分析：

其一，党的建设必须与党的政治路线密切结合，这是中国共产党建党的基本原则。党内政治生活与政治路线紧密关联，从而也与党的思想路线、组织路线和群众路线密切相关。一方面，党的政治路线、思想路线、组织路线和群众路线决定了党内政治生活的基本原则和根本内容，另一方面，没有正常的政治生活，党的正确的思想路线、政治路线、组织路线和群众路线就没有保证，党的建设和党风就会出现大问题，党的事业就会遭遇大挫折。

其二，无产阶级政党为实现自己政治目标，要求它的组织及其成员在生活中，必须忠诚履行一定的政治要求，严格遵循一定的组织原则，从而形成党内政治生活所必须遵循的标准原则和行为规范，即党内政治生活的"准则"。党的十一届三中全会以后，党中央总结历史经验教训，认为党内需要有一个全局性的、专门的重要文件来规范和指导党内生活，列出几条不可逾越的基本原则，称之为"基本准则"。这就是在党内价位仅次于《党章》的《关于党内政治生活的若干准则》主要是对党内政治生活的目的、要求、保证和若干重要内容进行了规范，并且以中央文件形式发布，要求大家遵循。2016 年党的十八届六中全会，以习近平同志为核心的党中央基于新形势新要求，针对新的问题，领导制定了《关于新形势下关于党内政治生活的若干准则》。

前后两个《准则》内容尽管不尽相同，究其基本方面，可以分为三大部分：首先是确保党内政治生活是服从于和服务于党的性质、宗旨、路线、纲领。主要包括坚定理想信念，坚持基本路线，坚持实事求是，坚持全心全意为人民服务的根本宗旨等方面的规定。其次是通过党内政治生活调节党内关系、解决党内矛盾和问题。主要包括健全党的组织生活、严格党的组织原则、遵循党的纪律、实行党内民主、开展批评与自我批评等方面的规定。再次是通过党内政治生活提高党员干部的党性修养，形成正确的党内活动的行为规范和运行方式。主要包括对党员特别是领导干部的要求，诸如清正廉洁、讲党性反对派性，讲真话，反对腐败、建立廉洁政治等。

（三）党内政治生活的重要意义与政治功能

通过严肃认真的党内政治生活，可以巩固理想信念和宗旨，坚定党的政治方向，维护党的统一与团结，维持党内民主和党员权利，保持党的政治本色和优良作风，也就是习近平总书记强调："严肃认真的党内政治生活是我们党坚持党的性质与宗旨、保持先进性和纯洁性的重要法宝，是解决党内矛盾和问题的'金钥匙'，是广大干部锤炼党性的'大熔炉'，是纯洁党风的'净化器'。"① 这是对党内政治生活功能和作用的深刻总结。具体地说，党内在政治生活的功能如下：其一，巩固理想信念和宗旨，坚定党的政治方向，即更加自觉地坚持党的性质、指导思想、奋斗目标、根本宗旨和基本路线。其二，调节党内关系，解决党内矛盾和问题，保证党的团结，从而增强党的凝聚力、战斗力，增强党组织权威，巩固和加强党的领导。其三，教育管理党员，锻炼党员的党性修养，实现党的自我净化、自我完善、自我革新、自我提高。

二、历史研究：总结历史规律和历史经验

从中共从成立之日，就高度重视并切实践行党内政治生活。并且在长期的革命实践过程中，形成了具有中国特色的党内政治生活的基本规范，形成了开展党内政治生活的优良传统。就总体来说，党内政治生活大致经历了曲折复杂的历程，取得了极为丰富的经验，成为党的建设重要内容。

（一）历史过程的描述

1. 严肃认真的党内政治生活是我们这个"马克思主义政党有别于其他政党的本质特征"。马克思恩格斯关于无产阶级的阶级属性及其特征，关于无产阶级政党的本质属性和根本特征，关于无产阶级政党的党内活动的原则要求等方面的论述，列宁关于应该建设一个什么样的无产阶级政党，关于无产阶级政党的组织原则及其实现途径，关于党内生活、党性、党员标准等方面论述，成为无产阶级政党党内政治生活的深

---

① 《习近平关于全面从严治党论述摘编》，第 48 页。

刻内涵和理论渊源。

2. 中国共产党从成立之初，就初步确立了党内政治生活的基本原则，坚定的理想信念、理论联系实际、密切联系群众、严密的组织体系和铁的纪律等党内政治生活基本规范，这是中国共产党与生俱来的"红色基因"，是中国共产党区别于其他政党的重要特征。

3. 在中共"建党和北伐时期"，即 1921 年至 1926 年，这就是毛泽东说的"党比较生动活泼"的时期。党的教育活动大力开展，党的民主集中制的理论原则在这个时期得到丰富和发展。大革命的失败，根本原因在于是敌我力量对比悬殊。就主观因素而言，虽然共产国际也确实应为大革命失败负主要的责任，但不能否认这个时期党内出现了家长制作风对党内政治生活正常开展干扰等因素。

4. 大革命失败后至 1935 年遵义会议前，"左"倾错误在中央占统治地位，党内政治生活中出现了教条主义、宗派主义、惩办主义、"残酷斗争、无情打击"等严重问题，党内政治生活严重偏离了正确方向。毛泽东在开辟中国革命新道路的同时，探索适合中国共产党特点的党内政治生活之路，提出来把支部建在基层，思想建党，把党内生活都政治化和反对本本主义等党内政治生活的正确原则。

4. 1935 年遵义会议到新中国成立。这一段历史时期，党内政治生活开展得生动活泼。抗日战争爆发后，我们党已经形成了以毛泽东为核心的中共中央的正确领导，延安时期，毛泽东建党思想成熟，并且领导进行"建设一个全国范围的、广大群众性的、思想上政治上组织上完全巩固的布尔什维克化的中国共产党"的伟大工程。经过延安整风这场普遍深刻的马克思主义自我教育、自我改造的运动和中共七大的系统总结，形成较为系统、科学的、完整的党内政治生活的基本规范体系。在中共中央驻地西柏坡，"是立规矩的地方。党的规矩、制度的建立和执行，有力推动了党的作风和纪律建设"。

5. 新中国成立到 1978 年党的十一届三中全会。党内政治生活，尤其是在全国执政条件下的党内政治生活，不仅仅是一个理论问题，更是一个实践问题。新中国成立后，中国共产党形成的在全国执政的条件下党内政治生活的理论认识、基本要求、制度规范和实践经验，具有开创、奠基和探索的根本意义。1957 年反右斗争后到 1978 年党的十一届三中全会前，党内生活逐步走向不正常，特别是在"文化大革命"期间遭到严重破坏。

6.1978 年党的十一届三中全会到 2012 年党的十八大。改革开放以来，党内政治生活在"拨乱反正"过程中所取得的突破性发展。特别是制定了《关于党内政治生活的若干准则》，使党内政治生活有章可循，促进党内政治生活正常化。

我们党在改革开放新时期，探索出一条社会主义市场经济条件下，严肃和规范党内政治生活，增强自我净化、自我完善、自我革新、自我提高能力新路子。

7. 党的十八大中国特色社会主义进入新时代至今。针对"进行具有许多新的历史特点的伟大斗争"的新形势下，以习近平同志为核心的党中央高度重视党内政治生活的在党的建设中的基础性作用，针对新问题，不断增强党内政治生活政治性、时代性、原则性、战斗性，党内政治生活质量得到有效途径，党内政治生活在实践和理论上，都取得了根本性的成就。

（二）历史逻辑和历史结论

中国共产党开展党内政治生活的历史过程，本身也是连续性和阶段性的统一，但有四个历史时期，对党内政治生活的形成与发展具有开创性的贡献：

第一，中共一大二大，按照列宁主义原则建党，初步确立了党内政治生活的基本要求和具体形式。

第二，中国党把马克思主义的党建原则与中国革命实际相结合，以中国革命的实际为中心，形成的具有中国特色、符合中国革命实际的关于党内政治生活的工作惯例、范式和要求。延安时期，党内政治生活得到飞跃性的发展，以其理论上的中国化、系统化和实践上的普遍化、常规化的特点，标志着党内政治生活走向成熟。

第三，改革开放新时期，通过总结历史经验教训，在恢复党的优良传统的基础上，对新时期的党内政治生活的内容进行具有开拓意义的创新。改革开放新时期，我们党对党风廉政建设和反腐败斗争问题进行了深入思考，提出了一系列关于社会主义市场经济条件下开展党内政治生活重要思想。

第四，党的十八大以来，针对新形势新问题，坚持继承与创新的统一，坚持问题导向，构建制度体系，党内政治生活的实践和理论得到全面继承和创造性的发展。

由此，我们得出基本历史结论：

1. 严肃党内政治生活是中共这个"马克思主义政党有别于其他政党的本质特征"；是中国共产党的"红色基因"、优良传统、政治优势和取胜法宝；中国共产党的党内政治生活的理论与实践具有"与时俱进"的品质，不断得到开拓性的发展。

2. 中共开展党内政治生活的整个历史来看，能够经常而严肃地开展党内政治生活的时期，从而也是党的事业取得巨大成就的时期的时间，远远要比党内政治生活不正常，从而也是党的事业遭遇严重的挫折的时间长。这就告诉我们，严肃认真地开展党内政治生活，始终是党百年来自身建设历史的主流主线。

3. 中国共产党在百年波澜壮阔的光辉历程中，能够战胜各种艰难险阻，能够克服各种错误矛盾，而不断前进，根本原因就是能够开展严肃认真的党内政治生活，具有自我革命的内在本质。我们党善于总结经验，总是能够克服自身的缺点和毛病，而且，每一次成功解决党内政治生活出现的突出问题后，党内政治生活和党的事业就会得到新的更大的发展。

（三）基本历史经验

1. 党内政治生活的状况，与党的事业兴衰成败息息相关，与党的生命息息相关。"党的历史上正反两方面经验告诉我们，什么时候党内政治生活正常健康，我们党就风清气正、团结统一，充满生机活力，党的事业就蓬勃发展；反之，就弊病丛生、人心涣散，各种错误思想、错误路线得不到及时纠正，给党和人民事业造成严重损失。"

2. 在近代中国这样一个以农民为主体的、落后的半殖民地半封建的东方大国领导进行革命，对中国共产党党内生活提出了极为严峻的挑战。中国共产党早期，在取得一系列党内政治生活成果的同时，也有过曲折和挫折。土地革命时期发生的这三次"左倾"的错误，与党内政治生活的不正常有极大关系。这三次"左倾"的错误，实质上是政治路线错误，根源是思想路线出问题，而由于政治路线和思想路线的错误，又导致了组织路线和群众路线的错误。这是总结党的这三次"左倾"的错误基本的历史教训。

3. 在中国特殊的革命条件下，必须通过大力加强党的思想教育和党内生活，来壮大党的组织和实现党的先进性和纯洁性。正确的原则包括：着重强调了从思想上建设党，经常注意以无产阶级思想改造和克服各种非无产阶级思想；把党变成"共产主义大熔炉"；着重强调"党的建设必须密切联系党的政治路线"；着重强调"党的作风"；巩固党内团结和正确地进行党内斗争；着重强调党性修养中的理论联系实际和党的统一性、集中性。

4.党的历史证明，随着时代的发展和党所面临环境的变化，仅仅是党章的原则要求还不够，需要把这些党内生活的原则、要求和实践经验固化为具体化、制度性规定，以党内法规方式表现出来，并且要求全党执行，形成刚性约束。

5."越是改革开放、发展经济，越要加强党的领导、抓好党的建设。这一条任何时候都是绝对不能忽视、不能放松的，否则就会犯历史性的错误。"

6.加强和规范党内政治生活，需要不断总结我们党长期以来形成的历史经验和成功做法，坚持过去行之有效的制度和规定，同时也要结合新的时代特点不断与时俱进，拿出新的办法和规定。究其根本而言，是根据新的形势和环境，不断地增强党内政治生活的"政治性、时代性、原则性和战斗性"。

三、现实实践的研究：新形势下党内政治生活的实践创新和理论创新

党的十八大开启了中国特色社会主义新时代，以习近平同志为核心的党中央沉着应对党面临的重大风险和考验，勇于直面党内存在的突出问题，不断总结我们党长期以来形成的历史经验和成功做法，"以我们正在做的事情为中心，着眼于对实际问题的理论思考，着眼于新的实践和新的发展"[1]。在全面从严治党的伟大实践中，不断进行理论思考、理论概括，就党内政治生活的本质特征、基本内涵、历史逻辑、制度体系、现实要求、创新路径等基本问题，提出了一系列极富创见的新观点

---

[1] 《习近平谈治国理政》，第9页。

新论断新要求。

（一）把握时代背景、针对突出问题

"具有许多新的历史特点的伟大斗争"，对党的领导水平和执政水平、党组织建设状况和党员干部素质、能力、作风，都提出新的要求。随着全面从严治党不断推进，党内存在的突出矛盾和问题暴露得越来越充分。这些问题主要表现是思想不纯、组织不纯、作风不纯，这些问题，严重侵蚀党的思想道德基础，严重破坏党的团结和集中统一，严重损害党内政治生态和党的形象，严重影响党和人民事业发展。"这些问题是关系党和国家政治安全的大问题，难道还不是政治吗？"党的十八大以来，以习近平同志为核心的党中央把严肃和规范党内政治生活看作是"党的建设中带有根本性、基础性的问题，关乎党的团结统一，关乎党的生死存亡。"① 强调严肃和规范党内政治生活，是全面从严治党战略的基础，是旗帜鲜明讲政治的根本要求，是实现党的自我革命，解决自身矛盾和问题的主要平台。

（二）战略布局和总体要求

新形势下严肃和规范党内政治生活的目的，从根本上说，是为了增强党的团结统一，提高党的凝聚力、战斗力、创造力，永葆党的先进性和纯洁性。

其一，党内政治生活主线是讲政治，根本指向是加强和改善党的全面领导

正常的党内政治生活通过坚定党的政治方向，对党员进行党性锻炼，管理和监督党员与党组织，起着保持党的先进性和纯洁性、提高党

---

① 《习近平关于全面从严治党论述摘编》，第 37 页。

的战斗力和工作水平，有统一全党意志、统一全党步调的重要作用。党内政治生活的目的，从根本上说，是为了增强党的团结统一，提高党的凝聚力、战斗力、创造力。

其二，党要管党必须从党内政治生活管起，从严治党必须从党内政治生活严起。全面从严治党，充分体现了以习近平同志为核心的党中央对党永葆先进性和纯洁性的深刻忧思，是新一届中央领导集体治国理政最鲜明的特征，也是一个最大亮点。而严肃和规范党内政治生活是全面从严治党的起点和支点，党要管党必须从党内政治生活管起，从严治党必须从党内政治生活严起。

其三，党内政治生活是实现党的"自我净化、自我完善、自我革新、自我提高"的基本方式和主要平台。只有通过党内政治生活，才能消除那些局部地、暂时地沾染到的"病毒"，清除党内一些与党的性质不相容"杂质"，清除"党内存在的思想不纯、政治不纯、组织不纯、作风不纯等"，增强免疫力。

（三）新形势下党内政治生活的主要内容

其一是围绕正确的政治方向，不忘初心，牢记共产党的"本"这些方面的规定。关于党的理想、信仰、宗旨、纲领和使命等方面的规范是新时期党内政治生活题中应有之义，其主要内容包括：党内政治生活首要任务是坚定党员干部的理想信念；根本保证是坚持党在社会主义初级阶段的基本路线；根本要求是全心全意为人民服务。健康的党内政治生活，也是各级党组织执行正确的政治路线、科学决策的必要条件和程序依托，也是增强党的凝聚力、战斗力的重要途径。

其二，通过党内政治生活调节党内关系、解决党内矛盾和问题。党内政治关系主要是党内组织之间的关系和党委会之间的关系，其根本原则是民主集中制。党内生活需要党内民主来增强党的活力，另一方面又以坚决维护党中央权威和习近平同志全党的核心、党中央的核心为要。党的政治纪律建设活动就是要保证全党统一意志、统一行动、步调一致前进。调节党内关系方面主要包括健全党的组织生活、严格党的组织原则、遵循党的纪律、实行党内民主等方面的规定。

其三，发挥党的熔炉作用，锻炼党员党性修养方面的规范。"有什么样的党内政治生活，就有什么样的党员、干部作风"，"核心是党员干部的党性问题、觉悟问题、作风问题"。为此，必须充分发挥"党内政治生活是党组织教育管理党员和党员进行党性锻炼的主要平台"的重要作用，即通过党内政治生活，实现对党员本质的改造。主要包括宗旨意识教育、党的基本理论教育、理想信念教育、党风党纪教育。为此，新时期党内政治生活规定了包括党内各种思想教育、组织管理、三会一课、民主监督、组织生活、开展批评和自我批评等方面的要求。为了实现对党员特别是领导干部的要求，诸如清正廉洁、讲党性反对派性，讲真话，反对腐败、建立廉洁政治等，新形势下党内政治生活还规定了外在保障举措：坚持正确选人用人导向和加强对权力运行的监督等。

（四）新时代党内政治生活根本着力点（鲜明特色和创新之处）

一是强调要固本培元，不忘初心，不能忘记共产党的"本"。党内政治生活，就是要引导党员特别是领导干部筑牢信仰之基、补足精神之钙，增强党的意识、党员意识、宗旨意识，建立和保持党同人民群众的血肉联系，坚定党的基本理论、基本路线和基本方略，坚定中国特色社会主义道路自信、理论自信、制度自信、文化自信。

二是强调用好组织生活这个经常性手段，使党性锻炼的"大熔炉"的炉火烧起来。一个时期以来，党内存在的"宽松软"主要体现在党内政治生活不够严肃、不够规范，为此，新形势下加强党的建设，必须严肃和规范党内政治生活，通过党内政治生活的，切实实现党组织对党员进行教育管理监督，实现锻炼和提高党员党性修养的目的。

三是强领导干部"这个关键少数"的表率作用。新形势下加强和规范党内政治生活，重点是各级领导机关和领导干部。根本举措是领导干部的严以修身和权力监督与制约。

四是强调坚持激浊和扬清两手抓：铲除腐败这个最致命的"污染源"；使用人风气更加清朗；完善管理监督干部制度体系，解决"重选轻管"问题；健全容错纠错机制，发挥正向激励作用。

五是强调要严明党的政治纪律和政治规矩。把政治纪律和党的政治规矩并列，就在要求全党遵循成文的政治纪律的同时，突出强调了在党的领导、理想信念、宗旨目标、立场方向、组织原则、重大考验等根本政治问题上，所应该具有的不诉诸文字的自觉意识和行为抉择。

六是强调内化于心，形成自觉。党内政治生活目标是实现党的全面领导，关键在于全党统一意志、统一行动、步调一致向前进，而这依赖于全党同心同德的政治方向，贯彻需要"两个维护"要求，以及内化于心的对党忠诚。这其中，"四个自信"是保持政治方向一致的思想基础，"四个意识"是内化于心的服从党中央权威和集中统一领导的思想自觉。

七是强调党内政治生活与党内政治生态、政治文化之间的深刻联系。营造风清气正的政治生态是党的政治建设作为基础上、经常性工作。党内政治生活强调的是行为、活动；党内政治文化强调是党内活动的价值观和行为方式；党内政治生态强调党内活动和党内关系的整体状态、环境。这三者之间，党内政治文化是基础和土壤，严肃认真的党内政治生活是根本和关键，风清气正的党内政治生态是目标。

八是强调根本举措是思想建党、制度治党、依规治党的有机结合。一方面，中国共产党是有信仰的政治组织，必须把坚定理想信念作为根本任务，通过思想建党和理论强党，用马克思主义基本理论和党的创新理论武装全体党员，统一全党的思想，解决世界观、人生观、价值观这个"总开关"问题，永葆党的先进性和纯洁性。另一方面，必须把制度建设贯穿到党的各项建设之中，"必须向制度建设要长效"，把党内政治生活的要求转化为具体的制度和行动，通过制度治党解决治理规则、行为规范、监督追究等问题。

参考文献

一、中国共产党关于党内政治生活的基本文献

1.《关于共产党的章程决议案》（1922 年 7 月中共二大通过）。

2.《中国共产党章程》（1922 年 7 月中共二大通过）。

3.《中国共产党第三次修正章程决案》（1927 年 6 月 1 日，中共中央政治局会议通过）。

4.《中国共产党红军第四军第九次代表大会决议》（1929 年 12 月）。

5.《中央关于目前政治形势与党的任务决议》（《瓦窑堡会议决议》，1935 年 12 月 25 日）。

6.《政治决议案》（中共六届六中全会通过，1938 年 9 月）。

7.《关于巩固党的决定》（1939 年 8 月中央政治局通过）。

8.《关于增强党性的决定》（1941 年 7 月 1 日中共中央政治局通过）。

9.《中共中央关于统一抗日根据地党的领导及调整各组织间关系的决定》（中央政治局 1942 年 9 月 1 日）。

10.《中国共产党章程》（1945 年 4 月中共七大通过）。

11.《关于若干历史问题的决议》（中共六届七中全会（扩大）1944 年 4 月）。

12.《中共中央关于各中央局、分局、军区、军委分会及前委会向中央请示报告制度的决议》（1948 年 9 月中共中央政治局通过）。

13.《关于增强党的团结的决议》（中共七届四中全会通过，1954 年 2 月 9 日）。

14.《关于修改党的章程的报告》（1956 年 9 月 16 日）。

15.《中国共产党章程》（1956 年 9 月中共八大通过）。

16.《关于党内政治生活的若干准则》（中共十一届五中全会通过，1980 年 2 月）。

17.《关于建国以来党的若干历史问题的决议》（中共十一届六中全会，1981 年 6 月）。

18.《中国共产党章程》（1982 年 9 月中共十二大通过）召开。

19.《中共中央关于整党的决定》（中共十二届二中全会通过，1983 年 10 月 11 日）。

20.《中共中央关于加强党同人民群众联系的决定》（中共十三届六中全会通过，1990 年 3 月 12 日）。

21.《中共中央关于加强党的建设，提高党在改革和建设中的战斗力的意见》（1992 年 9 月 3 日中共中央政治局通过）。

22.《中共中央关于加强党的建设几个重大问题的决定》（中共十四届四中全会通过，1994 年 9 月 28 日）。

23.《中共中央关于加强和改进党的作风建设的决定》（中共十五届六中全会通过，2001 年 9 月 26 日）。

24.《中共中央关于加强党的执政能力建设的决定》（中共十六届四中全会通过，2004 年 9 月 19 日）。

25.《中共中央关于加强和改进新形势下党的建设若干重大问题的决定》（中共十七届四中全会通过，2009 年 9 月 18 日）。

26.《关于实行党风廉政建设责任制的规定》（2010 年 11 月）。

27.《十八届中央政治局关于改进作风、密切联系群众的八项规定》（2012 年 12 月）。

28.《中国共产党廉洁自律准则》（2015 年 10 月）。

29.《中国共产党地方委员会工作条例》（2015 年 12 月）。

30.《中国共产党问责条例》（2016 年 7 月）。

31.《县以上党和国家机关党员干部民主生活会若干规定》（2016 年 12 月）。

32.《关于新形势下党内政治生活的若干准则》（2016 年 10 月）。

33.《中国共产党巡视工作条例》（2017 年 7 月）。

34.《中国共产党章程》（2017 年 10 月中共十九大通过）。

35.《中国共产党纪律处分条例》（2018 年 8 月）。

36.《中国共产党支部工作条例（试行）》（2018 年 10 月）。

37.《中国共产党重大事项请示报告条例》（2019 年 1 月）。

38.《中国共产党关于党的政治建设的意见》（2019 年 1 月）。

39.《中国共产党党组工作条例》（2019 年 4 月）。

40.《中国共产党党员教育管理工作条例》（2019 年 5 月）。

二、马克思主义经典作家以及党和国家领导人著作

1.《马克思恩格斯选集》（1—4 卷）人民出版社 1995 年版。

2.《马克思恩格斯全集》（中文版第一版）（1—50 卷），人民出版社 1955—1985 年版。

3.《马克思恩格斯文集》（1—10 卷），人民出版社 2009 年版。

4.《列宁选集》（1—4 卷）人民出版社 1995 年版。

5.《列宁全集》（中文版第二版）（1—60 卷），人民出版社 1984—1990 年版。

6.《列宁专题文集》人民出版社 2009 年版。

7.《斯大林选集》（上、下卷），人民出版社 1979 年版。

8.《毛泽东选集》（1—4 卷），人民出版社 1991 年版。

9.《毛泽东文集》（1—8 卷），人民出版社 1993—1999 年版。

10.《建国以来毛泽东文稿》（1—13 卷）中央文献出版社 1987—1998 年版。

11.《毛泽东著作选读》（上、下册），人民出版社 1986 年版。

12.《毛泽东在七大的报告和讲话集》，中央文献出版社 1995 年版。

13.《毛泽东著作专题摘编》，中央文献出版社 2003 年版。

14.《毛泽东书信选集》（修订本），人民出版社 2003 年版。

15.《毛泽东论党的作风和党的组织》，人民出版社 1983 年版。

16.《毛泽东哲学批注集》，中共中央文献出版社 1988 年版。

17.《邓小平文选》（第 1—2 卷）人民出版社 1994 年版。

18.《邓小平文选》（第 3 卷）人民出版社 1993 年版。

19.《邓小平文集》（1—3 卷），人民出版社 2014 年版。

20.《建设有中国特色的社会主义》（增订本），人民出版社 1987 年版。

21.《邓小平同志论改革开放》，人民出版社 1989 年版。

22.《邓小平论党的建设》，人民出版社 1990 年版。

23.《江泽民文选》（1—3 卷），人民出版社 2006 年版。

24.《江泽民论有中国特色社会主义》。中央文献出版社 2002 年版。

25.《论党的建设》，江泽民，中央文献出版社 2001 年版。

26.《论"三个代表"》，江泽民，中央文献出版社 2001 年版。

27.《论构建社会主义和谐社会》，胡锦涛，中央文献出版社 2013 年版。

28.《胡锦涛文选》（1—3 卷），人民出版社 2016 年版。

29.胡锦涛：《在庆祝中国共产党成立 90 周年大会上的讲话》，人民出版社 2011 年版。

30.《刘少奇选集》（上卷）人民出版社 1981 年版。

31.《刘少奇选集》（下卷）人民出版社 1985 年版。

32.《周恩来选集》（上卷）人民出版社 1980 年版。

33.《周恩来选集》（上卷）人民出版社 1984 年版。

34.《陈云文选》（第 1—3 卷）人民出版社 1995 年版。

35.《建国以来周恩来文稿》（1—3 册），中央文献出版社 2008 年版。

36.《建国以来刘少奇文稿》（1—7 册），中央文献出版社 2005—2008 年版。

37.《刘少奇论党的建设》中央文献出版社 1991 年版。

38.《陈云论党的建设》中央文献出版社 1995 年版。

39.《胡耀邦文选》，人民出版社 2015 年版。

40.《任弼时选集》是人民出版社 1987 年版。

41.《王稼祥选集》，人民出版社 1989 年版。

42.《摆脱贫困》，福建人民出版社 2014 年版。

43.《之江新语》，浙江人民出版社 2007 年版。

44.《干在实处走在前列——推进浙江新发展的思考与实践》，中共中央党校出版社 2013 年版。

45.《习近平关于实现中华民族伟大复兴的中国梦论述摘编》，中央文献出版社 2013 年版。

46.《习近平关于党的群众路线教育实践活动论述摘编》，中央文献出版社 2014 年版。

47.《习近平谈治国理政》，外文出版社 2014 年版。

48.《习近平谈治国理政》（第 2 卷），外文出版社 2017 年版。

49.《习近平党校十九讲》（内部使用），中共中央党校出版社 2014 年版。

50.《习近平关于党的群众路线实践活动论述摘编》，中央文献出版社 2014 年版。

51.《习近平关于全面深化改革论述摘编》，中央文献出版社 2014 年版。

52.《习近平关于全面依法治国论述摘编》，中央文献出版社 2015 年版。

53.《做焦裕禄式的县委书记》，中央文献出版社 2015 年版。

54.《习近平关于党风廉政建设和反腐败斗争论述摘编》，中央文献出版社、中国方正出版社 2015 年版。

55.《习近平关于协调推进"四个全面"战略布局论述摘编》，中央文献出版社 2015 年版。

56.《习近平关于全面建成小康社会论述摘编》，中央文献出版社 2016 年版。

57.《习近平关于全面从严治党论述摘编》，中央文献出版社 2016 年版。

58.《习近平总书记系列重要讲话读本》，学习出版社、人民出版社 2016 年版。

59.《习近平总书记重要讲话文章选编》，中央文献出版社、党建读物出版社 2016 年版。

60.《习近平关于社会主义政治建设论述摘编》，中央文献出版社 2017 年版。

61.《习近平关于社会主义经济建设论述摘编》，中央文献出版社 2017 年版。

62.《习近平关于社会主义社会建设论述摘编》，中央文献出版社 2017 年版。

63.《习近平关于社会主义文化建设论述摘编》，中央文献出版社 2017 年版。

64.《习近平关于社会主义生态文明建设论述摘编》，中央文献出版社 2017 年版。

三、党的文献和当代中国文献集

1.《党的十九大报告辅导读本》，人民出版社 2017 年版。

2.《党的十九大党章修正案学习问答》，党建读物出版社 2017 年版。

3.《党的十九大报告学习辅导百问》，党建读物出版社、学习出版社 2017 年版。

4.《中共中央文件选集》（1—18 卷），中央档案馆编，中央党校出版社 1989—1992 年版。

5.《中共中央文件选集》（1949 年 10 月—1966 年 5 月），共 50 册，人民出版社 2013 年版。

6.《建党以来重要文献选编（1921—1949)》（1—26 册），中央文献出版社 2011 年版。

7.《建国以来重要文献选编》（1—20 册），中央文献出版社 2011 年版。

8.《三中全会以来重要文献选编》（上、下册），人民出版社 1982 年版。

9.《党的生活》(1929 年—1930 年中国共产党中央委员会党内刊物)，1—11 期（影印合订本）。

10.《六大以前——党内秘密文件》（上、下册），人民出版社 1981 年（内部发行）。

11.《十一届三中全会以来重要文献选读》（上、下册），人民出版社 1987 年版。

12.《十二大以来重要文献选编》（上、中、下共三册），人民出版社 1986—1988 年版。

13.《十三大以来重要文献选编》（上、中、下共三册），人民出版社

1991—1993 年版。

14.《十四大以来重要文献选编》（上、中、下三册），人民出版社 1996—1999 年版。

15.《十五大以来重要文献选编》（上、中、下三册），人民出版社 2000—2003 年版。

16.《十六大以来重要文献选编》（上、中、下三册），中央文献出版社 2005—2008 年版。

17.《十七大以来重要文献选编》（上、中、下三册），中央文献出版社 2009—2013 年版。

18.《中国共产党第十八次全国代表大会文件汇编》，人民出版社 2012 年版。

19.《十八大以来重要文献选编》（上），中央文献出版社 2014 年版。

20.《十八大以来重要文献选编》（中），中央文献出版社 2016 年版。

21.《十八大以来重要文献选编》（下），中央文献出版社 2018 年版。

22.《中华人民共和国开国文选》，中央文献出版社 1999 年版。

23.《科学发展观重要论述摘编》，中央文献出版社、党建读物出版社 2008 年版。

24.《新时期党的建设文献选编》，人民出版社 1991 年版。

25.《社会主义精神文明建设文献选编》，中共中央文献研究室，人民出版社 1996 年版。

26.《十一届三中全会以来有关重要文献摘编》（上、下册），中央文献出版社 1997 年版。

27.《改革开放三十年重要文献选编》（上、下册），中央文献出版社 2008 年版。

28.《中共党史教学参考资料》（1—27 册），中国人民解放军国防大学党史党建政工教研室编。

29.《关于建国以来党的若干历史问题的决议（注释本）》，人民出版社 1985 年版。

30.《深入学习实践科学发展观活动领导干部学习文件选编》，中央文献出版社、党建读物出版社 2008 年版。

31.《论群众路线——重要论述摘编》，中央文献出版社 2013 年版。

32.《党的群众路线教育实践活动学习文件选编》，党建读物出版社 2013 年版。

四、党史党建权威著述

1. 逄先知、金冲及主编：《毛泽东年谱（1893—1949）》（上、中、下），中央文献出版社 2002 年版。

2. 逄先知、冯蕙主编：《毛泽东年谱（1949—1976）》（1—6 册），中央文献出版社 2013 年版。

3. 逄先知、金冲及主编：《毛泽东传（1949—1976）》（上、下），中央文献出版社 2003 年版。

4. 逄先知、金冲及主编：《毛泽东传（1893—1949）》（全三册），中央文献出版社 1996 年版。

5.《毛泽东思想年编（1921—1975）》，中央文献出版社 2011 年版。

6.《周恩来年谱》（1898—1949）（修订本），中央文献出版社、人民出版社 1998 年版。

7.《周恩来年谱》（1949—1976）（上、中、下），中央文献出版社、人民出版社 1997 年版。

8. 金冲及主编：《周恩来传》，中央文献出版社 2008 年版。

9.《刘少奇年谱》（上、下），中央文献出版社 1996 年版。

10. 金冲及主编：《刘少奇传》，中央文献出版社 2008 年版。

11. 杨胜群主编：《邓小平传（1904—1974）》，中央文献出版社 2014

年版。

12.《邓小平思想年谱（1975—1997)》，中央文献出版社 1998 年版。

13.《邓小平思想年编（1975—1997)》，中央文献出版社 2011 年版。

14. 金冲及、陈群主编:《陈云传》（上、下册），中央文献出版社 2005 年版。

15. 冷溶主编:《邓小平年谱（1975—1997)》（上、下卷）中央文献出版社 2004 年版。

16.《江泽民思想年编（1989—2008)》，中央文献出版社 2010 年版。

17.《习仲勋传》，中央文献出版社 2013 年版。

18.《毛泽东选集一至四卷注释校订本》，中央文献出版社 1991 年版。

19.《党和国家主要领导人思想生平研究资料选编》（1—15 分册），中央文献出版社 2013 年版。

20.《中国道路十章——马克思主义中国化经典文献回眸》，中央文献出版社 2011 年版。

21.《中国共产党历史》第一卷（1921—1949)（上、下卷），中共中央党史研究室，中共党史出版社 2011 年版。

22.《中国共产党历史》第二卷（1949—1978)（上、下卷），中共中央党史研究室，中共党史出版社 2011 年版。

23. 胡绳主编:《中国共产党的七十年》中共党史出版社 1991 年版。

24. 沙健孙主编:《中国共产党史稿》（1—5 卷），中央文献出版社 2006 年版。

25.《中国共产党史稿》（1—5 卷），中央文献出版社 2006 年版。

26.《中国共产党历史大事记（1921 年 7 月～ 2011 年 6 月)》，人民出版社 2011 年版。

27.《党的十七大以来大事记》，人民出版社 2012 年版。

28.《中国共产党历史大事记：1919.5—2009.9》，中共党史出版社2010年版。

29.《中国共产党编年史》，山西人民出版社2002年版。

30.《毛泽东邓小平江泽民论党的建设》，中央文献出版社1998年版。

31.《中国共产党党内法规选编》，中国方正出版社2014年版。

32.《中国共产党组织史资料》，中共党史出版社2000年版。

33.《中共上海党史大典》，上海教育出版2001年版。

34.《中共中央关于加强和改进新形势下党的建设若干重大问题的决定辅导读本》，人民出版社2009年版。

35.《论党性修养》，中共中央党校出版社2014年版。

36.陈至立主编：《中国共产党建设史》，上海人民出版社1991年版。

37.魏泽焕主编：《马克思主义党的学说及其发展》，广东人民出版社2001年版。

38.《纪律审查证据收集与运用——以新修订的〈中国共产党纪律处分条例〉为视角》，中央纪委案件审理室编著，中国方正出版社2017年版。

39.《全面从严治党面对面》中共中央宣传部理论局学习出版社、人民出版社2017年版。

40.中共中央组织部研究室、组织局编：《党的组织工作问答（修订本）》，党建读物出版社1996年版。

41.《中国共产党组织工作辞典》，党建读物出版社2001年版。

42.《"四个全面"学习读本》，人民出版社2015年版。

43.《筑牢全面从严治党政治根基》，红旗出版社2016年版。

44.《做合格共产党员》，人民出版社2016年版。

45.《中国共产党党性教育手册》（1—7 卷），人民出版社 2016 年版。

46.《中国共产党组织史资料汇编》，红旗出版社 1983 年版。

47.《红藏：进步期刊总汇（1915—1949)》。

48.《入党须知》（1927 年 3 月 8 日），陕西省档案馆藏，档案号 17—77。

49.《抗战初期中共中央长江局》，湖北人民出版社 1991 年版。

50.《南方局党史资料》，重庆出版社 1986 年版。

五、国内专著

1.《习近平讲故事》，人民出版社 2017 年版。

2.《习近平的七年知青岁月》，中央党校出版社 2017 年版。

3.《平天下——中国古典治理智慧》，人民出版社 2015 年版。

4. 薄一波：《若干重大决策与事件的回顾》，中央文献出版社 1993 年版。

5.《胡乔木文集》（1—3）人民出版社 1992—1994 年版。

6.《杨尚昆回忆录》，中央文献出版 2007 年版。

7.《胡乔木书信集（修订本)》，人民出版社 2015 年版。

8. 沙健孙：《毛泽东思想通论》，人民出版社 2013 年版。

9. 龚育之：《论中共党史》，湖南人民出版社 1999 年版。

10.《胡乔木谈中共党史》，人民出版社 1999 年版。

11. 张静如：《中共党史学史》，人民大学出版社 1990 年版。

12. 王沪宁：《政治的逻辑—马克思主义政治学原理》，上海人民出版社 2004 年版。

13. 陈雪薇：《十一届三中全会以来重大事件和决策调查》，中共中央党校出版社 1998 年版。

14. 石仲泉：《毛泽东的艰辛开拓》，中共党史出版社 1990 年版。

15. 郑谦、韩钢:《毛泽东之路——晚年岁月》,中国青年出版社 1993 年版。

16. 李慎明:《全球化背景下的中国大党建》,人民出版社 2010 年版。

17. 程中原:《国史党史七大疑案破解:四重证据法》,上海社会科学院出版社 2014 年版。

18. 龚育之:《党史札记末编》,中共党史出版社 2008 年版。

19. 宋学勤:《中共党史学概论》,中国人民大学出版社 2012 年版。

20. 席宣、金春明:《"文化大革命"简史》,中央党史出版社 2006 年版。

21. 石仲泉等:《中共八大史》,人民出版社 1998 年版。

22. 蔡长水:《中国共产党执政基础研究》,中央党校出版社 2008 年版。

23. 王邦佐:《中国政党制度的社会生态分析》,上海人民出版社 2000 年版。

24. 陈登才等主编:《党的领导和党的建设》,中共中央党校出版社 1997 年版。

25. 刘建军:《执政的逻辑:政党、国家与社会》,上海辞书出版社 2005 年版。

26. 林尚立:《中国共产党与国家建设》,天津人民出版社 2009 年版。

27. 周淑真:《政党和政党制度比较研究》,人民出版社 2009 年版。

28. 李慎明:《居安思危:苏共亡党二十年的思考》,社会科学文献出版社 2011 年版。

29. 戴立兴:《政党与群众——中国共产党执政考量》,中央编译出版社 2009 年版。

30．何增科：《公民社会与民主治理》，中央编译出版社 2007 年版。

31．卢先福：《中国执政党建设研究》，上海人民出版社 2002 年版。

32．钟龙彪：《从严治党的历史与现实研究》，国家行政学院出版社 2015 年版。

33．刘先春：《四个全面战略布局之全面从严治党》，人民出版社 2017 年版。

34．郭亚丁：《全面从严治党：学习习近平党的建设思想》，中共中央党校出版社 2015 年版。

35．刘海飞：《打铁先有自身硬：党的领导与自身建设》，国家行政学院出版社 2017 年版。

36．张国臣：《党的纯洁性建设论》，人民出版社 2017 年版。

37．王炳林：《党的领导干部作风建设研究》，北京师范大学出版社 2014 年版。

38．周濂：《现代政治的正当性基础》，生活·读书·新知三联书店 2008 年版。

39．宋功德：《党规之治》，法律出版社 2015 年版。

40．齐卫平：《党的建设在科学化轨道上行走》，上海人民出版社 2014 年版。

41．俞可平主编：《世界主要政党规章制度文献》（系列丛书），中央编译出版社 2016 年版。

42．王桧林主编：《中国现代史》，北京师范大学出版社 1991 年版。

43．张静如主编：《中国共产党思想史》，青岛出版社 1991 年版。

44．唐宝林主编：《马克思主义在中国 100 年》，安徽人民出版社 1997 年版。

45．黄黎：《党章的历程》，人民出版社 2013 年版。

46．林尚立：《当代中国政治形态研究》，天津人民出版社 2000

年版。

47.《胡乔木谈中共党史》，人民出版社 1999 年版。

48. 沈志华主编：《中苏关系史纲》，社会科学文献出版社 2011 年版。

49. 陆南泉、姜长斌：《苏联兴亡史论》，人民出版社 2002 年版。

50. 李君如：《中国共产党执政规律新认识》，浙江人民出版社 2003 年版。

51. 肖枫：《两个主义一百年》，当代世界出版社 2000 年版。

52. 何云庵：《苏俄、共产国际与中国革命（1919—1923)》，社会科学文献出版社 1999 年版。

53.《新民学会资料》，人民出版社 1980 年版。

54. 高放：《三个国际的历史》，中国青年出版社 1999 年版。

55. 薛衔天：《民国时期中苏关系史》（上、中、下），中共党史出版社 2009 年版。

56.《瞿秋白文集·政治理论编》第 5 卷，人民出版社 1995 年版。

57. 李维汉：《回忆与研究》（上、下），中共党史资料出版社 1986 年版。

58. 杨奎松：《毛泽东与莫斯科的恩恩怨怨》，江西人民出版社 1999 年版。

59.《国际共产主义运动史》，人民出版社、高等教育出版社 1993 年版。

60.《中国现代思想史散论》，李泽厚，天津社会科学院出版社 2003 年版。

61.《北大传统与近代中国》，中国人事出版社 1998 年版。

62. 陈晋：《文人毛泽东》，上海人民出版社 1997 年版。

63. 谢庆奎、杨宏山：《府际关系的理论与实践》，天津教育出版社

2007 年版。

64. 孙宽平主编:《转轨、规制与制度选择》,社会科学文献出版社 2004 年版。

65. 黄宗良:《书屋论政——苏联模式政治体制及其变异》,人民出版社 2005 年版。

66. 吴冷西:《十年论战——1956～1966 中苏关系回忆录》,中央文献出版社 1999 年版。

67. 叶笃初、卢先福:《党的建设辞典》,中共中央党校出版社 2009 年版。

68. 张荣臣:《选择——中国共产党执政论》,中央党校出版社 2009 年版。

69. 黄苇町:《苏共亡党十年祭》,江西高校出版社 2002 年版。

70. 李君如:《中国共产党历次全国代表大会研究》,东方出版中心 2007 年版。

71. 何毅亭:《学习习近平总书记重要讲话》,人民出版社 2013 年版。

72. 王寿林:《权力制约和监督研究》,中共中央党校出版社 2007 年版。

73. 梁怡、李向前:《国外中共党史研究述评》,中共党史出版社 2005 年版。

74. 漆侠:《历史研究法》,河北大学出版社 2003 年版。

75. 宋学勤:《中共党史学概论》,中国人民大学出版社 2012 年版。

76.《史学概论》,高等教育出版社 2009 年版。

77. 朱光磊:《当代中国政府过程》,天津人民出版社 1997 年版。

78. 叶笃初:《党章亮点与热议:从十二大到十八大》,中共党史出版社 2013 年版。

79. 俞可平：《治理与善治》，社会科学文献出版社 2000 年版。

80. 陈振明：《政府再造——西方"新公共管理运动"述评》，中国人民大学出版社 2003 年版。

81. 万福义等：《中国共产党建设辞典》，山东人民出版社 1992年版。

82. 倪安和：《党的组织生活概论》，复旦大学出版社 2009 年版。

83. 何克祥：《党内政治生活科学化研究》，社会科学文献出版社 2013 年版。

84. 郭德宏主编：《十一届三中全会以来中共党史研究的新进展》，中共党史出版社 2004 年版。

85. 张晓燕：《加强和规范党内政治生活研究》，中共中央党校出版社 2016 年版。

86. 吴美华：《马克思主义党建理论在当代中国的新发展》，中国人民大学出版社 2013 年版。

87. 金民卿：《执政党建设：理论与实践的新发展》，社会科学文献出版社 2017 年版。

88. 崔耀中：《全面从严治党新要求、新特点、新部署》，人民出版社 2016 年版。

六、国内报刊论文

1. 刘云山：《严肃党内政治生活净化党内政治生态》，《学习与研究》2016 年第 12 期。

2. 王岐山：《全面从严治党承载起党在新时代的使命》，《学习与研究》2016 年第 12 期。

3. 中共中央组织部党建研究所课题组：《党内民主建设的基本理论问题》，《当代世界与社会主义》2009 年第 5 期。

4. 胡绳:《谈党史学习中的几个问题》,《中共党史研究》1988 年第 1 期。

5. 逄先知:《毛泽东在领导新中国的建立和建设中给我们留下哪些遗产?》,《当代中国史研究》2004 年第 1 期。

6. 金冲及:《中国共产党在革命时期三次"左"倾错误的比较研究》,《党的文献》2000 年第 2、3 期。

7. 石仲泉:《马克思主义中国化的历史发展》,《中共党史研究》2006 年第 4 期。

8. 朱佳木:《毛泽东对中国工业化的探求与中国的革命和建设》,《中共党史研究》2004 年第 2 期。

9. 张启华:《如何看待社会主义革命和建设时期党所犯的错误》,《中共党史研究》2006 年第 6 期。

10. 萧延中:《20 世纪 90 年代以来西方关于毛泽东及其思想研究的趋向》,《中国人民大学学报》2003 年第 6 期。

11. 杨凤城:《关于中共党史研究的规范与方法》,《中国人民大学学报》2001 年第 3 期。

12. 王海光:《时过境未迁——关于中国当代史研究的几个问题》,《党史研究与教学》2004 年第 5 期。

13. 贺德海:《〈党的生活〉简介》,《党的文献》1991 年第 5 期。

14. 杨德山,刘进伟:《两部党内政治生活准则比较研究》,《中国特色社会主义研究》2017 年第 1 期。

15. 曲青山:《开展严肃认真的党内政治生活是我们党的优良传统和政治优势》,《党建研究》2017 年第 2 期。

16. 冯俊:《抓住继承和创新这两个关键环节》,《求是》2017 年第 2 期。

17.《党的六大文献档案选载》,《党的文献》1988 年第 1 期。

18. 沙健孙：《毛泽东对人民民主政治建设的若干战略性思考》，《马克思主义研究》2003 年第 5、6 期。

19. 冷溶：《邓小平理论研究中的几个问题》，《理论学习》2000 年第 2 期。

20. 房宁：《毛泽东民主思想的当代启示》，《马克思主义研究》2010 年第 9 期。

21. 李慎明：《毛泽东关于保持党和政权永不变质战略思想产生的渊源、发展脉络及相关思考》，《马克思主义研究》2011 年第 10 期。

22. 《历史是最好的教科书——学习习近平同志关于党的历史的重要论述》，中共中央党史研究室，《人民日报》2013 年 7 月 22 日。

23. 黄新初：《着力构建党风廉政建设责任体系》，《求是》2014 年第 22 期。

24. 石平：《从严治党久久为功》，《求是》2014 年第 21 期。

25. 章传家：《谈进行具有许多新的历史特点的伟大斗争》，《求是》2014 年第 16 期。

26. 马勇霞：《以改革的办法坚决铲除滋生腐败的土壤》，《求是》2014 年第 19 期。

27. 陈国权、毛益民：《道德制约权力：现实与可能》，《学术月刊》2012 年第 2 期。

28. 朱光磊、盛林：《过程防腐：制度反腐向更深层次推进的重要途径》，《南开学报（哲学社会科学版）》2006 年第 4 期。

29. 谢春涛：《中国共产党为什么能取得辉煌的执政成就》，《红旗文稿》2011 年第 11 期。

30. 金民卿：《井冈山精神的灵魂及其当代启示》，《人民论坛》2011 年第 24 期。

31. 欧阳淞：《肩负着人民的希望：中国共产党 90 年历程的回顾与

思考》，《党建研究》2011 年第 7 期。

32. 朱佳木：《研究中华人民共和国史经验应当注意的几个方法问题》，《中国社会科学》2011 年第 4 期。

33. 石仲泉：《论中国共产党的强大生命力》，《中国井冈山干部学院学报》2011 年第 3 期。

34. 徐觉哉：《海外中共研究名著要览》，《科学社会主义》2012 年第 1 期。

35. 李君如：《马克思主义中国化与党的群众工作传统》，《中共党史研究》2012 年第 1 期。

36. 杨奎松：《建国前后中国共产党对资产阶级政策的演变》，《近代史研究》2006 年第 2 期。

37. 王长江：《执政党建设前沿问题研究》，《中共天津市委党校学报》2012 年第 1 期。

38. 云杉：《文化自觉文化自信文化自强——对繁荣发展中国特色社会主义文化的思考（上）》，《红旗文稿》2010 年第 15 期。

39. 秋实：《论在思想上建党》，《求是》2002 年第 12 期。

40.《中国共产党为什么能够长期执政》，《求是》2014 年第 13 期。

41. 任铁缨：《如何更好的构建党内法规制度体系》，《中国党政干部论坛》2014 年第 2 期。

42. 郑平：《从"不敢"到"不能""不想"》，《求是》2014 年第 17 期。

43. 中共四川省委组织部课题组：《严格党内政治生活问题研究报告》，《中国延安干部学院学报》2015 年第 3 期。

44. 刘益飞：《党内政治生活的一笔宝贵财富——学习胡耀邦同志关于党内政治生活的论述》，《理论视野》2017 年第 3 期。

45. 竹立家：《规范党内政治生活要以问题为导向》，《中国党政干部论坛》2016 年第 11 期。

46. 沈传亮：《党内政治生活的基本规范》，《福建理论学习》2017年第 1 期。

47. 王久高：《"党内政治生活的"内涵界定探析》，《中国特色社会主义研究》2017 年第 1 期。

48. 江金权：《把党的政治建设摆在首位》，《求是》2017 年第 22 期。

49. 张志明：《十九大对党的领导理论的创新》，《中国领导科学》2018 年第 1 期。

50. 中共中央办公厅法规局：《以改革创新精神加快补齐党建方面的法规制度短板》，《求是》2017 年第 3 期。

51. 逄先知：《关于中国共产党的基本历史经验》，《人民日报》2011年 5 月 4 日。

52. 刘云山：《努力营造良好政治生态》，《学习时报》2015 年 5 月18 日。

53. 谢春涛：《高级领导干部是严肃党内政治生活的重点》，《京华时报》2016 年 11 月 3 日。

54. 曲青山：《开展严肃认真的党内政治生活是我们党的优良传统和政治优势》，《光明日报》2016 年 11 月 7 日。

55. 张英伟：《学习习近平总书记关于严明政治规矩重要论述的体会》，《光明日报》2015 年 3 月 31 日。

56. 杨胜群：《中国共产党建设理论经历世纪考验》，《人民日报》2015 年 3 月 20 日。

57. 李慎明：《特权阶层是苏共亡党的物质力量》，《文汇报》2011年 8 月 15 日。

58. 虞云耀：《始终站在时代前列——中国共产党执政党建设理论的回顾与展望》，《人民日报》2011 年 5 月 11 日。

59. 李捷：《坚定"三个自信"：坚定不移走中国道路》，《人民日报》

2013 年 5 月 31 日。

60.《人民日报》评论部:《党内规矩岂能束之高阁——做政治上的明白人》,《人民日报》2015 年 1 月 20 日。

61.《人民日报》评论部:《遵循程序杜绝我行我素——做政治上的明白人》,《人民日报》2015 年 1 月 23 日。

62. 高新民:《十八大对党的建设的新要求新发展》,《学习时报》2011 年 1 月 17 日。

63. 陈晋:《靠着纪律和规矩我们一路走来》,《人民日报》2015 年 1 月 20 日。

64. 姚桓:《强大战斗力的根本保证》,《人民日报》2015 年 1 月 20 日。

65. 思远:《党员干部必须遵守政治规矩》,《人民日报》2015 年 1 月 19 日。

66. 戴焰军:《党的领导水平和执政能力直接关乎改革成败》,《学习时报》2013 年 11 月 18 日。

67. 韩庆祥:《新班子治国理政六个鲜明特点》,人民网—人民论坛,2014 年 7 月 1 日。

68. 张伯里:《不断探索新形势下从严治党的特点和规律》,《光明日报》2014 年 10 月 20 日。

69. 北京市党的建设研究会:《如何增强党内生活政治性、原则性、战斗性》,《光明日报》2014 年 9 月 12 日。

70. 韩庆祥:《中国共产党面临八个"新的伟大斗争"》,《人民日报》2014 年 7 月 23 日。

七、国外文献资料

1.《外国政要和媒体眼中的习近平》,左凤荣译,中共中央党校出版社 2016 年版。

2. [俄] 尤里·塔夫罗夫斯基:《习近平正圆中国梦》,中央党校出版社 2016 年版。

3. [美] 马克·赛尔登:《革命中的中国——延安道路》,魏晓明译,社会科学出版社 2002 年版。

4. [美] 道格拉斯·C. 诺斯:《经济史中的结构与变迁》,陈郁译,上海人民出版社 1994 年版。

5. [美] 费正清、罗德里克麦克法夸尔:《剑桥中华人民共和国史(1949—1965)》,王建朗译,中国社会科学出版社 1990 年版。

6. [美] 柯文:《在中国发现历史——中国中心观在美国的兴起》,林同奇译,中华书局 1989 年版。

7. [美] 罗伯特·D. 帕特南:《使民主运转起来》,王列、赖海榕译,江西人民出版社 2001 年版。

8. [美] 塞缪尔·P. 亨廷顿:《变化社会中的政治秩序》,王冠华译,上海人民出版社 2008 年版。

9. [法] 让—马克·夸克:《合法性与政治》,佟心平等译,中央编译出版社 2002 年版。

10. [美] 戴维·杜鲁门:《政治过程》,陈尧译,天津人民出版社 2005 年版。

11. [美] 科斯、诺斯等:《制度、契约与组织》,刘刚、冯健等译,经济科学出版社 2003 年版。

12. [德] 马克斯·韦伯:《新教伦理与资本主义精神》,于晓等译,三联书店 1987 年版。

13. [德] 哈贝马斯:《交往与社会进化》,张博树译,重庆出版社 1989 年版。

14. [美] 迈克尔·罗斯金:《政治科学》,林震等译,华夏出版社 2001 年版。

15.[匈] 卢卡齐:《历史与阶级意识》，林章智等译，商务印书馆1996年版。

16.[美] 石约翰:《中国革命的历史透视》，王国良译，中国人民大学出版社1998年版。

17.[英] 菲力普·肖特:《毛泽东传》，仝小秋、杨小兰、张爱茹译，中国青年出版社2004年版。

18.[美] 本·史华兹:《中国共产主义与毛泽东的崛起》，陈玮译，中国人民大学出版社2006年版。

19.[美] 莫里斯·迈斯纳:《马克思主义、毛泽东主义与乌托邦主义》，张宁、陈铭康译，中国人民大学出版社2006年版。

20.[美] 魏斐德:《历史与意志》，李君如译，中国人民大学出版社2006年版。

21.[美] 斯图尔特·施拉姆:《毛泽东的思想》，田松年、杨德等译，中国人民大学出版社2006年版。

22.[美] 莫里斯·迈斯纳:《毛泽东的中国及后毛泽东的中国》，杜蒲、李玉玲译，四川人民出版社1989年版。

23.[美] 约翰·布赖尔·斯塔尔:《毛泽东的政治哲学》，曹志为、王晴波译，中国人民大学出版社2006年版。

24.[美] 西摩·马丁·李普塞特:《政治人:政治的社会基础》，刘钢敏、聂蓉译，商务印书馆1993年版。

25.[美] 约瑟夫·奈:《硬权力与软权力》，门洪华译，北京大学出版社2005年版。

26.[英] 珍妮·克莱格:《中国的全球战略:走向一个多极世界》，葛雪蕾等译，新华出版社2010年版。

27.[美] 詹姆斯·G.马奇、约翰·P.奥尔森:《重新发现制度:政治的组织基础》，张伟译，生活·读书·新知三联书店2011年版。

28. ［美］沈大伟：《中国共产党：收缩与调适》，吕增奎、王新颖译，中央编译出版社 2011 年版。

29. ［美］熊彼特：《资本主义，社会主义与民主》，吴良健译，商务印书馆 1999 年版。

30. ［英］马丁·雅克：《当中国统治世界》，张莉译，中信出版社 2010 年版。

31. ［美］费正清：《伟大的中国革命（1800—1985)》，刘尊棋译，世界知识出版社 2000 年版。

32. ［美］詹姆斯·R.汤森、布兰特利·沃马克：《中国政治》，董方、顾速译，江苏人民出版社 2007 年版。

33. ［英］马丁·雅克：《当中国统治世界》，张莉、刘曲译，中信出版社 2010 年版。

责任编辑：曹　春　吴广庆
封面设计：汪　莹
责任校对：白　玥

图书在版编目（CIP）数据

加强和规范党内政治生活十讲 / 杨俊 著 . — 北京：人民出版社，2021.2
ISBN 978 - 7 - 01 - 023033 - 7

I.①加…　II.①杨…　III.①中国共产党 - 政治生活 - 研究　IV.① D261.4

中国版本图书馆 CIP 数据核字（2021）第 003602 号

加强和规范党内政治生活十讲

JIAQIANG HE GUIFAN DANGNEI ZHENGZHI SHENGHUO SHIJIANG

杨　俊　著

人民出版社 出版发行

（100706　北京市东城区隆福寺街 99 号）

北京汇林印务有限公司印刷　新华书店经销

2021 年 2 月第 1 版　2021 年 2 月北京第 1 次印刷

开本：710 毫米 ×1000 毫米 1/16　印张：21.75

字数：280 千字

ISBN 978 - 7 - 01 - 023033 - 7　定价：88.00 元

邮购地址 100706　北京市东城区隆福寺街 99 号

人民东方图书销售中心　电话（010）65250042　65289539